Michel Marie Jégou Comte du Laz
1726 - 1799

# GÉNÉALOGIE

DE LA MAISON

# JÉGOU DU LAZ

SUIVIE

DE PIÈCES JUSTIFICATIVES ET COMPLÉMENTAIRES.

NEC SPES ME MEA FEFELLIT

VANNES

IMPRIMERIE GALLES, RUE DE L'HOTEL-DE-VILLE

1897

# INTRODUCTION

Madame,

Vous avez bien voulu me demander d'apprécier vos savantes études généalogiques : c'est un grand honneur pour moi. Je l'eusse décliné si mon vieil ami si regretté, M. le comte Ernest de Cornulier-Lucinière, vivait encore. Quel autre eut mis en relief avec plus d'autorité vos mérites incontestables et les motifs si louables qui vous ont décidée à faire imprimer les résultats de vos laborieuses recherches. A son défaut, puisque vous avez la bonté de m'y inviter, j'essaierai de deviner et de dire ce que le vénérable maître aurait pensé au sujet et à l'occasion de votre œuvre.

Et d'abord permettez-moi quelques considérations générales. La généalogie est une science sérieuse : elle est une des branches utiles de l'histoire à laquelle elle prête un secours efficace. Elle modifie ses données par l'apport de documents de famille inédits ; elle individualise des personnalités jusque là confuses ; elle détermine les relations de parenté ou d'alliance qui expliquent souvent des mobiles de conduite politique ; elle fournit des dates précises et des détails caractéristiques pour la biographie des hommes célèbres ; elle révèle enfin des traits de mœurs qui éclairent le passé d'une vive et instructive lueur.

On ne comprend bien l'ancien régime que lorsqu'on s'est nourri des documents contemporains : il avait ses vices et ses abus, que contrebalançaient ses grandeurs et ses vertus auxquelles rendent hommage tous ceux qui laissent de côté les thèmes de parti pris des historiens ignorants ou prévenus, et qui vont directement aux sources. Les pièces officielles militaires, diplomatiques ou administratives ont un grand intérêt : tout aussi intéressants sont à mes yeux les parchemins usés et les vieux papiers jaunis enfouis dans les archives privées. Il y a là des trésors, et ce sont les généalogistes qui les font connaître.

Ce sont eux qui rappellent aux membres existants d'une famille ce que furent leurs ancêtres, quelle place ils ont tenue dans la société, par quelles circonstances ils sont parvenus aux rangs les plus élevés ou momentanément tombés dans l'obscurité. « Quoi qu'en puissent dire certains » esprits soi-disant positifs, une origine distinguée ajoute » beaucoup à la valeur individuelle. Les lois ont beau » proclamer l'égalité ; elles n'ont pas la puissance d'effacer » les distinctions morales que les familles se sont acquises » dans la société (1). »

M. de Cornulier, à qui nous devons cette pensée si juste, ajoute plus loin « Quelle leçon plus directe pour les des- » cendants qui en ressentent les effets que l'exposé des

---

(1) *Les généalogies, leur utilité domestique et sociale, ce qu'elles doivent comprendre, nécessité de les faire imprimer...*, par le C<sup>te</sup> Ernest de Cornulier-Lucinière, Orléans, 1892, in-12, p. 9.

» actes ou comportements de leurs ancêtres?... Qui ne
» sera rangé en voyant le désordre qu'un de ses auteurs
» prodigue et insoucieux aura mis dans la fortune qu'il est
» appelé à recueillir? Qui ne rougira d'une félonie qui a
» souillé le nom qu'il porte? Mais aussi quel rejeton bien
» né n'aspirera à léguer à ses enfants un fleuron d'illus-
» tration à ajouter à la considération dont ce nom est
» déjà environné? Dans la famille, un corps d'histoire
» domestique est tout à la fois un préservatif et un stimulant
» pour chacun de ses membres dont les actes seront, selon
» leur qualité, reprochés à lui et à ses descendants ou leur
» seront attribués à honneur (pp. 10 et 11). »

Vous avez donc fait, Madame, non seulement des généalogies bien composées, mais aussi une double bonne œuvre en mettant vos descendants et collatéraux en présence du passé des deux familles auxquelles les rattachent des liens plus ou moins étroits. Ne craignez pas qu'on vous taxe de vanité. Il y a ici-bas un orgueil légitime : on a le droit d'être fier de ceux dont on porte le nom, lorsque pendant plusieurs siècles ce nom a été synonyme de piété sincère, de vertu, d'honneur, de courage et de patriotisme, et qu'il a laissé, dans le pays où il a brillé, des souvenirs respectables. Oui, cet orgueil est bien permis lorsqu'il incite à continuer les glorieuses traditions de ceux qui ne sont plus et qu'il a pour correctif cette devise : « *Noblesse oblige.* »

C'est une lumière qu'une généalogie loyale, sincère, exacte, bien ordonnée, composée avec soin comme celle que vous avez publiée, dont la matière n'est empruntée qu'aux documents les plus authentiques et qui en reproduit beaucoup, qui ne cherche ni des origines imaginaires ni une illustration de mauvais aloi. Celle que vous venez de me communiquer sera aussi une lumière. Rempliraient-elles leur but l'une et l'autre si elles n'éclairaient que de rares privilégiés ?

M. de Cornulier, sur ce point, donne un conseil qu'il appuie de raisons décisives : « Si l'on réfléchit aux chances
» de destruction qui menacent un manuscrit unique, on
» reconnaît aussitôt la nécessité d'en multiplier les copies
» pour assurer la conservation des monuments qu'il ren-
» ferme ; or, le moyen le plus simple d'en opérer la
» multiplication est de le faire imprimer à un nombre
» raisonnable d'exemplaires. Ce nombre ne doit pas être
» borné à celui des intéressés directs actuels, parents ou
» alliés ; il doit encore pouvoir satisfaire au désir des
» curieux du sujet. Enfin il faut considérer que la connais-
» sance d'une famille répandue à l'extérieur est aujourd'hui
» la seule chose qui détermine son rang moral et sa
» valeur dans la société, la loi ne prononçant plus sur la
» distinction des races : or, la publicité des généalogies
» est le seul moyen de mettre à même de juger en
» connaissance de cause, surtout depuis que la dispersion
» des familles a rompu le fil des traditions locales (pp. 104
» et 105). »

Je n'ai plus qu'à poser la plume après ces lignes dont vous avez compris le sens si élevé et si pratique. Vraiment, il eût été dommage que votre belle étude sur la famille de Saisy fût restée ignorée de tous ceux que votre livre a instruits et intéressés. Vous n'avez pas donné moins de soins à ce nouveau travail consacré à la famille Jégou du Laz, qui répondra à tout ce que l'on a le droit d'attendre de vous. J'ai été trop heureux de pouvoir mettre à votre disposition quelques notes jusqu'alors inutilisées : quelle bonne fortune pour moi si j'ai contribué, pour si peu que ce soit, à donner satisfaction à vos scrupules de généalogiste exacte et précise !

Qui ne vous féliciterait d'avoir su faire de vos heures, souvent libres à la campagne, un emploi si fructueux ! Vous avez préludé à des travaux d'un ordre plus personnel par des monographies pleines d'érudition : grâce à vous, la vieille baronnie de Rostrenen, la baronnie du Faouët, le château de Kerlouët, en Plévin, et l'abbaye de Langonnet nous sont devenus désormais presque familiers. Voilà quelques coins du territoire de votre région qui vous doivent d'être sortis de l'ombre. Et maintenant que vous êtes entrée résolument dans l'aride mais attachante étude du passé, vous ne l'abandonnerez plus que vous n'ayez épuisé vos archives. Après les Saisy, les Jégou du Laz ; et après, vous saurez trouver encore dans cette mine si riche des filons inexplorés. Dieu vous en donne le courage et la force !

Veuillez agréer, Madame, l'hommage de ma très vive sympathie et de mon profond respect.

F. SAULNIER.

Rennes, 26 mars 1897.

ORIGINES — FILIATION

# GÉNÉALOGIE

#### DES

# JÉGOU DU LAZ

---

*D'argent au cor de sable, accompagné de trois bannières d'azur chargées d'une croix pommetée d'or.*

Résidences anciennes et actuelles : Kerguinezre et Kervillio, paroisse de Saint-Gilles-Pligeaux (Côtes-du-Nord), xv<sup>e</sup>, xvi<sup>e</sup> et xvii<sup>e</sup> siècles. — Kerloguennic, paroisse de Paule (Côtes-du-Nord). — Kerrien, autrement dit château de Glomel, pendant la seconde partie du dix-septième siècle. — Le château de Trégarantec, en Mellionec (Côtes-du-Nord), de 1678 au commencement du siècle actuel. — Et depuis 1806, le château de Pratulo, en Cléden-Poher (Finistère). — Le château du Laz, en Carnac (Morbihan), acquis en 1698, a aussi été momentanément habité par les Jégou de Kervillio, qui depuis en ont conservé le nom à titre de seigneurie.

## ORIGINES

L'*Armorial de Bretagne* de M. de Courcy contient six articles sur autant de familles nobles du nom de Jégou, et attribue des armoiries différentes à chacune d'elles. Celui du Père Toussaint de Saint-Luc ne donne que trois familles de ce nom, et met dans un même article les Jégou de Kervillio et ceux de Kerverry et Couperel, avec des armes semblables (1).

Chacune de ces familles a produit à la réformation neuf ou dix générations, mais leur point de séparation en branches distinctes n'apparaît pas dans ces filiations. Il serait donc antérieur au quinzième siècle. Cela seul prouve assez l'antiquité d'une famille dont les origines, perdues dans la nuit des temps, demeureront inconnues, malgré le dire de chercheurs téméraires qui feraient remonter les Jégou aux anciens comtes de Goëllo. Rejetant impitoyablement toute chose aussi hasardée et impossible à établir, il nous suffira de les faire apparaître à la fin du treizième siècle, en citant Éon Jégou, escuier, qui signe, en 1283, l'acte d'assiette d'une amende de Morvan du Quélénec, pour le duc Jean Le Roux. (Pr. D. Lobineau, p. 432.)

De là, franchissant un espace de cent ans, nous signalons Guillaume Jégou figurant dans la montre de messire Jehan de Tournemine, chevalier-banneret, « parmi les 62 écuyers receux à Thérouanne, le 28 septembre 1383. » (Pr. p. 436. dom Morice.) Un Guillaume, mari de Marguerite Péan, commence la filiation des Jégou de Kerverry et de Couperel, et les dates concordent. Au troisième degré de ces mêmes Jégou, comme au troisième de la généalogie des Jégou de Kervillio, du Laz, on trouve dans chacune un Jean Jégou. L'un ou l'autre de ces personnages de même nom, et de même époque, est mentionné dans le serment de fidélité des nobles de Tréguier et Goëllo, le 12 octobre 1437. (D. Morice, pr. 1311.) — Maistre Guillaume Jégou fait le même serment.

La filiation très sommaire des Jégou de Kerverry et de Couperel doit trouver sa place ici :

---

(1) Voici cet article : T. I., p. 141. — 9. — Jégou, S$^r$ de Kerjan, de Kervilliau, de Kerverry, de Couperel, R$^{rt}$ de Lesneven, Carhaix et Saint-Brieuc, porte d'argent au cor de sable, accompagné de trois bannières d'azur, semées de croisettes pommetées d'or, 2. 1. Arr. du 17 novembre 1668, et 12 mars 1671.

1. Guillaume JÉGOU, sr de Kerverry, épouse Marguerite PÉAN.

2. Hervé JÉGOU, sr de Kerverry, épouse Perrine DE QUILIDIEN.

3. Jean JÉGOU, sr de Kerverry, épouse Isabeau DE LESTIC.

4. Yvon JÉGOU, sr de Kerverry, épouse Isabeau LE MINTIER.

5. Jacques JÉGOU, sr de Kerverry, épouse Catherine MAREC.

6. Louis JÉGOU, sr de Kerverry, épouse Yvonne LE BRAS, en 1591.

7. Christophe JÉGOU, sr de Kerverry, épouse Adélice DE LA BOESSIÈRE, en 1616.

8. Julien JÉGOU, sr de Kerverry, épouse, en 1644, Anne DU LESLAY, fille de Pierre du Leslay, sgr de Keranguével, et de Renée de Lanros.

9. Jacques JÉGOU, sr de Couperel, épouse Françoise RAISON.

Ici nous les perdons de vue.

D'autres Jégou, srs du Trémeur, de Kerlary, du Gourlan, ressorts de Morlaix, Lannion et Saint-Brieuc, portant *d'argent au croissant montant de gueules, accompagné de trois coquilles de même, 2. 1,* — arrêts du 11 décembre 1668, 4 juillet 1669, et 20 février 1671, ont peut-être les mêmes origines que les précédents. Ils ont formé plusieurs rameaux dont il existe encore des descendants. Leur branche aînée a fourni sept degrés à la réformation.

1. Alain JÉGOU, sr du Merdic et de Goashanson, épouse Jeanne DU TRÉAUROUX.

2. Rolland JÉGOU, sr de Goashanson, épouse Jeanne LE LOUET.

3. Jérôme JÉGOU, sr du Trémeur et de Rumarquer, épouse Plésou LE GENDRE.

4. Yves JÉGOU épouse Jeanne RICHARD, et sa sœur, Plésou JÉGOU, épouse Claude DE COURSON DE KERLEVENEZ.

5. Arthur Jégou, sʳ du Trémeur et de Rumarquer, épouse Aliette de Chefdubois.

6. René Jégou, sʳ du Trémeur, épouse Guillemette de Trolong.

7. François Jégou, sʳ de Kergoallan, maintenu en 1671, dont la sœur épouse N. Harscoet de Saint-George.

Les divers rameaux de ces Jégou présentent des alliances analogues, notamment avec les Jourdan, les Harscoët, de Courson, du Leslay, du Liscouët, du Disquay, etc., etc., toutes familles des plus anciennes.

Plusieurs personnages mémorables du nom de Jégou, indiqués comme sortant d'ancienne et noble extraction, dans leurs articles biographiques ou autres, ne sauraient être attribués précisément à l'une plus qu'à l'autre de ces différentes familles de même nom : citons-en quelques-uns.

Charles Jégou, abbé de Daoulas, en 1519, reconstruisit le chœur de son église où il fut inhumé en 1535. M. de Courcy lui donne pour armes : *de gueules au chevron d'argent, accompagné de trois papillons de même*. On lui attribue l'honneur d'avoir fait faire la grande vitre du maître-autel qui était un chef-d'œuvre de l'art, pour la beauté des peintures, et qui s'est conservée jusqu'à la fin du xviiiᵉ siècle. Voici l'inscription de sa tombe que l'on voit encore :

« *Hic jacet frater Carolus Jegou, abbas hujus monasterii de Daoulas, et acquisivit plura bona, et fecit multa œdificia, et rexit eam per 15 annos. Obiit die 10 mensis januarii anno 1535.* »

Damoiselle Jeanne Jégou, morte en 1629, à Guingamp, ne doit pas rester dans l'oubli, si l'on en juge par l'acte de décès trouvé par nous dans les vieux registres de cette ville : il nous a paru frappant au milieu de tous les nombreux actes mis sous nos yeux : « Le 17ᵉ jour de septembre 1629, damoiselle Janne Jégou, vivante espouse de noble homme Yves Loguello, sʳ de Cozmoustoir, alloué de la juridiction de Guingamp, mourut de la peste..... Elle avoit vescu comme un mirouer de toutes sortes de vertus ; aussi rendit-elle son âme à Dieu, ornée des grâces produiltes par les saints sacrements de pénitence, eucharistie et extrême-onction qu'elle receut très saintement devant son trespas qui arriva en l'an de son aage d'environ soixantiesme, et fut son corps ensevely aultant honorablement qu'on put en l'église de Notre-Dame laissant un extrême regret de soy en l'âme de toutz ceux qui l'avoient cogneue. »

Le Père Jean JÉGOU, sans doute proche parent de la précédente, parce qu'il naquit à Guingamp, le 25 novembre 1616, (son propre neveu peut-être ?) « entra dans la Compagnie de » Jésus en 1636, le 30 août. On le trouve professeur de » syntaxe à Orléans en 1640, préfet des études à Arras. Ce » n'est pas seulement à Quimper qu'il bâtit la maison de » Retraite. Devenu recteur du collège de Rennes, il dota cette » ville du même bienfait, grâce à la munificence des États » et à la protection du duc de Chaulnes, gouverneur de la » province. Il passa le reste de sa vie dans la direction des » retraites et composa à leur usage plusieurs opuscules spi- » rituels très estimés. Il mourut à Rennes, le 6 juin 1701 (1). »

Le Père Jean Jégou a aussi été l'un des plus remarquables auxiliaires du vénérable Père Maunoir. La *Biographie bretonne* a donné son article, t. II, page 954.

Après cet exposé des différentes familles nobles du nom de Jégou, nous arrivons à la filiation des Jégou de Kervillio, aujourd'hui Jégou du Laz : leurs descendants y trouveront les souvenirs que plus de trente ans de recherches nous ont fait rassembler pour les leur transmettre. Grâce à Dieu, ils ne trouveront pas un membre de leur nom dont ils aient à rougir, aucune défaillance ni du côté de la foi, ni du côté de l'honneur. S'il en avait été autrement la plume nous fût tombée des mains. Ils y verront des hommes aptes au noble emploi de

---

(1) *Vie du vénérable Père Maunoir*, t. II, page 134, par le R. Père Séjourné. 1895.

la vie et de la fortune ; quelques-uns amis du faste de leur époque, d'autres aux goûts austères ; tous, chrétiens irréprochables, hommes de bien et gentilshommes d'honneur. Aussi avons-nous le droit, en présentant ce livre, d'y placer la devise qui fut, on ne sait depuis quelle époque, celle des Jégou du Laz : *Nec spes me mea fefellit.*

# FILIATION.

## I.

Escuier PIERRE JÉGOU, sr de KERGUINEZRE, en Saint-Gilles-Pligeaux, occupait la charge de procureur général en la cour de Goëllo, et vivait en 1428. Voir à son sujet dom Morice, Pr. II, page 1209 : sentence pour le payement des charges de la terre de Goëllo pour ceux qui en avaient eu la confiscation, 30 octobre 1428, acte où Pierre Jégou figure « comme procureur autrefois approuvé par hault et puissant « le comte de Richemont, seigneur de Goëllo. »

BERTHELOT :
*D'azur à trois têtes de léopard d'or, chacune couronnée d'une fleur de lys de même.*

Il épousa damoiselle Marguerite BERTHELOT ; ils furent père et mère d'Éon qui suit :

## II.

DU DISQUAY :
*Écartelé de gueules et de sable à la croix pleine d'argent, chargée au chef d'une hermine de sable.*

Escuier ÉON JÉGOU, sr de KERGUINEZRE, épousa damoiselle Ollive du DISQUAY, d'où : Jehan Jégou, qui suit,

Et Rolland JÉGOU, son frère, connu par le contrat de partage noble par la cour de Corlay « entre noble homs Jehan Jégou, » sr de Kerguinezre, fils aisné héritier principal et noble de » deffunct nobles homs autre Jean Jégou et dame Catherine » Huon, d'une part, et noble homs Rolland Jégou, puisné » du dit Jehan, demeurans au manoir de Kerguinezre, parroësse

» de Saint-Gilles-Pligeau ; on lui baille deux villages, le 15e dé-
» cembre 1447, signé : du Quelenec passe, et Gouion, passe,
» et scelé d'un sceau de Rohan » (1).

## III.

Noble homs JEHAN JÉGOU, sr de KERGUINEZRE, mentionné dans le serment de fidélité des nobles de Tréguier et Goëllo, le 12 octobre 1437 (D. Morice, Pr. 1311) ainsi que maistre Guillaume Jégou aussi mentionné dans le même serment (2).

Jehan Jégou épousa dame Catherine HUON, d'où :

Jan Jégou qui suit :

## IV.

Noble homs JAN JÉGOU, sr de KERGUINEZRE, fils aîné, héritier principal et noble des précédents, rendit aveu le 6 décembre 1447, au seigneur du Pélinec (3), de sa dite maison noble de Kerguinezre, dans lequel est dit de lui noble homs.

Il épousa damoiselle Guillemette HAMON de la HAYE, et mourut au commencement du siècle suivant.

Leurs enfants furent :

1. JACQUES, dont l'article suivra.
2. JEAN.
3. ANDRÉ JÉGOU, sgr de Kersaliou, épousa damoiselle Jeanne HAMONOU, laquelle se remaria avec écuyer Maurice de Becmur, sr de Loqueltas, qui fut tuteur de Tristan et Louise Jégou, enfants du premier mariage de Jeanne Hamonou avec André Jégou de Kersaliou.

HUON :
Sr de Fflech, de Kergadou, de Kerauffret, par. de Maël-Pestivien.
(Réformatn et montres de 1427 à 1562.)
D'argent à 3 chevrons de gueules, une fasce d'azur brochante.
(Sceau 1415.)

HAMON :
Sgr de la Haye, de Kollivier, en St-Gilles-Pligeaux.
D'azur à 3 annelets d'or, 2, 1.

HAMONOU :
De sable à 3 pigeons d'argent, membrés et becqués de gueules, 2, 1.

Jean, écuyer, et Prigent, receveur des comptes de Guingamp, entendus dans l'enquête pour la canonisatn de Charles de Blois, en 1371.

---

(1) Note écrite par Guy Autret de Missirien lui-même, communiquée par M. le comte de Rosmorduc.

(2) Voir dans le précédent chapitre ce que nous avons dit à ce sujet.

(3) Ce seigneur était alors messire Charles le Scanff, chevalier, et capitaine de Vannes, sr du Dréortz, en Priziac, de Brécilien, en Paule, du Pélinec, en Canihuel, etc. — Il mourut en 1448.

4. Tristan Jégou, s<sup>r</sup> de Kersaliou, épousa, en 1580, Catherine DE CANABER, de la maison de Kerlouët, en Plévin, près Carhaix, laquelle était fille d'Alain de Canaber, s<sup>gr</sup> de Kerlouët, et de Marguerite de Kergoët, et devint leur héritière.

DE CANABER : *D'argent au greslier de sable accompagné de trois merlettes de même 2 et 1, qui est Kerlouët; au chef de gueules chargé de 3 quintefeuilles d'argent, qui est Canaber.*

Tristan Jégou, s<sup>gr</sup> de Kersaliou, de Kerlouët, de Coëtloret, etc., reçut une commission du duc de Lorraine, gouverneur de Bretagne, qui le nomma capitaine de deux cents arquebusiers avec lesquels il lui fut enjoint d'entrer et de tenir garnison dans Douarnenez, datée du 20 juin 1595 : puis un sauf-conduit daté de janvier 1598, par lequel le seigneur de Sourdéac enjoint à tous ceux qui seront requis de laisser aller et venir le dit Tristan Jégou, s<sup>r</sup> de Kersaliou, tant à Carhaix que dans ses maisons de Keranlouet et de Coëtloret (1), ou ailleurs, pour se faire guérir de quelques blessures qu'il avait reçues, et pour la négociation de ses affaires.

Le seul fils héritier de Tristan et de Catherine de Canaber fut Alain JÉGOU, s<sup>gr</sup> de Kerlouet et de Kersaliou, etc., qui rendit aveu à la baronnie de Kergorlay, le 15 mai 1605. Alain mourut sans postérité, et même sans alliance, ayant pour héritier Jean de Canaber, cousin germain de sa mère, à qui retourna la seigneurie de Kerlouët.

## V.

Escuier JACQUES JÉGOU, s<sup>gr</sup> de KERGUINEZRE et de KERVILLIO, fils aîné, héritier principal et noble de feu noble Jan Jégou, vivant s<sup>gr</sup> de Kerguinezre, et de Guillemette Hamon de la Haye, épousa dame Marie de CASTELLO, dame de Kervillio, fille unique de Bertrand de Castello, s<sup>gr</sup> de Kervillio, et de Marie de Quélen (2).

DE CASTELLO : *D'azur à 7 quintefeuilles d'or, 3, 3, 1,* (montres de 1350 à 1481), fondu dans Jégou de Kervillio.

---

(1) Coëtloret, seigneurie de haute justice en Tourc'h.

(2) C'est sans doute par cette Marie de Quélen, des Quélen de Monteville, que plus loin il est dit que ceux-ci étaient les proches parents des enfants mineurs de Jacques Jégou et de Marie de Castello.

Dans l'extrait de la réformation de 1535 (Chambre des Comptes), on voit en l'évêché de Cornouaille, et dans la paroisse de Saint-Gilles, rapporté : « autre maison et métairie » appelée Kerguiner, appartenant à Jacques Jégou, noble » personne et maison. »

Le même extrait prouve qu'il comparaît à la montre de 1536.

On voit aussi un acte de déclaration faite aux commissaires du ban et arrière-ban de Saint-Brieuc, par lesdits Jacques Jégou et ladite de Castello, sa compagne, des terres nobles qu'ils possédaient, et promesse faite par lui, selon ses pouvoirs et facultés, d'être prêt à suivre le Roy aux armées et à la défense du pays de Bretagne, comme les autres nobles dudit pays, 11 juin 1557.

L'acte contenant la provision des enfants mineurs dudit feu escuier Jacques Jégou, en date du 12 décembre 1564, montre qu'il mourut à cette époque, et aussi que les mineurs avaient pour proches parents, nobles gens Jan Jégou et André Jégou, seigneurs de Kersaliou, leurs oncles, les Loz de Kergouanton, les Quélen de Monteville, les Quellenec et plusieurs autres personnes du canton les plus considérables. Nous n'avons pas le nom de ces mineurs, mais seulement celui de l'aîné qui suit :

## VI.

Escuier GUILLAUME JÉGOU, sgr de KERVILLIO, KERGUINEZRE, etc., fils et héritier principal et noble de Jacques et de Marie de Castello, est dit (d'après M. de Courcy) archer dans la garnison d'Auray et de Rhuis, en 1554, et cet auteur place sa mort en 1600. Il reçut, en 1595, une commission du duc de Mercœur, gouverneur de Bretagne, pour lever une compagnie de cinquante arquebusiers à cheval, des plus lestes et aguerris, signée : Philippe-Emmanuel de Lorraine.

*De Cameru ou Camereuc :*
*Écartelé aux 1 et 4 d'azur à la coquille d'argent ; aux 2 et 3 d'argent au croissant de gueules, accompagné de 4 billettes en croix de même.*

Il épousa damoiselle Louise de CAMÉRU, fille d'écuyer Vincent de Cameru, et de damoiselle Jeanne Harscoët.

De ce mariage :

1. OLLIVIER JÉGOU qui suit.

2. JEAN, partagé par son frère aîné, le 18 juillet 1622, et dont la destinée n'est pas connue.

3. THIBAUT, aussi nommé Théobald Jégou, dans un acte des registres de Saint-Gilles-Pligeaux où il figure comme parrain, en 1609.

4. LOUISE, citée avec Thibaut, son frère, dans « l'acte de » prise de corps du 21ᵉ novembre 1618, contre ceux qui » avaient tué Thibaut et Louise Jégou (1). »

5. FRANÇOISE, dite sœur puisnée d'Ollivier, lors du partage noble et avantageux des successions de Guillaume Jégou et Louise de Cameru, leur père et mère (acte du 15 janvier 1604).

## VII.

Escuier OLLIVIER JÉGOU, sᵍʳ de KERVILLIO, KERGUINEZRE, etc., né en 1578, fils aîné, héritier principal et noble des précédents, épousa damoiselle Louise ESTIENNE, fille unique d'écuyer Pierre Estienne, et de Marguerite de Kersandy, laquelle de Kersandy s'était remariée à écuyer Louis de la Boëssière, sᵍʳ de Lannuic, de Coëtmeur, etc.

Ce mariage d'Ollivier, qui dut avoir lieu vers 1600, apporta aux Jégou de Kervillio leurs premières possessions en Paule ; Saint-Anauff (Saint-Anaon), Kerneff, Kerdannet, etc. (2),

*Estienne :*
*D'argent à trois fasces de gueules, accompagnées de 8 hermines de sable, 2, 2, 2, au chef cousu d'or, chargé de 2 fleurs de lys de sable.*

---

(1) Ne possédant pas cet acte curieux, les causes de ce double meurtre restent inconnues.

(2) Nobles gentz, Jean Estienne et Louise de Kergoët, sa compaigne, sʳ et dame de Saint-Anauff, Kerveff, Kerdanneau, etc., étaient les grand-père et grand'mère de Louise Estienne qui hérita de toutes ces terres. Depuis le 15 mars 1599, ils avaient acquis Saint-Anauff, vente consentie pour 900 écus sol, valant 60 s. tournois chacun, par N. H. Yves de Kergoët, sʳ de Runellou, Kergoët, Cozpérec, etc., et damoiselle Claude de Beaucours, sa femme, de ce lieu et manoir, et de tous autres droits honorifiques en dépendant, le tout référé au proche fief de Paoul, sans devoir de rachat ni autre charge. — (Archives de la seigneurie de Paule.)

auxquelles Ollivier ajouta la terre noble de Lesvénez qu'il acquit d'Alain du Combout, et de noble et puissante Renée le Rousseau, sa femme, sr et dame de Bodéliau en Pestivien, le 18 février 1622, laquelle terre est encore possédée par son descendant.

Les enfants d'Ollivier Jégou de Kervillio et de Louise Estienne furent :

1. GILLES, dont l'article suit.

2. FRANÇOISE, baptisée le 19 avril 1611, épousa, le 15 mai 1642, messire Benjamin LE GONIDEC, sgr du Toulborzo et de Kergarff, fils d'escuyer Pierre le Gonidec, sgr de Kergarff et du Toulborzo, et de damoiselle Françoise-Hélène Macé du Quellénec.

LE GONIDEC: Sgr du Toulborzo, etc., Cte de Traissan.
*D'argent à trois bandes d'azur.*

3. HÉLÈNE qui, le 13 avril 1612, eut pour parrain écuyer Bertrand du Bois-Berthelot, et pour marraine Hélène de la Coudraye, dame de la Haye. Elle figure en 1623, sur les registres de Saint-Gilles, sous le nom d'Hélène Jégou, dame de la Villeneuve. Elle fut mariée, paraît-il, à noble Yves Harscoët, fils de Pierre et de Louise de Kerscau.

4. PIERRE eut pour parrain, le 21 mai 1613, Pierre Hamon, recteur de Saint-Gilles, et pour marraine Marguerite Loz, dame de la Villeblanche.

5. MARGUERITE, baptisée le 4 mai 1615, épousa noble écuyer Jean Chatton, sgr de la Touche, fils de François, sgr de la Touche, et de Marguerite de Lémo.

6. JACQUETTE, baptisée le 29 juillet 1616.

7. TOUSSAINT, qui le 14 novembre 1618 eut pour parrain messire François de Boisgelin, sgr de Lescanic, et pour marraine Marguerite du Perrier de la Haye du Helloch. Il figure dans plusieurs actes où il est appelé sr de Kerdannet, et où l'on voit qu'il fut procureur à la cour de Gourin, vers 1642. Il fut ensuite procureur à la juridiction royale de Carhaix, ainsi qu'il est dit dans son acte de décès. Il mourut

— 12 —

à Rennes, et fut inhumé aux Grands Carmes, le 12 juin 1643 (1).

8. ANNE, née le 14 décembre 1620.

## VIII.

Messire GILLES JÉGOU, s<sup>gr</sup> de KERVILLIO, de KERGUINEZRE, de PLIGEAUX, vicomte de Kerjan, s<sup>gr</sup> de Paule, de Glomel, de Moëllou, de Mezle-Carhaix, etc., né en 1610, fils aîné héritier principal et noble d'Ollivier et de Louise Estienne, fut un des hommes les plus importants de la région, à cette époque.

BUDES :
S<sup>gr</sup> du Tertrejouan, C<sup>te</sup> de Guébriant, etc.
*D'argent au pin arraché de sinople, fruitté d'or, chargé d'un épervier d'or et accosté de 2 fleurs de lys de gueules.*

Il épousa, le 14 mars 1629, Marie BUDES du TERTREJOUAN, fille de messire Jean Budes, s<sup>gr</sup> du Tertrejouan, chevalier de l'ordre du Roi, et de Louise du Gourvinec, lequel Jean Budes descendait en droite ligne paternelle de Jean Budes, chevalier, s<sup>gr</sup> d'Uzel et du Plessis-Budes, et de Jeanne du Guesclin, propre tante du connétable.

D'innombrables titres des archives de famille montrent l'étendue de ses biens. Les anciens registres des villes et paroisses de la région contiennent une quantité d'actes où il figure avec les importants personnages de l'époque, et où il nomme avec toutes les grandes dames d'alors. Des actes de ces archives le font voir très recherché comme arbitre dans les partages difficultueux de la noblesse, et témoignent de sa grande aptitude aux affaires : on le voit aussi bienfaiteur généreux pour les fondations de monastères, comme celui des Ursulines de Carhaix où il pose la première pierre, et leur donne, de même que le marquis de Rosmadec de Molac, son cousin, de beaux pieds d'arbres, dons mentionnés dans les annales de ces religieuses.

---

(1) Note communiquée par M. Saulnier, conseiller à la Cour d'appel de Rennes.

La proche parenté de sa femme avec le maréchal de Guébriant, de même famille qu'elle, est démontrée par le tableau suivant, extrait de l'*Histoire du maréchal de Guébriant*, par le Laboureur.

**Tableau pour établir la parenté de Marie Budes du Tertrejouan avec le maréchal de Guébriant.**

ENFANTS DE JACQUES BUDES ET D'ANNE DE CALLAC.

1. François BUDES, chevalier, s$^{gr}$ du Tertrejouan, eut d'Anne DE SAINT-AUBIN, sa 2$^e$ femme :

2. Jean BUDES, s$^{gr}$ du Tertrejouan, chevalier de l'ordre du Roi, qui épousa Louise DU GOURVINEC, d'où (entre autres enfants) :

3. Christophe BUDES, s$^{gr}$ du Tertrejouan, fils aîné, et Marie BUDES (l'une de ses sœurs), femme de Gilles JÉGOU, s$^{gr}$ de Kervillio, vicomte de Kerjan.

1. Jean BUDES, s$^{gr}$ de Quatrevaux, Lespinac, Bien-Assis, et gouverneur de Domfront, eut de Marie DU HOULLE :

2. Anne BUDES, dame de Quatrevaux, qui épousa son parent, messire Charles BUDES, s$^{gr}$ du Hirel et de Guébriant, B$^{on}$ de Sacé, le 7 octobre 1591, d'où :

3. Jean-Baptiste BUDES, comte de GUÉBRIANT, maréchal de France.

En décembre 1666, M. de Kervillio fut choisi par toute la noblesse du pays pour la commander en cas de besoin, en qualité de capitaine de la seconde compagnie de l'évêché de Cornouaille ; elle élut le s$^r$ de Paule, son second fils, pour cornette.

Sa fortune était devenue successivement très considérable :

Le 21 mai 1640, Olivier de Bégaignon fit un important contrat d'échange avec lui : il lui céda le fief de Pligeaux et dépendances et prééminences auxquelles était attaché le titre de fondateur de l'église de Saint-Gilles, et il reçut en échange le fief de haute justice de Sullé, en Plésidy (1).

___

(1) Dans un aveu de l'an 1583, au fief de Quintin, il est dit que Jean de Troplong, s$^{gr}$ du Rumen, ancêtre d'Olivier de Bégaignon, reçut en partage de damoiselle

La seigneurie de Paule lui advint de messire Christophe Budes, sgr du Tertrejouan, son beau-frère, comme part de Marie Budes dans la succession de Louise du Gourvinec, leur mère (1640). — Gilles Jégou de Kervillio et Marie Budes, sa femme, avaient acheté le 4 avril 1641, à haut et puissant messire Gabriel, marquis de Goulaine, baron du Faouët, la seigneurie et vicomté de Kerjan, située en la paroisse de Paule, comme relevant prochement de l'acquéreur, soubs la juridiction et seigneurie dudit Paule. (Contrat passé devant Chavis et Chaplain, notaires royaux à Nantes.)

Trois autres seigneuries, celles de Mezle, Glomel et Moëllou furent ensuite acquises ; d'abord par Christophe Budes, sgr du Tertrejouan, le 29 novembre 1652, de haut et puissant Claude, marquis du Chastel, et d'Yolande de Goulaine, sa femme ; mais le 9 août 1653, messire Gilles Jégou de Kervillio demanda le retrait féodal de Glomel comme relevant prochement de son dit fief de Paule ; et l'un de ses fils, Alain Jégou, sr de Brécilien, en prit possession, au nom de son père, le 11 mars 1658. Ces trois seigneuries furent achetées cent mille livres tournois.

Ce furent Gilles Jégou de Kervillio et Claude, son fils aîné, qui fournirent leurs preuves de noblesse pour leur arrêt du 19 novembre 1668, du Parlement de Bretagne. Ils y furent maintenus en la qualité de *messire* et *chevalier*, et en tous droits, privilèges et prérogatives de noblesse et chevalerie, eux et leurs descendants.

Le manoir de Kerloguennic, en Paule, de 1640 à 1652 fut

---

Susanne du Quélennec, sa femme, la terre de Pligeaux, laquelle dame était fille unique de Pierre du Quélennec, sgr de la Villeneuve-Pligeaux, fief de moyenne et basse juridiction. Ces du Quélennec étaient une branche des vicomtes du Faou, et portaient comme eux : *d'hermines au chef de gueules, chargé de trois fleurs de lys d'or.*

Jean de Troplong, sgr du Rumen, et Susanne du Quélennec avaient fait construire à la Villeneuve un très joli château (dit l'abbé Audo dans sa notice sur Saint-Gilles-Pligeaux (1864). C'était une maison fortifiée, aux tourelles bâties en encorbellement et percées de meurtrières et pont-levis donnant entrée dans cette demeure. Les murs, épais de 1m,20 et construits en blocs de granit, existaient encore il y a plusieurs années. Ils ont été démolis pour la restauration de l'église de Saint-Connan.

souvent une des résidences de Gilles Jégou de Kervillio. Le château de Glomel, qu'il avait trouvé à l'état de ruine, et dont il releva les bâtiments nécessaires pour y habiter, semble ensuite avoir été sa principale résidence. Il ne paraît pas qu'il ait joint à sa grande capacité le goût des somptueux édifices : aucune de ses demeures n'offrait rien de remarquable comme bâtiments. Ce fut dans sa résidence de Glomel qu'il eut à subir, en 1675, les effets du soulèvement des paysans de sa région, bien moins révolte dite du *papier timbré* que révolte contre les propriétaires.

Elle dut hâter sa fin, et en remplir d'amertume les derniers temps, et c'est peut-être pour cela qu'il vint mourir à Guingamp, le 29 mai 1676, chez son gendre, messire Rolland Loz, baron de Beaulieu, qui lui-même avait vu sa demeure seigneuriale attaquée et pillée par les révoltés de Cornouaille. Il fut inhumé en l'église de Saint-Gilles-Pligeaux, où plus tard, en 1688, le fut aussi Marie Budes du Tertrejouan, qui mourut à Kervillio, âgée de 84 ans.

Leurs enfants furent :

1. Claude dont l'article suivra.

2. René qui continue la filiation jusqu'à nos jours, et dont l'article sera fait après celui de Claude et sa descendance.

3. Alain, appelé sr de Brécilien, né le 2 juillet 1634, à Kervillio, eut pour parrain messire Christophe Budes, sgr du Tertrejouan (1), et pour marraine Catherine Budes (2). Il prit possession, le 11 mars 1658, au nom de son père, des trois seigneuries de Mezle, Glomel et Moëllou. La seule trace que l'on retrouve de lui, c'est, en 1661, un acte de

---

(1) Christophe Budes, fils aîné de Jean Budes, sgr du Tertrejouan, chevalier de l'ordre du Roi, et de Louise du Gourvinec.

(2) Catherine Budes, fille de Christophe Budes, sgr du Tertrejouan, et de Renée du Bouilly, fut femme d'Isaac de Romelin, sgr des Loges-Millé. Leur fille, Marie de Romelin, épousa, le 6 février 1660, Maurille de Forsanz, vicomte de Gardisseul, chevalier de l'ordre du Roi.

baptême fait « par noble et discret messire Alain Jégou, s^r de Brécilien, » seul document qui fasse connaître qu'il fut prêtre. En 1668 il n'existait plus, puisqu'il ne figure pas à la mention des fils de Gilles, dans l'arrêt de la réformation.

4. Louis, dont la date de naissance manque, reçu chevalier de Malte en 1650. Il fut sans doute, ainsi que son frère Christophe, mis sous la protection de ses deux oncles maternels : Olivier Budes, chevalier de Malte, commandeur d'Auson, près Châtellerault, et François Budes, également chevalier de Malte et commandeur de Mauléon, en Poitou, qui s'acquit, dit le Père le Laboureur, une réputation singulière dans son ordre, par ses victoires sur les Turcs et contre les pirates d'Alger.

Louis Jégou de Kervillio fut pourvu, en 1671, de la commanderie de Ballan, près de Tours (1). Il cessa d'être titulaire de Ballan entre les années 1677 et 1681. Voici l'indication sommaire des actes qui le prouvent : le 12 août 1671, il fut procédé, à la requête d'Antoine de Raity, s^gr de Vitré, ancien commandeur de Ballan, et pour le moment de Roche-Villedieu, à l'inventaire des meubles de la commanderie de Ballan, en présence de Bonaventure Laurencin, s^r de la Tousche, chargé de la procuration de messire Louis Jégou de Kervillio, chevalier de l'ordre de Saint-Jean de Jérusalem, successeur dudit Antoine à la commanderie de Ballan. Le même Laurencin comparaît comme procureur de M. de Kervillio dans les actes compris entre les années 1673 et 1677. Enfin le 6 mai 1681, Éléonor de la Barre de Launay, successeur de Louis Jégou, donne procuration à Malte pour les affaires de la commanderie (2).

---

(1) Ballan, canton de Montbazon, Indre-et-Loire, où l'on voit les vestiges d'une commanderie de l'ordre de Malte. — *Dictionnaire géograph.* de Joanne.

(2) Tout ce que nous venons de dire sur le commandeur de Ballan nous est communiqué par le très obligeant archiviste de la Vienne, M. Richard, qui a tiré ces précieux renseignements des archives du grand prieuré d'Aquitaine qui sont à Poitiers.

Il pense que Louis Jégou de Kervillio n'habita pas sa commanderie pendant qu'il en fut titulaire, et ne quitta pas le service actif.

On peut placer le décès du chevalier de Kervillio à cette époque. A défaut de connaissance de ses faits et gestes, nous y suppléerons par les lignes suivantes empruntées à l'auteur si estimé des *Commanderies de Nantes*, M. le chanoine Guillotin de Corson :

« Ne cherchons point à connaître des vies que ces hommes
» voulaient connues de Dieu seul. Être reçu chevalier de
» Malte était un privilège justement envié par les plus
» nobles familles, ce titre étant synonyme de vaillance et
» d'honneur. Entrer dans l'ordre religieux-militaire de Saint-
» Jean de Jérusalem, c'était s'engager à vivre sous la loi
» divine et à combattre jusqu'à la mort au service de la
» chrétienté pour la défense de sa foi ; jamais plus noble
» sentiment ne fit battre un cœur humain. »

5. CHRISTOPHE, né à Kervillio le 28 février 1636, fut reçu chevalier de Malte, le 30 septembre 1655. Ce qui le concerne par ailleurs, ainsi que son frère, et la date de leur mort, c'est probablement à Malte qu'il faudrait chercher ces renseignements (1).

6. ⎱ FRANÇOIS,
7. ⎰ et MARIE, jumeaux nés le 20 août 1638. A leur baptême figurent comme parrain, messire François Budes d'Argentré, et comme marraine, Marguerite Budes, dame de Saint-Avoir (2).

8. OLLIVIER, né en 1643, fut reçu, à l'âge de seize ans,

---

(1) Voyez aussi pour les deux frères, *Histoire des chevaliers hospitaliers de Saint-Jean de Jérusalem*. (Abbé de Vertot, T. 7, pages 360 et 462. Édition 1737. Prieuré d'Aquitaine. Ils ont pour armes, y est-il dit : *d'argent à trois écus en bannière, chargés chacun d'une croix d'or et un cor de sable en cœur*. Diocèse de Cornouailles.

Les portraits contemporains de ces deux chevaliers de Malte sont au château de Pratulo, comme ceux de Gilles, leur père, en costume de commandant de l'arrière-ban de la noblesse de Cornouailles, de Claude, président aux enquêtes, et d'Olivier, évêque de Tréguier.

(2) François Budes, chevalier de Malte, fils de Christophe Budes, s$^{gr}$ du Tertrejouan, et de Renée du Bouilli. — Marguerite Budes, sa sœur, morte au mois de décembre 1651, fut femme de messire Vincent le Borgne, chevalier, s$^{gr}$ de Lesquifiou, gentilhomme ordinaire de la chambre du feu Roi, fils de messire Jan le Borgne, s$^{gr}$ de Lesquifiou, chevalier de l'ordre du Roi, et de Marie de Plœuc.

bachelier en théologie à la Sorbonne. Sa faveur et le crédit de sa famille, dit un biographe, lui frayèrent le chemin des dignités ecclésiastiques.

Après avoir été d'abord recteur de Glomel, et ensuite de Ploërdut, il était chanoine et grand archidiacre de Quimper, lorsque, le 29 mai 1694, Louis XIV le nomma évêque de Tréguier. Il fut sacré le 3 octobre suivant, dans l'église de Port-Royal de Paris, par Jean-Baptiste-Michel de Colbert, alors archevêque de Toulouse, assisté des évêques de Mirepoix et de Castres. L'évêque de Mirepoix était Pierre de la Broue, qui depuis acquit une triste célébrité par son attachement au Jansénisme (1).

Ollivier Jégou de Kervillio succéda à Mgr Eustache le Sénéchal de Carcado, et occupa de longues années le siège épiscopal de Tréguier où il mourut le 2 août 1731, âgé de 88 ans, et fut inhumé dans le chœur de sa cathédrale. Il eut pour successeur Mgr François-Hyacinthe de la Fruglaye.

La *Gallia christiana* dit : (XIV, col. 1134 et 1135).

Évêché de Tréguier. — LXII. *Olivarius* Jégou de Quervillio. *Ex archidiacono Corisopitensi Olivarius Trecorensis nominatur 29 mai 1694, et Parisiis 3 octobris consecratur. Janseniana cum tunc temporis ferverent dissidia, Jansenistis Olivarius adhæsit nec summi Pontificis iteratis monitionibus ab eorum sodalitate abalienatus est. Monialibus S. Pauli in episcopali urbe constitutis statuta dedit 23 junii 1727, et deinde, 2 augusti 1731, œtatis anno 88, decessit.*

9. FRANÇOISE-MATHURINE JÉGOU de Kervillio, née le 2 mars 1640, épousa messire Rolland Loz, chevalier, sgr baron de Beaulieu, fils de Toussaint Loz, chevalier, sgr de Guernaleguen, et de Claire de Seillons (2).

Loz :
*De gueules à 3 éperviers d'argent becqués, membrés et grilletés d'or.*
(Sceau 1395.)

---

(1) *Église de Bretagne,* par D. Lobineau; augmentée par l'abbé Tresvaux.

(2) Tous deux n'existaient plus en 1691, puisque messire Ollivier Jégou de Kervillio, docteur de Sorbonne, autorise sa nièce mineure, Gillette-Marie Loz, fille de feus messire Rolland Loz, chevalier, sgr comte de Beaulieu, et dame Mathurine Jégou, à contracter mariage avec messire François de Marin, sgr de Moncan, conseiller au Parlement de Bretagne; contrat de mariage du 11 juillet 1691, en l'étude de Berthelot, notaire à Rennes. — Communication de M. Saulnier.

## IX.

CLAUDE JÉGOU, chevalier, vicomte de Kerjean, sgr de Kervillio, Paule, Mezle-Carhaix, Glomel, Moellou, etc., fils aîné, héritier principal et noble de Gilles et de Marie Budes du Tertrejouan, naquit à Kervillio, le 4 mars 1630. Il fut pourvu, par lettres royales du 21 août 1656, de l'office de conseiller originaire, vacant par la démission de messire Claude de Visdelou. Sa réception eut lieu le 2 décembre 1656. Il fut pourvu par lettres du 3 décembre 1657 de la charge de Président aux enquêtes, vacante par la démission du même Claude de Visdelou, et fut reçu le 10 décembre 1657 (1). Il épousa eu premières noces, en 1660, Marie BARRIN, fille de messire Jean Barrin, marquis du Boisgeffroy (2), conseiller au Parlement de Bretagne, et de Perronnelle Harel, dame du Bois-de-Pacé, mariés en 1633; elle était née le 7 juillet 1640, en Saint-Germain de Rennes.

BARRIN : Sgrs du Boisgeffroy, marquis de la Galissonnière.

*D'azur à 3 papillons d'or.*

De ce mariage Claude eut une fille unique, dont l'article suivra, et Marie Barrin mourut en 1664.

(1) Communication de M. Saulnier.

(2) Jean Barrin, sgr du Boisgeffroy, était fils d'André Barrin, marquis du Boisgeffroy, baptisé en Saint-Vincent de Nantes, le 23 mai 1576, qui mourut, à Rennes, le 10 juillet 1649, doyen du Parlement de Bretagne, et de Renée de Bourgneuf de Cucé, morte le 28 mai 1657. Son frère, Jacques Barrin, conseiller au Parlement de Bretagne, fut l'auteur de la branche de la Galissonnière. Il avait épousé Vincente Ruellan du Rocherportail, sœur de la duchesse de Brissac, de la baronne de Guémadeuc, et de la marquise de Goulaine.

Marie Barrin avait un frère, Henri Barrin, sgr du Boisgeffroy, conseiller au Parlement, né en Saint-Germain de Rennes, le 12 avril 1639, mort en décembre 1699, marié le 6 novembre 1663, à Isabelle le Gouvello, qui mourut au Boisgeffroy, en 1728, et dont il n'eut qu'une fille, Perrine Barrin, qu'épousa, le 19 mars 1689, Gaston-Jean-Baptiste de Mornay, comte de Montchevreuil, d'où une fille unique : Marie-Gaétane de Mornay, née en 1691, qui mourut au Boisgeffroy, le 14 octobre 1764, et avait été mariée, le 12 décembre 1707, dans la chapelle du Boisgeffroy, à Anne-Bretagne de Lannion qui devint ainsi Mis du Boisgeffroy, et fut tué en 1734 dans une bataille en Italie, laissant un fils, Hyacinthe-Gaétan, qui épousa, en 1738, Marie-Charlotte de Clermont-Tonnerre, et mourut sans postérité (*Grandes seigneuries de la Hte Bretagne*, Chne Guillotin de Corson).

Il épousa en secondes noces, à Rennes (paroisse de Saint-Hélier), le 16 janvier 1674, Anne DE LA FOREST D'ARMAILLÉ, veuve depuis le 24 mars 1673, de messire François Hutteau, seigneur de Cadillac, et fille de messire François de la Forest d'Armaillé, et de Françoise le Chat (1). De ce mariage il n'y eut pas d'enfants. — Anne de la Forest mourut à Rennes (paroisse de Saint-Étienne), le 6 janvier 1682, et fut inhumée le 7 janvier 1682, aux Carmes, dont elle fut insigne bienfaitrice.

<small>DE LA FOREST D'ARMAILLÉ : *D'argent au chef de sable.*</small>

Le président de Kerjean ne vécut que deux années après la mort de son père : nous n'avons pas trouvé son acte de décès, mais sa mort prématurée pourrait être due aux émotions terribles de la révolte de la région, en 1675. Quoique étant l'un des grands dignitaires du Parlement de Bretagne, il plia devant la sédition de ses nombreux vassaux, et se laissa extorquer une renonciation à beaucoup de ses droits, déclarée ensuite nulle comme obtenue par la violence. Malheureusement le curieux récit de cette attaque nous manque : ce fut très certainement au château de Glomel, et dans l'été de 1675. Un notaire de Kergloff, près Carhaix, nommé Sébastien Balp, ayant, comme faussaire et voleur, passé 3 années dans les prisons de Morlaix, fut le grand instigateur de la révolte qui devint formidable : il dirigea de nombreuses hordes, armées de fourches et de bâtons ferrés, vers toutes les demeures importantes ; ces bandes, avides de pillage, pillèrent les bureaux des fonctionnaires de Carhaix, abordèrent les manoirs, les abbayes telles que celle de Langonnet qui, en l'absence de l'abbé de Marbeuf, récemment élu, plia devant la menace ; mirent, en juillet, à feu et à sang le château de Kergoët, près Carhaix, et furent sans doute cause de la mort de la marquise de Trévigny survenue quelques jours après ; de là, ils se portèrent vers un château non moins important, également auprès de Carhaix, celui du Tymeur, qu'ils vinrent plusieurs fois menacer et qu'ils cernaient au nombre de 2,000 paysans armés, Balp en tête, le 2 septembre 1675, lorsque le marquis de Mont-

---

(1) François de la Forest, s[gr] d'Armaillé, conseiller au Parlement, épousa en mai 1639, Françoise Le Chat, fille de Pierre, s[gr] de la Touche, lieut[t] général d'Angers, et de dame Ayrault.

gaillard (1), frère aîné du seigneur du Tymeur, voué à une mort certaine et prisonnier dans son château, arrivant de Rennes avec sa belle-sœur, et se trouvant à parlementer avec Balp, à minuit, dans un appartement, lui passa brusquement son épée au travers du corps, et les bandes se dispersèrent emportant le corps de leur chef.

Les jours suivants arrivait à Carhaix avec de nombreuses troupes le duc de Chaulnes, gouverneur de Bretagne, et les notables de Carhaix et des environs signaient, le 24 septembre suivant, au nombre de soixante (2), une déclaration solennelle que le sieur de Montgaillard en mettant à mort Sébastien Le Balp avait sauvé la ville et tout le pays.

Françoise-Péronnelle Jégou de Kervillio, fille unique et héritière de Claude et de Marie Barrin, eut à subir après la mort de son père les suites de cette révolte, et ne pouvait encore, en 1678, se faire payer de ses vassaux. (Voir sa requête au Parlement aux pièces complémentaires.)

Née à Rennes, le 5 mars 1661, et baptisée à Saint-Gilles-Pligeaux, le 22 avril 1669 en grande pompe, elle fut mariée à Rennes, le 19 juin 1680, dans l'église de l'abbaye de Saint-Georges (3), à haut et puissant Henri-François de Rougé, marquis du Plessis-Bellière, chevalier des ordres militaires de Notre-Dame du Mont-Carmel et de Saint-Lazare, colonel d'un régiment pour le service de Sa Majesté, etc. Il était fils de haut et puissant Jacques de Rougé, marquis du Plessis-Bellière, lieutenant général des armées du Roi, gouverneur d'Armentières et de la Bassée, puis capitaine général de l'armée du duc de Guise au royaume de Naples, et de Suzanne de Bruc (4).

de Rougé : *De gueules à la croix pattée et alésée d'argent.* (Sceau 1276)

---

(1) Claude de Percin, marquis de Montgaillard, marié en 1655 à Marguerite de Bassabat de Pordéac, était le frère aîné de Claude-Maurice de Percin, marquis de Montgaillard et de la Barthe, qui avait épousé en 1663 Mauricette-Renée de Plœuc, marquise du Timeur, veuve de Donatien de Maillé, marquis de Carman. Il devait dix jours après périr, dans Carhaix même, victime d'une embûche dressée par deux gentilshommes ennemis, officiers des troupes du duc de Chaulnes, messieurs de Quengo de Pontgand, et de Beaumont.

(2) En tête de ces signatures étaient Henri, Guillaume de Kerampuil, père et fils, et Sébastien de Kerampuil, diacre. Ce n'est que tout récemment que nous avons eu connaissance de ces faits si importants pour l'histoire de la région, découverts par M. Lemoine, archiviste du département du Finistère.

(3) Ce mariage fut célébré par messire Claude de la Fayette, docteur en Sorbonne, et recteur de Toussaints.

(4) 1639, 26 avril. Contrat de mariage (Me Verger, notaire à Nantes) de messire Jacques de Rougé, sgr du Plessis-Bellière, lieut<sup>t</sup>-colonel du rég<sup>t</sup> de M. le maréchal

Héritier de la bravoure et des brillantes qualités de son père, Henri-François de Rougé fut créé maréchal de camp, le 6 novembre 1691, et mourut au mois de février 1692, à Suze, dont il avait été le gouverneur.

La marquise du Plessis-Bellière lui survécut jusqu'au 16 juillet 1728, et mourut à Paris, en la communauté des Filles de Saint-Thomas de Villeneuve, rue Vivienne.

Ils avaient eu trois fils :

1. JEAN-GILLES qui suit.

2. HENRI-FRANÇOIS DE ROUGÉ, mort âgé de quinze ans dans le régiment du Roi.

3. CHARLES-NICOLAS DE ROUGÉ, né à Rennes, le 1er septembre 1687, fut baptisé le 25 avril 1693, et eut pour parrain haut et puissant seigneur Charles-Nicolas de Créquy, comte de Blanchefort, et pour marraine haute et puissante dame Catherine de Rougé, veuve de très haut et très puissant seigneur François, sire de Créquy, maréchal de France, ses oncle et tante. (Paroisse Saint-Germain-l'Auxerrois, de Paris). Il fut émancipé par acte passé au présidial de Rennes, le 27 mars 1706 (1).

1. JEAN-GILLES DE ROUGÉ, marquis du Plessis-Bellière, fut colonel du régiment d'Angoumois, et mourut à l'âge de 25 ans, le 17 juin 1707, au siège de Sarragosse. Il avait épousé à Lignol, le 23 février 1705, Florimonde-Renée DE LANTIVY, baronne de Rostrenen, fille de Claude-François de Lantivy, chevalier, sgr du Coscro, conseiller au parlement de Bretagne, et d'Anne-Christine l'Evesque de Langourla.

---

de Brézé, et demelle Suzanne de Bruc, fille de messire Jean de Bruc, sgr de la Grée (E, 1191).

— 1661. 18 juillet. — « Nous brigadier des armées du Roi, major génal de l'armée » du Haut-Rhin, certifions que le marquis de Rougé, lieutenant gal des armées » du Roy, gouverneur des villes de Givet et Charlemont, est mort à Soest, le 18 » juillet, à la suite des blessures qu'il avait reçues à l'affaire de Filinghausen, le » seize du même mois. En foy de quoy avons donné le présent pour servir et valoir » en ce que de raison. — A Cassel, le 7 janvier 1762. » GUIBERT.

(Extrait des actes de l'État-civil, par le Mis de Granges de Surgères.)

(1) Notes de M. Saulnier, conseiller à la Cour d'appel.

Elle mourut le 15 mai 1748, à son château de Rostrenen, et fut inhumée dans les enfeus de ses prédécesseurs, les barons de Rostrenen, en la collégiale de cette ville.

Elle avait eu deux enfants :

1. Louis de Rougé, marquis du Plessis-Bellière, né en 1705, colonel du régiment de Vexin, marié à Marie-Thérèse d'Albert d'Ailly, fille de Louis-Auguste d'Albert d'Ailly, duc de Chaulnes, pair et maréchal de France, d'où deux enfants morts en bas âge, après leur père qui mourut en 1733.

2. Innocente-Catherine-Renée de Rougé, marquise du Fay et du Plessis-Bellière, et baronne de Rostrenen, en Bretagne, de Vienne-le-Châtel, en Champagne, dame de la châtellenie de Moreil, en Picardie, née le 28 décembre 1707, et baptisée à Paris, le même jour, à Saint-Germain-l'Auxerrois, épousa : 1º le 2 mai 1729, à Saint-Eustache, à Paris : Jean-Sébastien de Kerhoent, marquis de Coëtanfao, gouverneur de Morlaix, fils de haut et puissant Sébastien de Kerhoënt, marquis de Coëtanfao, et de Marie-Renée de Kergoët.

Restée veuve sans enfants, le 9 avril 1744, et alors héritière de son frère, elle épousa en secondes noces, le 6 juin 1747, Son Altesse Emmanuel-Maurice de Lorraine, prince d'Elbeuf, fils de S. A. Charles de Lorraine, 3ème duc d'Elbeuf, et d'Élisabeth de la Tour de Bouillon. Il mourut le 14 août 1763.

La duchesse d'Elbeuf avait hérité en 1748, à la mort de sa mère, de la baronnie de Rostrenen, à laquelle elle réunit, du chef de sa grand'mère, Françoise-Péronnelle Jégou, marquise de Rougé, les seigneuries de Kerjan, Paule, Mezle, Glomel et Moëllou. Tous ces biens furent vendus par elle, en 1777, au prince Jules-Hercule de Rohan-Guémené, mais lui firent retour, et furent revendus, en 1785, au comte du Nédo.

Elle mourut à Paris, le 29 février 1794 (Pluviose, an II), ayant eu le bonheur d'échapper à l'échafaud révolutionnaire.

En elle finit la postérité de Claude Jégou, vicomte de Kerjean, et la filiation des Jégou se reprend à René, second fils de Gilles et de Marie Budes du Tertrejouan, au degré IX.

## IX.

RENÉ JÉGOU, appelé d'abord s$^{gr}$ de Paule, et plus tard s$^{gr}$ de Trégarantec, second fils de Gilles et de Marie Budes, naquit à Kervillio, le 3 septembre 1631.

Il épousa par contrat de mariage du 20 décembre 1662 Françoise-Augustine DE SAINT-NOAY, fille d'écuyer François de Saint-Noay, s$^r$ de Kergorant (en Mellionec), et de dame Fiacre Guéguen. De cette époque à celle où mourut Gilles de Saint-Noay, frère de Françoise-Augustine, dont celle-ci hérita, ils habitèrent le manoir de Kerloguennic, en Paule, 1663-1679 ; cette dernière date est prouvée par une déclaration du 14 juin 1679 : on y lit, « d'autant que le décès
» serait arrivé à défunt messire Gilles de Saint-Noay, en
» son vivant s$^{gr}$ de Kerjégu et de Trégarantec, au nom
» duquel la déclaration ci-dessus était formée à dessein de la
» lui fournir à présent, dame Françoise-Augustine de Saint-
» Noay, sa sœur, épouse de messire René Jégou, chevalier,
» s$^{gr}$ de Paule, Kerjégu, et dudit Trégarantec, ses héritiers. »

Conseiller au parlement de Bretagne, depuis le 9 juillet 1681, René mourut à Vannes, le 21 octobre 1686, où résidait alors le Parlement ; et il fut inhumé le jour suivant dans la cathédrale de cette ville. (Voir aux actes, dans les pièces complémentaires.)

Françoise-Augustine de Saint-Noay lui survécut, mais la date de sa mort reste ignorée encore. Elle n'existait plus lors du mariage de François-René, son fils.

1. GILLES-RENÉ, né le 9 février 1664, à Kerloguennic et baptisé à Paule, le 7$^e$ d'octobre 1671, eut pour parrain

messire Gilles Jégou, chevalier, sgr de Glomel, Mezle, Kerjan, Saint-Gilles-Pligeaux, et pour marraine dame Catherine de Saint-Noay, épouse d'écuyer René de Saint-Pezran, sr et dame de Kermeau. Le baptême fut fait par vénérable messire Louys Canant, recteur de Plévin (1).

Un acte du 18 février 1673 montre Gilles-René Jégou, sgr de Kerloguennic, parrain à Saint-Gilles-Pligeaux d'un François-Gilles Jégou, fils de Marc Jégou, sr du Parc, et de Marie Boscher (2), dont la marraine est « Françoise-Pétronille Jégou, dame de Kerjan, fille de messire Claude Jégou, chevalier, vicomte de Kerjan, Glomel, etc., et de dame Marie Barrin du Boisgeffroy. » Ce sont les termes de l'acte.

Gilles-René mourut à Rennes, à l'âge de douze ans, et fut inhumé aux Grands Carmes, le 1er mai 1676, un mois avant son grand-père, Gilles Jégou de Kervillio (3).

2. François-René qui continue la filiation.

3. Claude-Fiacre, né le 12 mars 1671, à Kerloguennic, fut baptisé le même jour que Gilles-René, dans l'église de Paule. Il mourut à Vannes, le vingt-cinquième jour de septembre 1682, âgé d'onze ans, et fut inhumé dans la cathédrale de Vannes.

4. Françoise-Gillette, née le 24 septembre 1676, également baptisée à Paule, le 18 mai 1671, et sur laquelle on ne sait rien de plus.

5. Jean-Gilles dont l'acte de naissance manque. Il embrassa l'état ecclésiastique, et était connu sous le nom de l'abbé de Paule. Il fut chanoine de l'évêché de Tréguier. Il figure comme tuteur de son neveu, François-Gilles-Alexandre Jégou du Laz, dans l'acte de partage du 18 septembre 1720. — Il mourut au mois d'octobre 1735.

---

(1) Chez lequel devait mourir le vénérable Père Maunoir, à Plévin.

(2) Ces Jégou, srs du Parc, étaient peut-être issus de cadets mentionnés dans les précédents degrés, et dont nous n'avons connu ni les alliances, ni la postérité.

(3) La date et le lieu de la mort de Gilles-René seraient restés inconnus sans la précieuse communication de M. Saulnier.

6. ANDRÉ-GILLES, né au château de Trégarantec, le 12 octobre 1678, fut baptisé à Mellionec, le 15 avril 1683, et reçut le nom d'André à cause de son parrain et proche parent, messire André Huchet, s$^{gr}$ de la Bédoyère, procureur général au Parlement de Bretagne. — Il est mort en bas âge.

## X.

FRANÇOIS-RENÉ JÉGOU, chevalier, s$^{gr}$ DE TRÉGARANTEC et comte DU LAZ, lieutenant de nosseigneurs les maréchaux de France (1), fils aîné héritier principal et noble de René, et de Françoise-Augustine de Saint-Noay, épousa le 21 février 1689, à l'âge de 22 ans, dans la chapelle de Saint-Sébastien, paroisse du Faouët, Marie-Thérèse DE GARJAN, fille unique de messire Barthélemy de Garjan et de Marie-Anne Provost, héritière de Coëtquenven, laquelle avait dix-huit ans.

DE GARJAN :
*D'argent au lion de sable, accompagné de 3 merlettes de même, 2, 1.*

François-René fit l'acquisition, le 28 avril 1698, de la terre et seigneurie du Laz, en Carnac, et à partir de ce moment en prit le nom que les Jégou de Kervillio portent depuis, et il n'y a pas longtemps que cette terre est sortie de leurs mains. (Le contrat judiciel d'acquisition de la terre et seigneurie du Laz aux requestes du palais à Rennes, en date du 28 avril 1698, traité du 12 mai dudit an, entre messire François de Trévegat, et messire François Jégou, s$^{gr}$ de Paule et de Trégarantec, acquéreur de la dite terre, prise de possession, bannies et appropriement d'icelle, etc.) — (Inventaire des titres de Trégarantec, en 1745.)

Ce fut au château du Laz que mourut, le 17 juillet 1703, Marie-Thérèse de Garjan, âgée de 32 ans, quelques jours après la naissance d'un fils. Son cœur fut rapporté à Mellionec, et déposé dans l'église paroissiale, le 26$^e$ juin 1703.

---

(1) « Les maréchaux de France sont juges du point d'honneur, et ils ont en chaque
» baillage, et je crois, en Bretagne, en chaque évêché, un lieutenant qui, en leur nom,
» juge les querelles entre gentilshommes. » — (Lettre de M. Trévédy à l'auteur.)

François-René mourut à son château de Trégarantec, le 2 avril 1720, âgé de 52 ans, et fut inhumé le 4 du même mois, en l'église de Mellionec.

Ses enfants ont été :

1. François-Barthélemy dont l'article suivra.

2. Jean-François, né en 1695, n'a pas vécu.

3. Gilles, né le 1er septembre 1696, mort le 2 septembre.

4. François.

5. Gillette-Thérèse, née le 10 octobre 1699, au château de Trégarantec, fut baptisée, ainsi que le précédent, en 1701, dans la chapelle du château de Glomel (1). Tous deux moururent en bas âge.

6. François-Gilles-Alexandre Jégou, vicomte du Laz, né vers 1698, terminait ses études à Paris, à l'académie royale de Vandeuil, lorsqu'il donna procuration, datée du 22 août 1720, pour la succession de ses père et mère. Il y est dit émancipé d'âge, procédant sous l'autorité de messire Jean-Gilles Jégou, sgr abbé de Paule, son oncle et curateur.

Il épousa, à Saint-Brieuc, en l'église Saint-Michel, le 6 juin 1737, Marie-Françoise-Agathe de la Lande de Calan, fille de messire Claude de la Lande de Calan, et d'Anne-Jeanne de Geslin de Trémargat. Son contrat de mariage est du 4 mai 1737 (2).

Il mourut sans postérité à environ quarante ans, en Saint-Michel de Saint-Brieuc, le 12 juillet 1738. Sa veuve épousa en secondes noces messire Claude François de Kermarec de Traoroult, sgr des Tronchais.

de la Lande de Calan : *D'azur au léopard d'argent, armé et couronné d'or, accompagné de sept macles d'argent, 4 en chef et 3 en pointe.*

---

(1) Le 18 mai 1685, requête fut présentée par le marquis de Rougé du Plessis-Bellière, à M. l'abbé de Coëtlogon, vicaire général de Cornouaille, dans son cours de visite, pour obtenir qu'il lui fût permis de bâtir une chapelle au manoir de Glomel, pour la desserte de la fondation de messes faite par messire Gilles Jégou, seigneur de Kervillio, Paule, Glomel, Kerjan, etc., à sa mort. — On ne saurait aujourd'hui retrouver l'emplacement de cette chapelle, à Kerrien, où était le château dit de Glomel ; demeure, à la fin du dix-septième siècle, des Jégou, puis des Rougé, héritiers de la branche aînée, — aujourd'hui aux Saisy, mais en ferme.

(2) Ce contrat est signé : Varennes, de Budes — le chevalier de Guébriant — Budes — Marc du Botdéru — la Vinière de Beaucorps — Louise-Radegonde Berthelot, de Beaucours — Marie-Anne le Mintier, de Trémargat, etc. — (Arch. de Pratulo.)

7. ANNE-OLIVE-ÉLISABETH-MARIE qui épousa, par contrat du 30 octobre 1715 (1), messire Sébastien-André DU LESLAY, s<sup>gr</sup> de Keranguével, en Paule, chevalier des ordres du Mont-Carmel et de Saint-Lazare (en 1723), fils de messire Marc-Claude du Leslay, et de dame Marie le Lart du Roz. Elle mourut à Keranguével, le 5 octobre 1731. (Registres de Paule.)

DU LESLAY :
D'argent au lion d'azur, armé, lampassé et couronné de gueules.
(Famille éteinte.)

8. JOSEPH, né le 9 juin 1703, au château du Laz, baptisé à Carnac, le 14 juillet suivant, et mort peu après.

## XI.

FRANÇOIS-BARTHÉLEMY JÉGOU, chevalier, comte DU LAZ, seigneur de Trégarantec, de Saint-Noay, etc., né le 22 mai 1691, au château de Trégarantec, épousa le 20 avril 1722, dans l'église de Saint-Melaine, à Morlaix, Thérèse-Marie DE KERLOAGUEN, fille de messire Michel de Kerloaguen, s<sup>gr</sup> de Kervésec, de Kervolongar et autres lieux, capitaine général garde-côte, et de Marie-Agnès des Anges.

DE KERLOAGUEN :
D'argent à l'aigle éployée de sable, membrée et becquée de gueules.
Devise :
SANS EFFROY.

Ce mariage fut célébré par monseigneur Ollivier Jégou de Kervillio, évêque de Tréguier (2).

François Barthélemy acquit de noble et discret messire Pierre-Claude-Gilles de Launay, abbé de la Salle, la terre et seigneurie de Saint-Noay (en Plouray), par acte du 21 février 1739, et prit possession de ladite terre, le 4 mars 1739. Il mourut le 29 mars 1745, à son château de Trégarantec, dans les plus parfaits sentiments d'amour de Dieu, dit l'acte de décès, et fut inhumé à Mellionec, dans le sanctuaire de l'église paroissiale, le 31 mars. Marie-Thérèse de Kerloaguen

---

(1) Ce contrat fut signé par : Ollivier Jégou de Kervillio, évêque et comte de Tréguier — F. Magon de Beaulieu — Loz de Beaulieu — Hippolyte Loz de Beaulieu — François de Beaulieu — Denis le Lart du Roz, recteur de Taulé — Marguerite de Kercabin de Toulborzo — François-René Jégou — François-Barthélemy Jégou — J.-L.-Raoul du Poul, etc. — (Arch. de Pratulo.)

(2) Le contrat de mariage du 27 mars 1722 est signé : Michel de Kerloaguen — Marie des Anges — Ollivier Jégou de Kervillio, évêque et comte de Tréguier — Fr. Hercule de Gourcun Kerven — Le chevalier de l'Isle le Rouge — Jean-Gilles, abbé de Paule, chanoine de Tréguier.

était morte avant lui, et Marie-Agnès des Anges, dame de Kerloaguen, fut nommée tutrice de ses petits-enfants mineurs. Michel-Marie, l'aîné, eut pour curateur messire Charles-René de Saisy, de Kersaint-Éloy. Les enfants de François-Barthélemy et de Marie-Thérèse de Kerloaguen furent :

1. MICHEL-MARIE qui suivra.

2. FRANÇOIS-GILLES-FLORIMOND, appelé le chevalier du Laz, qui mourut sans alliance, le 18 février 1753.

3. MARIE-OLIVE, née à Trégarantec, le 18 octobre 1723, eut pour parrain monseigneur Ollivier Jégou de Kervillio, évêque de Tréguier, son arrière-grand-oncle. Elle épousa messire François-Marie ERMAR DE BEAUREPAIRE, fils de feu messire Amador-Mathurin Ermar, vivant chevalier, sgr de Beaurepaire, et de dame Anne-Marie de Cosnoal. Elle mourut le 29 juin 1750, et fut inhumée dans la chapelle de Beaurepaire (paroisse d'Augan), canton de Guer, le 30 juin. — Son seul fils étant mort en 1752, les biens de Marie-Olive firent retour à ceux de son nom.

ERMAR : Sgr de Beaurepaire. *De gueules à neuf besants d'or, 3, 3, 3 (comme Malestroit).*

4. MARGUERITE-SIMONNE, dame de Lesven, morte sans alliance, le 25 juillet 1752.

5. MARIE-MICHELLE-AGNÈS, née le 21 janvier 1725, baptisée à Mellionec, le 23 du même mois, morte sans alliance.

6. ANGÉLIQUE-FLORIMONDE, née en 1728, épousa messire Jean-Baptiste DE KERMENGUY DE SAINT-LAURENT, fils de messire Rolland de Kermenguy, sgr de Saint-Laurent, chevalier des ordres de Saint-Lazare et du Mont-Carmel, et de Marie-Thérèse Thépault de Kerosern, dame de Linquelvez, dont trois filles (1). Elle mourut en 1780, âgée de 52 ans, et fut inhumée dans la cathédrale de Saint-Pol-de-Léon.

DE KERMENGUY : *Losangé d'argent et de sable, à la fasce de gueules, chargée d'un croissant d'argent.*

---

(1) Ces trois filles étaient :

1. Angélique de Kermenguy, mariée à César-Hippolyte, marquis de Carné-Trécesson, fils aîné de Gilles-Jacques de Carné, et de Perrine de Coëtlogon.

2. Françoise de Kermenguy qui épousa son cousin germain, Alexandre Jégou, vicomte du Laz, le 16 novembre 1782.

3. Marie-Thérèse de Kermenguy, mariée le 6 mars 1782, à Garlan, à messire Joseph-René du Parc, vicomte du Parc, sgr de Coëtrescar, capitaine des vaisseaux du Roi, chevalier de Saint-Louis, fils majeur de feu messire René du Parc, chevalier, sgr de Keryvon, comte du Parc, et de feue Anne-Amadore de Giberne.

THÉPAULT :
Sgr de Treffalégant, etc.

De gueules à la croix alésée d'or, qui est Bilsic, a-dextrée d'une macle de même.
(Sceau 1381.)

7. THÉRÈSE-FRANÇOISE épousa messire Jean-Louis THÉPAULT, chevalier, sgr de Treffalégant et de Kerozern, fils de messire Jacques-Louis Thépault, chevalier, sgr de Treffalégant et de Kerozern, et de Françoise-Thérèse de la Bourdonnaye de Blossac ; cette dernière était fille de messire Jacques-Renaud de la Bourdonnaye, sgr comte de Blossac, président à mortier au parlement de Bretagne, et de dame Louise-Claude Le Gonidec des Aulnais (1).

8. MARIE-CATHERINE, appelée mademoiselle de Saint-Noay, qui mourut le 25 juillet 1760, au château de Rostrenen, âgée de vingt-deux ans, et dont les dernières volontés, trouvées dans les archives de famille, nous ont semblé devoir trouver place ici (2), comme testament de jeune fille du XVIIIe siècle.

## XII.

MICHEL-MARIE JÉGOU, comte DU LAZ, fils aîné, héritier principal de François-Barthélemy et de Marie-Thérèse de Kerloaguen, naquit à Morlaix, le 5 août 1726.

---

(1) Notes de M. Saulnier, conseiller à la Cour d'appel de Rennes.

(2) On lit dans un compte écrit de la main du Cte du Laz, son frère, au sujet du règlement de comptes de la succession de Marie-Catherine, sa plus jeune sœur :

A M. le Doyen de la collégiale de Rostrenen pour les frais funéraires.... 246l »
Payé aux gens de Mad. d'Elbeuf pour les soins et attentions pendant la maladie de ma sœur........ 96 »

### DERNIÈRES VOLONTÉS DE Mlle DE SAINT-NOAY.

Mille messes à Rostrenen, à 12s, cy............ 600l »
Cent messes à saint Vincent, à Vannes............ 60 »
Cent messes pour les défunts de la famille............ 60 »
Aux pauvres de Rostrenen............ 300 »
A ceux de Mellionec............ 150 »
Aux domestiques de M. le Doyen............ 96 »
Aux domestiques de M. de Penhoët, de Mesdames de Treffalégant, de Saint-Laurent, et les miens............ 120 »
Aux Calvairiennes de Morlaix............ 200 »
Un ornement aux Ursulines de Vannes............ 300 »

Sa robe de damas, la jupe de droguet blanc et les quatre laises en plus, à l'église de Mellionec.
Ses deux robes de taffetas chiné et rose, à la paroisse de Saint-Melaine.
Sa montre d'or à la petite Saint-Laurent.

Il épousa à Vannes, le 9 février 1750, Angélique-Thérèse-Augustine DE BLÉVIN DE PENHOET, fille de messire Philippe-François de Blévin, chevalier, sgr comte de Penhoët et de Limoges, et de Marie-Anne-Angélique de Marbeuf (1) (2). Elle mourut au château de Limoges (Vannes), à la fin de décembre 1770, et fut inhumée le 29 décembre dans l'église des R. Pères Capucins, à Vannes.

DE BLESVIN :
Sgr de Penhoët et de Limoges.
D'azur à 3 croissants d'or.

Les enfants de ce premier mariage du comte du Laz seront nommés plus loin.

Le château de Trégarantec qui vit passer cinq générations des Jégou du Laz fut, on peut dire, transformé par les quatre premières : Michel-Marie, comte du Laz, est celui qui l'agrandit et l'embellit le plus. La chapelle fut rebâtie ou restaurée en 1757 ; son autel, ses statues de Notre-Dame et de Saint-Michel, ses sculptures intérieures frappaient le visiteur. Les grands salons de Trégarantec, dont toute une enfilade ouvrait sur une longue terrasse descendant aux jardins, avaient d'admirables boiseries. Une nombreuse et brillante société y fut reçue pendant tout le dix-huitième siècle. Trente domestiques faisaient le service : jamais moins

---

(1) Le contrat de mariage du 6 février 1750 est signé : Michel-Marie Jégou du Laz. — Angélique-Thérèse-Augustine de Blévin de Penhoët — Philippe-François de Blévin de Penhoët — Marie-Anne-Angélique de Marbeuf, de Penhoët — François-Julien Marin de Moncan — Coetloury de Moncan — François-Gilles, chevalier du Laz — François-Marie Ermar de Beaurepaire — Marie-Ollive Jégou du Laz, de Beaurepaire — Blévin de Penhoët, de Marbeuf — Jérôme de Marbeuf — de Musuillac — Charles-Jean, évêque de Vannes — Gicquel du Nédo — Le Meilleur, du Nédo — Le chevalier du Nédo — Julie du Nédo — du Nédo — Eulalie du Nédo — L'abbé de Soulange — Chapelle de Jumilhac de Cubjac — Marie-Aude-Jacquette du Chastel, de la Bédoyère — Thomase-Scholastique du Bot du Grégo — Jeanne-Charlotte Huchet de la Bédoyère, du Grégo — Julie Huchet de la Bédoyère — Goyon de Vaudurant — Champeaux, de Vaudurant — de la Jonchère, de Goyon — Le chevalier de Coué — Marc-Antoine de Coëtloury — Le chevalier du Nédo — Jeanne de Kergariou.

(2) Marie-Anne-Angélique de Marbeuf était fille de messire Charles-François-Claude de Marbeuf, chevalier, sgr du Gué, de Servon, conseiller au parlement de Bretagne, et de Jeanne-Jacquette de Musillac, née le 31 mars 1709, baptisée à Saint-Pierre en Saint-George, de Rennes, le 14 avril suivant, mariée en premières noces, le 16 septembre 1724, à Julien-Anne de la Bourdonnaye, sgr de Keroset, remariée en Saint-Pierre de Vannes, le 25 octobre 1728, à messire François-Philippe de Blévin, sgr de Penhoët, mort veuf à 84 ans et sept mois, et inhumé en Saint-Salomon de Vannes, le 21 décembre 1779. (Notes de M. Saulnier.)

de seize plats ne s'offraient aux convives (1). Le luxe était grand à cette époque, si l'on en juge par les mémoires des frères Rollin de Rennes, fournisseurs des habitants de Trégarantec, qui dépassent la somme énorme de treize mille livres pour les années 1744 à 1746, rien qu'en vêtements de luxe. Les merveilleux jardins, leur puits incomparable au centre, œuvre d'art due à Michel, comte du Laz, ou à son père ; leurs hautes murailles, les grandioses allées, avec larges degrés de granit dans les endroits inégaux, les balustres, les terrasses ; et tout autour du château, de hautes futaies percées de huit larges allées aboutissant à l'esplanade, un grand étang, de claires fontaines et de belles croix au milieu des bois, tout cet ensemble donnait à cette demeure un aspect aussi seigneurial que romantique.

Environ dix ans après la mort de sa femme, le comte du Laz fit une seconde alliance avec Marie-Jeanne-Josèphe DE KERSAUSON, veuve de M. de Villiers de l'Isle-Adam, née au Vijac, le 17 avril 1747, fille de Jean-François-Marie de Kersauson, s<sup>gr</sup> de Kerandraon, Goasmelquen, et de Susanne Mol de Kerjan.

DE KERSAUSON : *De gueules au fermail d'argent.*

Elle mourut à Saint-Pol-de-Léon, le 27 décembre 1822.

Les enfants de ce second mariage suivront.

Le comte du Laz avait figuré aux États généraux de Bretagne, du 1<sup>er</sup> octobre 1764, tenus par le duc d'Aiguillon, à Nantes. Il y est mentionné sous ce titre « le comte du Laz, inspecteur des haras. »

Aux approches de la terrible révolution, il fut un des gentilshommes bretons qui donnèrent leur signature à la Rouërie. Emprisonné pendant la Terreur, et conduit à Saint-Brieuc, ainsi que sa femme, il dut laisser son château de Trégarantec sous la garde de ses enfants. Il y mourut le 5 mars 1799, laissant dans sa région un souvenir béni de sa piété et de son inépuisable charité.

---

(1) Nous tenons ces détails, et bien d'autres encore, des derniers Jégou du Laz nés à Trégarantec, mais n'y ayant vu pour ainsi dire que le déclin de cette splendeur passée.

Les enfants de son premier mariage avec mademoiselle de Blesvin de Penhoët furent :

1. Emmanuel-Bonabes JÉGOU DU LAZ, qui fut baptisé à Saint-Salomon de Vannes, le 17 mai 1751 ; il eut pour parrain S. A. Emmanuel de Lorraine, duc et prince d'Elbeuf, grand d'Espagne de première classe ; et pour marraine, madame Innocente-Catherine de Rougé, duchesse et princesse d'Elbeuf. Il mourut à l'âge de 17 ans, et fut inhumé dans l'église des Pères Capucins de Vannes, le 1er juillet 1767.

2. Jeanne-Marie-Philippe-Françoise JÉGOU DU LAZ, baptisée en Saint-Salomon de Vannes, le 6 novembre 1753, mourut en bas âge.

3. Alexandre-François JÉGOU, vicomte DU LAZ, baptisé à Vannes, le 5 mai 1755, est particulièrement connu sous la dénomination de vicomte du Laz. Il figura dans la protestation de l'ordre de la noblesse de Bretagne, en 1789. Il émigra, servit d'abord dans l'armée de Condé et alla ensuite en Pologne, où il donna des leçons de français dans un important château des environs de Varsovie. Sa femme restée en Bretagne habitait Saint-Pol-de-Léon où elle ne fut pas inquiétée (1).

Il avait épousé à Saint-Pol, le 16 novembre 1782, âgé de 28 ans, sa cousine germaine, Françoise DE KERMENGUY de Saint-Laurent, fille de messire Jean-Baptiste de Kermenguy, comte de Saint-Laurent, et d'Angélique-Florimonde Jégou du Laz, d'où une fille qui suit.

Il se remaria en secondes noces à Bernardine Malescot de Kerangoué, et en troisièmes, à madame Marie-Marguerite-Caroline de Floyd de la Salle, veuve du général Girard de Châteauvieux. Il habitait Saint-Pol-de-Léon ; mais il mourut à Guingamp, le 18 mai 1831.

DE KERMENGUY : *Losangé d'argent et de sable, à la fasce de gueules, chargée d'un croissant d'argent.*

---

(1) Nous pensons que c'est elle qui est citée dans l'*Histoire de la persécution révolutionnaire en Bretagne* (Abbé Tresvaux, t. I, p. 236, éd. 1892) pour avoir donné asile, pendant la Terreur, à Monseigneur de la Marche, évêque de Saint-Pol-de-Léon.

Reine-Marie JÉGOU DU LAZ, unique enfant du vicomte du Laz, née en Pleybert-Christ, le 30 décembre 1783, eut pour parrain Michel-Marie Jégou, comte du Laz, son grand-père, et pour marraine Angélique-Reine de Kermenguy, marquise de Carné, sœur de sa mère.

Elle épousa à Saint-Pol-de-Léon, le 6 janvier 1806, Jonathas-Marie-Alain BARBIER DE LESCOUET, s<sup>gr</sup> DE LESQUIFFIOU, fils aîné et majeur de messire Sébastien-François-Joseph BARBIER, marquis DE LESCOUET, s<sup>gr</sup> DE LESQUIFFIOU, et de Catherine-Vincente-Reine DE KERGARIOU (1). Elle mourut sans postérité, le 11 octobre 1807, et son mari ne lui survécut que très peu de temps.

<small>BARBIER : S<sup>gr</sup> de Lescoët, marquis de Kerjean (en 1618), châtelain de Lescoët, en 1656.
*D'argent à deux fasces de sable.*</small>

4. Ange-Marie-Yves-Patern JÉGOU DU LAZ, baptisé le 21 mai 1761, à Vannes, mort célibataire.

5. Marie-Angélique-Catherine-Emmanuelle JÉGOU DU LAZ fut baptisée le 24 avril 1763, à Vannes, et mourut en bas âge.

6. Marie-Anne-Françoise-Charlotte-Julie JÉGOU DU LAZ, née en janvier 1767, au château de Limoges, fut baptisée à Saint-Patern de Vannes, le 2 février 1767; elle eut pour parrain son grand-oncle, haut et puissant seigneur messire Charles-Louis-René de Marbeuf, lieutenant du Roi des quatre évêchés de la haute Bretagne, maréchal de ses camps et armées, général des troupes de Sa Majesté en Corse; et pour marraine, haute et puissante dame Éléonore-Julie de Guémadeuc, sa femme.

Par le rôle qu'elle joua pendant la Révolution, elle mérite une mention très spéciale dans les annales de sa famille.

« Femme d'un esprit et d'un jugement tout à fait remarquables, chacun appréciait la sagesse de ses conseils, et on venait la consulter dans les affaires difficiles. Son savoir était

---

(1) Jonathas-Marie-Alain Barbier de Lescouët eut pour frère, et continuateur de la filiation, Joseph-Anne-Auguste-Maximilien-Claude Barbier de Lescouët, second fils de haut et puissant seigneur Sébastien-François-Joseph Barbier de Lescouët, et de Catherine-Vincente-Reine de Kergariou, qui épousa Anne-Marie-Bonaventure-Bonin de la Villebouquais, et mourut à son château de Lesquiffiou, le 10 janvier 1866, dans sa 84<sup>me</sup> année.

immense ; à une époque où l'instruction avait été négligée par suite des événements qui absorbaient les esprits, elle possédait l'histoire, la littérature, la géographie, à ce point qu'elle était un dictionnaire vivant.

Ce fut elle qui dirigea tout à Trégarantec pendant la Terreur ; son père et sa belle-mère furent d'abord emprisonnés à Rostrenen où ils restèrent peu de temps ; de là, ils furent conduits à Saint-Brieuc. Mademoiselle du Laz les escorta à cheval jusqu'à la prison, et ne les quitta que pour revenir veiller sur ses jeunes frères et sœur. Elle fut pour eux une seconde mère, et le respect et l'affection que ses frères lui ont témoignés jusqu'à son dernier jour en a été la preuve.

Pendant la période révolutionnaire, mademoiselle du Laz montra un courage et une énergie à toute épreuve. Elle eut parfois quatre prêtres cachés dans le château ; elle recevait les Bleus, les accompagnant dans les fouilles, ne voulant confier à personne le soin de les guider, sachant bien qu'elle seule aurait la force de dissimuler les craintes et les inquiétudes que l'on éprouvait lorsque les soldats s'approchaient des cachettes des proscrits.

Quoique bien jeune elle ne reculait devant aucun danger ; plus d'une fois, elle fut, au péril de ses jours, prévenir de l'arrivée des Bleus les habitants des châteaux voisins, ou porter d'importantes dépêches : dans ces circonstances elle voyageait de nuit, accompagnée seulement du vieux Lainé, le fidèle et dévoué valet de chambre de son père (1). »

Elle épousa le 24 février 1800, le vicomte François DE ROQUEFEUIL qui était fils d'Antoine, comte de Roquefeuil, et de Jeanne de Boissier de Cadillac. Elle habitait encore alors le château de Trégarantec. Elle mourut le 1er janvier 1849, à son château de Kerbiriou, près Morlaix (2).

DE ROQUEFEUIL : *D'azur à neuf cordelières d'or, 3, 3, 3.*

---

(1) Tout cet article sur la C<sup>tesse</sup> de Roquefeuil est dû à sa petite-fille, Madame la vicomtesse de Forsanz, initiée à tous ces détails, qu'elle seule pouvait bien dire, — fille aînée d'Amédée-Alexandre, comte de Roquefeuil, et de Gérasime de Cillart, et veuve du vicomte Paul de Forsanz, sénateur.

(2) Ses deux fils, si dignes d'elle, furent :

I. Amédée-Alexandre, comte de Roquefeuil, député à l'assemblée législative

Du second mariage de Michel-Marie Jégou, comte du Laz, avec Mlle de Kersauson naquirent :

1 JOSEPH-FRANÇOIS-BONABES qui suivra.

2. Marie-Jeanne-Susanne JÉGOU DU LAZ, née à Trégarantec, en 1785, morte le 3 mai 1806, à Saint-Pol-de-Léon, rue des Ursulines, sans alliance.

3. Hippolyte-Marie JÉGOU, vicomte DU LAZ, né le 26 novembre 1786, au château de Trégarantec, épousa le 19 juin 1813, Marie-Victorine-Adélaïde DE BRILHAC, née à Bruxelles le 13 décembre 1793, et décédée à Saint-Pol-de-Léon, le 28 mai 1845, fille de messire Charles-Pierre-Dimas de Brilhac, comte de Crévy, Villeneuve, et d'Élisabeth de Roquefeuil.

DE BRILHAC : *D'azur au chevron d'or chargé de 5 roses de gueules, accomp. de 3 molettes d'or,* qui est Nouzières; *écartelé : d'azur à 3 fleurs de lys d'argent,* qui est Brilhac. (Sceau 1351.)

De ce mariage sont issus dix enfants :

A. Charles-Alexandre JÉGOU DU LAZ, né le 16 novembre 1814, mort le 20 août suivant.

B. Paul-Hilarion-Joseph JÉGOU DU LAZ, né le 20 avril 1816, épousa le 19 janvier 1858, Virginie-Marie-Nicole-Céleste DE DIEULEVEULT, fille de Paul de Dieuleveult, député à l'assemblée législative, ancien maire de Tréguier, et d'Olympe de Kermenguy, et née à Saint-Pol, le 15 mars 1830.

DE DIEULEVEULT : *D'azur à six croissants contournés d'argent, posés 3, 2, 1.*

Il mourut à Saint-Pol-de-Léon, le 12 mai 1892, à l'âge de 76 ans.

De ce mariage sont nés deux enfants.

I. Marie-Adélaïde-Françoise-Louise JÉGOU DU LAZ, née à Saint-Pol, le 1er novembre 1858, mariée le 21 avril 1884, à Michel-Armand JOUAN DE KERVENOAEL, fils de Michel-François Jouan de Kervenoaël, et d'Anastasie-Dreuse-Marie

JOUAN DE KERVÉNOAEL : *De gueules au lion d'or, armé et lampassé d'argent, accomp. de 3 annelets de même.* (Montres de 1426 à 1538.)

de 1849, né le 26 janvier 1803, marié le 4 octobre 1831, à Gérasime de Cillart, mort le 17 juillet 1877, au château de Kerbiriou.

II. Ernest-Charles-Marie, vicomte de Roquefeuil, mort à Lourdes, le 16 janvier 1891, sans postérité de son mariage avec Pauline de Cillart, sœur de la précédente.

de Parcevaux, et petit-fils de Jacques Jouan de Kervenoaël et de Marie-Josèphe de Chef-du-Bois (1).

II. Gaston-Paul-François-Marie JÉGOU DU LAZ, né à Tréguier, le 7 août 1860, baptisé à Saint-Pol le 17 octobre 1860, y est mort le 28 avril 1862.

C. Louis-Michel JÉGOU DU LAZ, né le 2 janvier 1818, mort sans alliance, le 19 septembre 1881.

D. Françoise-Marie JÉGOU DU LAZ, née le 9 avril 1820, morte, sans alliance, le 6 mai 1876, à Saint-Pol-de-Léon.

E. Adèle-Marie-Élisabeth JÉGOU DU LAZ, née le 15 août 1821, mariée à Charles-Jean-Guy, comte DE GOUZILLON DE KERMÉNO, veuf de Marie-Victoire-Jeanne le Gris. Elle mourut à Saint-Pol le 4 février 1856, sans laisser d'enfants, et M. de Gouzillon se maria en 3mes noces à Henriette-Marie de Plouays de Chantelou, le 1er juillet 1857.

DE GOUZILLON : *D'or à la fasce d'azur, accompagné de 3 pigeons de même, becqués et memb. de gueules.*

F. Élisabeth-Marie-Bernardine JÉGOU DU LAZ, née le 16 novembre 1823, fit ses vœux perpétuels le 2 octobre 1849 dans l'ordre de Saint-Thomas de Villeneuve, où elle est morte, assistante générale, à Paris, rue de Sèvres, le 14 novembre 1896.

G. Mélite-Marie-Camille JÉGOU DU LAZ, née le 7 juin 1826, morte à Lamballe, le 29 mai 1888, supérieure des Dames de Saint-Thomas de Villeneuve.

H. Ernest JÉGOU DU LAZ, né le 5 avril 1829, mourut le 14 novembre 1834.

I. Henri-Charles-Ferdinand-Marie-Antoine JÉGOU DU LAZ, né le 24 mai 1831, à Saint-Pol-de-Léon, comme tous les précédents, partit à l'âge de vingt-six ans pour les États-Unis, le 3 octobre 1857, où il épousa le 17 septembre 1866,

---

(1) D'où : Paul-Marie-Joseph, né à Saint-Pol-de-Léon, le 11 février 1885;
Alix-Virginie-Louise-Marie, née à Saint-Pol-de-Léon, le 6 mars 1886;
Marguerite-Marie-Caroline, née à Saint-Pol-de-Léon, le 17 juin 1887,
enfants de M. et Mme de Kervénoaël.

Angèle-Elmina-Mary Rousseau, âgée de 23 ans, troisième fille d'Édouard Rousseau, notaire public du village de Jerrebonne situé à six lieues de Montréal, et de dame Nathalie des Jardins. De cette union, une fille et trois garçons, tous morts en bas âge.

Il mourut à Montréal, le 6 avril 1895.

J. Caroline JÉGOU DU LAZ, née le 14 juin 1833, ne se maria pas, et mourut dans la communauté du Père-Éternel à Auray, où elle s'était depuis longtemps retirée, le 4 mai 1894.

3. Eugène-François JÉGOU, vicomte DU LAZ, troisième fils du second mariage de Michel-Marie, comte du Laz, né le 4 octobre 1788, au château de Trégarantec, entra comme brigadier au 3e régiment des Gardes d'honneur, et y fit les campagnes de 1813 et 1814. Il servit dans la cavalerie, sous les ordres du Cte du Botdéru, à l'armée royale de Bretagne, commandée par le général de Sol de Grisolle, en 1815. Le 14 mai 1823 il fut nommé maire de Saint-Pol-de-Léon, et installé le 30 mai par M. de Kerhorre, démissionnaire. Le 14 mai 1826, il remplaça son beau-père, le Cte de la Villemarqué, comme sous-préfet de Quimperlé. Démissionnaire en 1830, il empêcha de hisser le drapeau tricolore tant que le roi Charles X n'eût pas quitté la France.

Il avait épousé, le 22 janvier 1826, à Quimperlé, Camille-Marie-Charlotte HERSART DE LA VILLEMARQUÉ, née à Hennebont en 1803, fille de Pierre-Marie-François-Toussaint Hersart, comte de la Villemarqué, membre de la Chambre des députés, et de Marie-Ursule-Claude-Henriette Feydeau de Vaugien, dame du Plessis-Nizon, et sœur du vicomte Hersart de la Villemarqué, membre de l'Institut, auteur dont la Bretagne s'honore tant, et dont le *Recueil des chants populaires de la Bretagne* eut un si éclatant succès.

HERSART DE LA VILLEMARQUÉ :
*D'or à la herse de sable.*

Elle mourut à Lorient, le 9 décembre 1853.

Le vicomte du Laz mourut, le 9 janvier 1874, âgé de 86 ans, à son château de Kerdudo, en Guidel (Morbihan). Il avait reçu en partage la terre du Laz, en Carnac. Il ne la possédait plus, à sa mort, l'ayant vendue à M. le baron de Wolbock.

De ce mariage :

I. Eugène-François-Marie JÉGOU DU LAZ, né le 3 décembre 1826, à la sous-préfecture de Quimperlé, marié le 9 janvier 1874 à Taulé, à Joséphine-Marie-Amanda DE PENGUERN, fille de Jean-Joseph-Pierre-Marie de Penguern, et de Joséphine-Marie-Emmanuelle de Kerléan.

Il n'y a pas d'enfant de ce mariage.

DE PENGUERN : *D'or à trois pommes de gueules, la pointe en haut,* qui est Trésiguidy, *une fleur de lys de même en abime.*

II. Marie-Françoise JÉGOU DU LAZ, née à Quimperlé, le 24 juin 1828, mariée en septembre 1858 à Jean-Marie, comte DES GRÉES DU LOU, fils de Jean-Marie-Jacques, comte des Grées du Lou, et de M<sup>lle</sup> Fabre,

D'où trois enfants (1).

DES GRÉES : *D'azur à la fasce d'hermines, accom. de trois étoiles d'argent.*

III. Ermine-Joséphine JÉGOU DU LAZ, née à Quimperlé, le 25 octobre 1830, est demeurée sans alliance, et possède le château de Kerdudo, en Guidel.

IV. Camille-Marie JÉGOU DU LAZ, née à Quimperlé, le 26 juin 1832, mariée le 3 juillet 1860 à Louis-Étienne-Marie BERNARD DE COURVILLE, deuxième fils de Maurice-Marie Bernard de Courville, et de Marie-Anne-Josèphe de Gennes de Chanteloup, né à Vitré le 11 septembre 1817, mort au château de la Piltière, près Vitré, le 16 janvier 1872.

D'où trois enfants (2).

BERNARD DE COURVILLE : *D'argent à deux lions de sable l'un sur l'autre.* (Anc. noblesse d'Anjou.)

---

(1) 1. Jean des Grées, né à Paris, le 8 mai 1861.
2. Henry, né à Gimont en février 1863.
3. Marie-Élisabeth, née à Châlon-sur-Saône le 5 avril 1869, mariée le 22 janvier 1893 à René Riou du Cosquer.

(2) 1. Henri-François-Marie-Louis-Camille Bernard de Courville, né à la Piltière, le 31 juillet 1861, a épousé à Paris, le 20 janvier 1892, Lucie-Cécile-Marie-Caroline de Raismes, fille d'Arnold-Joseph-Raoul-Georges de Raismes, ancien sénateur, et de Cécile Onfroy.
2. Marie-Marguerite-Anne, née à la Piltière, le 24 mai 1863, religieuse du Sacré-Cœur.
3. Camille-Marie-Jeanne, née à la Piltière, le 25 juillet 1868, a épousé, le 12 février 1895, Louis-Marie-Anne Vittu de Kerraoul.

V. Mathilde-Emilie-Philomène JÉGOU DU LAZ, née le 28 mars 1837, mariée le 22 janvier 1868 à Gaston-Charles DE PIOGER, né en 1818, fils de Pierre-Marie-Joseph de Pioger, et de Jeanne-Eulalie de Monti (1). Elle est morte au château des Chambots, près Redon, le 13 avril 1892.

DE PIOGER : *D'argent à trois écrevisses montantes de gueules en pal, 2, 1.*
Devise :
NEC PALLENT
NEC RECURRUNT.

## XIII.

JOSEPH-FRANÇOIS-BONABES JÉGOU, comte DU LAZ, naquit le 18 avril 1783, au château de Trégarantec. Il y traversa toute la période révolutionnaire. Les enfants de cette demeure, privés de leurs père et mère en arrestation, et aussi de leurs revenus, menèrent alors une vie aussi précaire et réduite au strict nécessaire, qu'elle avait été luxueuse et surabondante dans les temps précédents.

En outre, il fallait vivre dans une alerte continuelle ; le jeune Joseph servait la messe aux prêtres réfugiés dans les cachettes du château, parmi lesquels il y eut des grands vicaires de Vannes, et plus d'une fois elle fut interrompue par l'annonce des Bleus. Il faisait la correspondance des chefs de la Chouannerie qui avaient leur quartier dans ce pays montagneux et boisé, et dès l'âge de douze ans, il la portait dans un bâton creux : il y acquit toute la prudence et la maturité d'un homme viril. Sa principale école fut celle de l'adversité. Lorsque plus tard on se demandait en l'entendant causer avec tant d'esprit de toutes choses, dans quel collège il en avait appris autant, il fallait se rappeler que les collèges étaient fermés, et que les leçons qu'il avait reçues étaient celles des prêtres réfugiés à Trégarantec, surtout celles de sa mémorable sœur qui fut dans ces temps néfastes l'ange gardien de sa famille.

(1) Jeanne-Eulalie de Monti était fille de Claude de Monti de Bogat et de Jeanne-Émilie de Berthou de la Violaye, celle-ci fille de Jean-Jacques-Marie, comte de Berthou de la Violaye, et de Charlotte-Félicité de Rarécourt de la Vallée de Pimodan. (*Généalogie de la maison de Berthou, en Bretagne*, par le comte Paul de Berthou.)

Lorsqu'il perdit son père, il avait dix-sept ans, et bientôt il dut quitter Trégarantec qui passa en d'autres mains, pour venir habiter Saint-Pol-de-Léon. Ce fut là qu'à l'âge de dix-neuf ans, il épousa, le 22 septembre 1802, Marie-Angèle-Françoise-Émilie DE POULPIQUET DE COETLEZ, fille unique de messire Mathurin-Césaire de Poulpiquet de Coëtlez, successivement major au régiment de Navarre, puis aux grenadiers de l'Orléanais, chevalier de Saint-Louis, et de Marie-Jeanne-Aimée de Mertens, née le 22 août 1784, au manoir de Pénlan, en Ploujean.

DE POULPIQUET DE COETLEZ : *D'azur à trois poules d'argent becquées et membrées de sable* (montres de 1427 à 1534).

Devise : DE PEU, ASSEZ.

Quatre ans après son mariage, le comte du Laz quitta Saint-Pol pour venir habiter le château de Pratulo qu'il venait d'acheter aux héritiers de Musillac, famille qui l'avait possédé deux siècles durant.

Entourée de hauts côteaux boisés, entre lesquels coulent et se réunissent les deux rivières d'Hière et d'Aulne, cette vieille demeure, inhabitée depuis lontemps, offrait d'incessantes occupations à l'un de ces rares hommes qui comprennent que la vie nous a été donnée pour l'employer utilement.

Et depuis le jour de son entrée à Pratulo, jusqu'à celui de sa mort, c'est-à-dire cinquante-cinq années, quels gigantesques travaux la remplirent sans interruption ! Quelle vie modèle à présenter aux générations futures ! Toujours levé dès l'aurore, et les ordres donnés, il montait à cheval précédé de son escouade de travailleurs, et allait souvent à plusieurs lieues, faire semer ces grandes sapinières, ou aligner et planter ces innombrables allées dont les beaux ombrages adoucirent le climat et transformèrent le pays. Les créations de prairies et tous les travaux de son habile administration alternaient avec les plantations. Lorsqu'il rentrait chez lui, de nombreux visiteurs souvent l'attendaient ; à tous, il apparaissait gentilhomme de grand air, imposant, mais plein d'esprit et d'entrain ; le clergé était sans cesse invité à sa table hospitalière, moins luxueuse qu'au château paternel, mais toujours très grandement servie.

Un tel homme devait acquérir une grande popularité. En 1815, il avait été nommé commandant de la garde nationale de l'arrondissement de Châteaulin ; puis il fut élu membre du conseil général, et exerça les fonctions de maire de Cléden-Poher pour le grand bien des habitants ; en 1830, il les résigna, et quand la raison du serment n'exista plus, il ne voulut plus les reprendre. Ce fut à cette époque que sa vie se trouva bouleversée par une persécution soudaine ; accusé de conspiration contre le nouveau régime, on vint en son absence fouiller le château de Pratulo, et l'on y trouva de soi-disant papiers compromettants. L'arrestation de messieurs du Laz, père et fils aîné, fut ordonnée. Ils allèrent d'eux-mêmes se mettre à la disposition de la justice.

Après un interrogatoire de trois heures le fils fut mis en liberté, mais le père fut amené à Châteaulin, où il fit une noble protestation, mais qui eut pour résultat un séjour à la prison de Rennes de trois mois et demi, où il reçut tous les témoignages de respect et d'estime, et eut la visite de l'évêque de Rennes, Mgr de Lesquen. Il en sortit grâce à sa présence d'esprit et à ses réponses aussi franches que prudentes. Il vécut désormais en dehors de la politique, entouré d'estime, de considération, béni des pauvres. Sa popularité fut célébrée, même de son vivant, dans les chants populaires de la Bretagne où il est le seul gentilhomme des temps modernes qui ait eu cet honneur (1).

Comme son ancêtre Gilles Jégou de Kervillio, il peut être compté parmi les plus remarquables personnages de sa race.

Frappé soudainement le 20 septembre 1861, et encore plein d'activité et de santé, il voulut de suite accomplir tous ses devoirs de religion, puis il attendit la mort pour ainsi dire debout, marchant encore, soutenu des deux bras, pendant son agonie. Le 26 du même mois, avec la foi et la résignation

---

(1) Voyez t. II des *Chants populaires de la Bretagne*, par le Vte Hersart de la Villemarqué :
Les jeunes hommes de Plouyé — page 30.
Le temps passé — page 267, édition de 1846.

du chrétien, il termina sa noble et précieuse vie à huit heures du matin, au moment où s'achevait la messe dite pour lui dans sa chapelle. Le pays comprit quel homme il perdait. La comtesse du Laz lui survécut jusqu'au 26 mai 1864, et mourut à Brest où elle s'était retirée avec son second fils et sa fille.

Elle portait le surnom de « la bonne dame », que lui avaient fait donner sa charité et sa bonté.

De leur mariage naquirent :

1. Adolphe-René-Marie Jégou du Laz, né au château de la Villeneuve, le 12 mai 1804, dont l'article suivra.

2. Marie-Émilie-Alexandrine Jégou du Laz, née à Saint-Pol, le 12 avril 1806, morte à Pratulo, le 30 juillet 1827, sans alliance.

3. Mélanie-Marie-Françoise Jégou du Laz, née à Saint-Pol, le 28 mars 1808, épousa le 27 septembre 1837, Alphonse-Marie-Damase, comte de Cillart de la Villeneuve, fils de Jean-Étienne-Marie, comte de Cillart, et de Gérasime-Thérèse de Forsanz. Elle mourut à Paris le 16 juin 1850, et M. de Cillart mourut à Quimperlé, le 12 juillet 1877.

DE CILLART : *De gueules au greslier d'argent, enguiché de même en sautoir.*

4. Hippolyte-Marie-François Jégou, vicomte du Laz, né le 12 mars 1810, à Saint-Pol-de-Léon, mort à Brest, sans alliance, le 9 juillet 1877.

5. Marie-Eugénie Jégou du Laz, née au château de Pratulo, le 18 février 1812, mourut âgée de 80 ans, sans alliance, le 27 mars 1892, à Brest, où elle habitait depuis 1862. Il n'est pas un appel fait à sa générosité, à sa bonté, à sa profonde piété, auquel elle n'ait répondu par des dons incessants, pour toutes les églises et pour toutes les œuvres charitables : tous les grands et nobles sentiments étaient en elle.

Son neveu, Adolphe-Marie-Joseph-Michel Jégou, comte du Laz, fut son légataire universel.

6. Marie-Aimée Jégou du Laz, née à Pratulo, le 27 mai 1825, y est morte le 13 juillet 1828, à deux ans et deux mois.

## XIV.

ADOLPHE-RENÉ-MARIE JÉGOU, comte DU LAZ, naquit le 12 mai 1804, au château de la Villeneuve, à Saint-Pol-de-Léon. Dès l'âge de seize à dix-sept ans il obtenait son diplôme de bachelier. Rennes où il fit son droit, et Paris où il alla compléter ses hautes études, furent les villes où se passa sa première jeunesse. Le ciel l'avait doué de toutes les aptitudes pour les carrières politiques. Il ne tint qu'à lui de devenir le secrétaire particulier de M. de Villèle : de là, il prenait son vol vers les hautes sphères ; mais les circonstances lui devinrent contraires lorsque, en 1830, la majorité de la noblesse dut se retirer à l'écart de toutes fonctions publiques.

Ainsi cette vie qui semblait destinée à de grandes choses s'écoula désormais dans l'ombre. Esprit très profond et méditatif, il exposa ses pensées dominantes dans une brochure intitulée « *Les Provinces à la Capitale* », composée en vue de la décentralisation, et il se mit au premier plan des comités établis dans ce but.

Les souvenirs de la nationalité bretonne lui étaient chers, et nul n'a plus regretté sa disparition.

Bien que sa vie se soit écoulée sans éléments pour la faire toute autre, il sut, doux et humble de cœur, s'y résigner, et donna le grand exemple d'une existence très pure où nul n'a jamais trouvé à médire. Peut-être eût-il des goûts trop austères, et fut-il trop dédaigneux des vanités du monde et de leur clinquant.

Éloigné forcément de la scène politique, il se rejeta, pour ne pas rester inoccupé, dans l'agriculture, et dans ce but il acquit deux terres étendues. Ces exploitations lointaines n'eurent d'autre résultat pour lui que d'extrêmes fatigues, et l'épuisement de ses forces. A peine son père venait-il de mourir que lui aussi, tué, disait-il, par la douleur filiale, le suivait 25 jours après dans la tombe. Frappé mortellement le 17 octobre 1861, au soir, au moment où il prenait à table avec un amer regret la place paternelle, il n'eut plus que des aspirations vers Dieu, de sublimes prières, puis des paroles de regret et de tendresse pour sa jeune famille qu'il quitta pour toujours, le 22 octobre, dans ce château de Pratulo qui allait devenir sa propriété.

Il avait épousé, le 6 mai 1856, à Glomel (Côtes-du-Nord), Marie-Thérèse-Armande-Frédérique DE SAISY, née à Kersaint-Éloy, le 12 mars 1831, fille d'Emmanuel-Joseph, comte de Saisy de Kerampuil, et d'Agathe-Louise-Rosalie d'Andigné (1).

DE SAISY DE KERAMPUIL : Écartelé au premier et quatrième : de gueules à l'épée d'argent, accompag. d'une hache d'armes et pointée sur une guêpe, le tout d'argent, qui est Saisy ; et au second et troisième : de gueules à trois pigeons d'argent posés deux et un, qui est Kerampuil.

Deux enfants naquirent de son mariage :

1. ADOLPHE-MARIE-JOSEPH-MICHEL dont l'article suit :

2. ALIX-JEANNE-MARIE-AGATHE JÉGOU DU LAZ, née à Morlaix, le 9 février 1859, baptisée dans la chapelle du château de Keruscar, le 10 mai suivant, morte un an après son père, au château de Pratulo, le 31 octobre 1862, à l'âge de 3 ans et 8 mois, et inhumée dans la chapelle de Pratulo, le 3 novembre 1862.

## XV.

ADOLPHE-MARIE-JOSEPH-MICHEL JÉGOU, comte DU LAZ, né à Plounévez-du-Faou, le 27 avril 1857, maire de Cléden-Poher depuis le 18 mai 1884, marié, le 22 avril 1884, au château de Courvalain (Sarthe), dans l'église paroissiale de la Chapelle-Saint-Rémy, à Berthe-Marie DE SAINT-RÉMY, née à Caen, le 4 août 1859, fille d'Eugène-Alexandre-Marie-Emmanuel Gaudin de Saint-Rémy, et de feue Gabrielle-Louise de Révilliasc.

GAUDIN DE SAINT-RÉMY : (Maine). Coupé au 1er d'azur à deux trèfles d'or ; au 2e d'or, à un trèfle d'azur.

---

(1) Fille de Louis-Gabriel-Auguste, comte d'Andigné de Mayneuf, et de Marie-Armande de Robien.

D'où :

1. ALAIN-MARIE-ADOLPHE JÉGOU DU LAZ, né le 31 août 1885, au château de Pratulo, présentement au collège Saint-Charles, à Saint-Brieuc.

2. MARIE-GABRIELLE-EUGÉNIE-MÉLANIE-LOUISE JÉGOU DU LAZ, née à Pratulo, le 12 février 1887.

3. ADOLPHE-ANNE-MARIE-MAURICE-ARMAND JÉGOU DU LAZ, né à Pratulo, le 6 août 1888.

4. BERTRAND-MARIE-PAUL JÉGOU DU LAZ, né à Pratulo, le 13 septembre 1889.

5. HENRY-MARIE JÉGOU DU LAZ, né à Pratulo, ce même jour.

6. HERMINE JÉGOU DU LAZ, née à Pratulo, le 3 janvier 1891, morte le 29 juin suivant, inhumée le 30 juin dans la chapelle de Pratulo.

7. RENÉ-GILLES-MARIE JÉGOU DU LAZ, né à Pratulo, le 22 mai 1892.

8. FERNAND-MARIE-JOSEPH JÉGOU DU LAZ, né à Pratulo, le 28 octobre 1893.

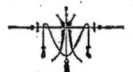

# PIÈCES COMPLÉMENTAIRES

# I.

## ACTE DE LA RÉFORMATION

EXTRAICT *des Registres de la Chambre establys par le Roy pour la refformation de la noblesse du pays et duché de Bretagne par lettres patentes de Sa Majesté du mois de janvier dernier, vériffiées en Parlement.*

19 novembre 1668.

Entré le Procureur général du Roy demandeur d'une part, et messire Claude Jégou, chevalier, seigneur de Querjan, conseiller du Roy et son Président en la chambre des enquestes du parlement de Bretagne, faisant tant pour luy que pour messire Gilles Jégou, chevalier, seigneur de Kervilio, son père, René Jégou, chevalier, seigneur de Paulle, son frère, messires Louis et Xphle Jégou, chevaliers de Malthe, et messire Ollivier Jégou, baschelier en Sorbonne, ses frères puisnez, deffendeurs d'autre part. — Veu par la chambre establye par le Roy pour la refformation de la noblesse du pays et duché de Bretagne par lettres patentes de Sa Majesté du mois de janvier dernier vériffiées en Parlement, l'extraict de comparution faict au greffe de ladite chambre par ledit messire Claude Jégou aux diltes qualitez le traiziesme de ce présent mois de novembre, contenant sa déclaration de vouloir maintenir tant pour luy que pour ledit messire Gilles Jégou ses père et ses frères puisnez, les qualitez de messire, chevalier et noble par eux et leurs prédécesseurs prises, et avoir pour armes : *d'argent à un cor de sable accompagné de trois bannières d'azur chargées d'une croix pommetée d'or.*

Monsieur d'Argouges, P. P<sup>t</sup>.
M. Denyau, R...

Filiation et généalogie de l'antienne famille des deffendeurs insérée dans leur induction cy apprès rapportée par laquelle il est articulé que ledit messire Claude Jégou est fils aisné hérittier principal et noble du dit messire Gilles Jégou et de dame Marie Budes, sr et dame de Quervillio, — qu'il a pour femme dame Marie Barin, laquelle avait pour père messire Jean Barin, seig{r} du Boisgeffroy, conseiller en la Cour, pour ayeul messire André Barin, doyen de la dite Cour, pour bisayeul messire Jacques Barin, président au mortier. — Ledit messire Gilles Jégou estoit fils aisné hérittier principal et noble de messire Ollivier Jégou et de dame Louise Estienne, sa compagne, — ledit Ollivier Jégou estoit issu de messire Guillaume Jégou et de dame Louise de Cameru. — Lequel Guillaume Jégou estoit issu de messire Jacques Jégou et de dame Marie de Castello. — Lequel Jacques estoit filz aisné, hérittier principal et noble de messire Jan Jégou et de dame Guillemette Hamon. — Lequel Jan estoit fils aisné hérittier principal et noble d'autre Jan Jégou et de dame Catherine Huon, sa compagne. — Lequel Jan estoit issu d'escuyer Éon Jégou et de dame Ollive du Disquay — et ledit Éon d'escuier Pierre Jégou, et de damoiselle Marguerite Berthelot.

Contract de mariage dudit messire Gilles Jégou avecq lad. damoiselle Marye Budes, en datte du quattorziesme mars mil six cens vingt neuff, duement signé et garenty.

Acte de tutelle des enfans mineurs dud{t} messire Ollivier Jégou et de lad. Estienne par lequel il se void que ledit Gilles Jégou fut mis en l'administration de ses biens par l'advis de ses parents ayant atteint l'âge de vingt ans — et ses puisnez eurent pour tuteur escuier Guillaume Hamon, sr de la Haye, ledit acte en datte du treiziesme juillet mil six cens vingt-sept, signé Colliou, greffier, et dans lequel acte il se voit encore que ledit Gilles Jégou est qualifié héritier principal et noble dudit Ollivier Jégou, son père.

Procès-verbal de vente en datte des premier et deuxiesme

mars mil six cens trante-deux faict par le sénéchal de la juridiction de Quintin et Saint-Nicolas-du-Pelain où les parents des mineurs dudit Ollivier Jégou et de ladite damoiselle Louise Estienne et leur tuteur avoient esté assignez à se trouver en exécution d'une sentence rendue en la juridiction de Quintin à requeste dudit messire Gilles Jégou qui voulloit partager ses cadets, dans lequel procès-verbal ledit messire Gilles Jégou est qualiffié héritier principal et noble dudit Ollivier Jégou et de ladite Estienne.

Grand du bien de la succession dudit dessus dit Ollivier Jégou et de ladite Estienne fourny par ledit escuyer Gilles Jégou, fils aisné hérittier principal et noble desdits feus Ollivier Jégou et de ladite Estienne en la juridiction de Quintin audit escuier Guillaume Hamon, s$^r$ de la Haye, tuteur des puisnez dudit Jégou, en datte du seiziesme septembre mil six cens trante-deux.

Acte de transaction en forme de partage noble et advantageux faict par ledit Gilles Jégou en qualité d'héritier principal et noble à ses puisnez ez successions de leursdits père et mère, et ce par l'advis de leurs parans, en datte du dix-neufiesme septembre mil six cens trante-deux, duement signé et garanty.

Acte de subdivision en conséquence du susdit partage faict entre lesdits puisnez du tiers de la succession du vingt et troiziesme juin mil six cens trante-trois.

Roolle envoyé audit messire Gilles Jégou par le sieur Desbien (?), capitaine général de l'arrière ban de Cornouaille avec une lettre des sept et vingt-troiziesme décembre mil six cens soixante-six par lequel se void que ledit s$^r$ de Kervillio fut choisi de toute la noblesse de son canton pour les commander en cas de besoin, en qualité de capitaine de la seconde compagnie de l'Évesché de Cornouaille, et que mesme ils avoient eslu ledit sieur de Paulle, son second fils, pour cornette.

Adveu rendu par ledit Ollivier Jégou à ramage de la seigneurie de Kerguinezre, en datte du huittiesme mars mil six cens, dans lequel il est dict nobles gens Ollivier Jégou, et sur la fin qu'à raison de ladite terre il promet servir son seigneur comme le fieff le requiert et les hommes nobles sont tenus de faire.

Acte de partage noble et avantageux du quinziesme janvier mil six cens quatre, baillé par ledit Ollivier Jégou, fils aisné hérittier principal et noble de Françoise Jégou, sa sœur puisnée, ez successions de deffunt escuier Guillaume Jégou et Louise de Cameru, leur père et mère.

Acte de prise de corps du vingt-uniesme novembre mil six cens dix-huit, contre ceux qui avoient tué Thibaut et Louise Jégou.

Acte de transaction en forme de partage noble donné à Jan Jégou par ledit Ollivier, son frère aisné, dans les mesmes successions de leur père et mère, le dix-huitiesme juillet mil six cens vingt-deux.

Commission de mil cinq cens quatre-vingt-quinze donnée audit Guillaume Jégou par le s$^r$ de Mercœur, gouverneur de Bretagne, pour lever une compagnie de cinquante arquebusiers à cheval des plus lestes et aguerris, signées : Philippes-Emanuel de Loraine.

Acte de transaction sur procès pendant au présidial de Vannes avecq les fondateurs de la parroisse de Saint-Gilles-Pligeau, dans lequel ledit Guillaume Jégou est dit héritier présomptif et noble de dame Marie de Castello, et avoir des prééminances à cause de Kervillio et de Kerguiner, et lui est permis de mettre tous intersignes de noblesse dans le chœur à la réserve d'un bancq qu'ils prétendaient mettre au milieu du chœur. Ledit acte en datte du neufiesme avril mil cinq cens quatre-vingt-huit.

Adveu rendu au seig$^r$ de Quintin du dix-huictiesme décembre mil cinq cens quattre-vingt-quatre duement signé et garanty par ledict Guillaume Jégou dans lequel il prend qualité de nobles gens s'inféode et plusieurs maisons nobles de droict de roolle sur ses sujects et de prééminence, coulombier, moulins et autres droits est dit estre obligé de servir son seigneur comme le fieff le requiert et comme hommes nobles sont tenus de faire.

Acte de transaction entre escuyer Guillaume Jégou et Louise de Cameru, sa compagne, et entre escuyer Vincent de Cameru, touchant le partage noble de ladite de Cameru du troiziesme octobre mil cinq cens quatre-vingt-un.

Acte judiciel contenant la provision des enfans mineurs dudit feu escuier Jacques Jégou, en datte du douziesme décembre mil cinq cens soixante-quatre, où se void que les mineurs avoient pour proches parans nobles gens Jan Jégou et André Jégou, s$^r$ de Kersalio, leurs oncles, les Loz de Kergouanton, les Quélen Monteville, les Quellenec, et plusieurs autres personnes du canton les plus considérables.

Deux actes en datte des deuxiesme may mil cinq cens quatre-vingt-trois, et onziesme juillet mil cinq cens quatre-vingt-cinq, par le premier desquels il se void que ledit Guillaume Jégou est qualiffié escuier fils seul hérittier de feu Jacques Jégou, et par le second il est dit Guillaume Jégou, fils aisné seul hérittier principal et noble de feu escuier Jacques Jégou vivant sieur de Kervillio, qui aussy fils aisné hérittier principal et noble estoit de feu noble Jan Jégou vivant s$^r$ de Kerguiner, où demeure ledit Guillaume Jégou, s$^r$ du dit lieu, en la parroisse de Saint-Gilles-Pligeau.

Actes de déclaration faicts aux commissaires du ban et arrière ban de Saint-Brieuc par lesdicts Jacques Jégou, et ladite de Castello, sa compagne, des terres nobles qu'il possédoit et affirment par serment estre subject à servir le Roy aux armées et à la deffense du pays de Bretagne et qu'il promet ainsy faire sellon ses pouvoirs et facultez comme les autres nobles dudit pays, la déclaration dattée du onziesme juin mil cinq cens cinquante-sept.

Acte du dixiesme mars mil cinq cens cinquante-quatre fourny par les parroissiens de Saint-Gilles au seigneur comte de Laval dans laquelle il est dit que le village de Pensil appartient à nobles gens Jacques Jégou et Marye de Castello, sa femme.

Adveu rendu à Quintin le vingt-huitiesme avril mil cinq cens cinquante, par lequel Jacques Jégou dit que les hérittages dont il rend adveu lui sont escheus comme fils aisné hérittier principal et noble de deffunt Jan Jégou, son père, et à raison de ses hérittages et autres fieffs appartenans à dame Marie de Castello, sa femme, il promet obéir audit seigneur de Quintin comme nobles gens doibvent.

Deux actes en dattes de mil cinq cens quarante, et mil cinq cens quarante-un, où se void que ledit Jacques Jégou estoit seigneur de Kerguiner en la parroisse de Saint-Gilles, évesché de Cornouaille.

Extrait de la réformation de la chambre des Comptes de mil cinq cens trante cinq, par lequel soubs l'évesché de Cornouaille, et dans la parroisse de Saint-Gilles, est rapporté autre maison et métairie appelée Kerguiner appartenant à Jacques Jégou, noble personne et maison. — De plus se void dans le mesme extrait une monstre géneralle de mil cinq cens trante six des nobles, annoblis et sujects aux armes de l'évesché de Cornouaille, où il est dit « Jacques Jégou présent à un cheval et enjoint d'avoir manche et livrées, » ledit extrait dellivré le dixiesme novembre présant mois.

Acte de partage noble et avantageux en datte du quattriesme juin mil cinq cens soixante-un, deuement signé et garanty faict par nobles homs Jacques Jégou, filz aisné hérittier principal et noble de feuz nobles homs Jan Jégou et Guillemette Hamon, sa femme, déceddez avant l'an mil cinq cens trante-quattre.

Autre acte de partage noble du neufviesme avril mil cinq cens soixante-douze, deuement signé et garanty par lequel il se void que noble homme Morice Becmur, sieur de Loqueltas, tutteur de Tristan et Louise Jégou, enfans dudit André second, juveigneur, demanda ledit partage dans la succession desdits Jan Jégou et de ladite Hamon, et eust une provision de neuff livres monnaye de rente, et neuff livres une fois payé, attendant la majorité de sesdits mineurs auxquels lors il réservoit la liberté de demander un partage définitiff si bon leur sembloit. Audit acte de partage noble donné par Tristan Jégou, filz du premier lict de damoiselle Jeanne Hamonnou et de deffunct noble homme André Jégou, escuier Jan Becmur, sieur de Loqueltas, fils du second lict de ladite Hamonnou avec feu Maurice Becmur escuyer, dans la succession d'icelle Hamonnou, dans lequel acte il se void qu'après que ledit Becmur a reconnu le gouvernement noble et la succession noble, il prend les deux tiers de la succession, tant au meuble qu'à l'immeuble, ledit acte en datte du onziesme novembre mil cinq cens quatre-vingt-saize.

Acte de passeport donné par le seigneur de Sourdéac audit Tristan Jégou, sr de Kersalio, par lequel il est enjoint à tous ceux qui seront requis de laisser aller et venir ledit Tristan Jégou luy sixiesme à cheval, tant à Carhaix que dans ses maisons de Kerenlouet, ou Coëtloret, ou ailleurs, et pour se faire panser de quelques blessures qu'il avoit reçues, et pour la négociation de ses affaires du deuxiesme janvier mil cinq cens quatre-vingt-dix-huit.

Commission du duc de Lorraine, gouverneur de Bretagne, par laquelle il crée ledit Tristan Jégou, capitaine de deux cens arquebusiers avecq lesquelz il luy enjoint d'entretenir garnison dans Douarnenez dattée du vingtiesme juin mil cinq cens quatre-vingt-quinze.

Adveu rendu par le tutteur d'Allain Jégou, sr de Kersalio et de Keranlouet, fils aisné hérittier principal et noble dudit deffunct Tristan Jégou et Catherine de Canaber, sa compagne, à la barronnye de Quergorlay, le quinziesme may mil six cens cinq. — Signé : Jean de Canaber, — Vatan et Pierrefort.

Adveu rendu par ledit Jan Jégou à noble homme Pierre le

Scaff de certains revenus dans le village de Kerpage, du premier décembre mil cinq cens vingt.

Autre adveu du septiesme novembre mil quatre cens soixante-huict, dans lequel ledit Jan Jégou, père, rend adveu du manoir de Kerguiner au seigneur du Pellinec, à la fin duquel adveu est dict à cause desquelz hérittages ledit Jan Jégou connoist debvoir audits sieur et dame comme noble homme lige le doit et est tenu faire.

Autre adveu du sixiesme décembre mil quatre cens quarante-sept, par lequel ledit Jean Jégou, père, rend encore adveu audit sr de Pelinnec de sadite maison noble de Kerguiner, dans lequel adveu est dit noble homme Jan Jégou.

Induction des susdits actes signiffiés au Procureur général du Roy le dix-septiesme de ce dit présent mois de novembre mil six cens soixante-huict, tendante en les conclusions y prises à ce qu'il pleust à ladite chambre maintenir ledit sr de Kerjan, son père et puisnez, en la qualité de messire et chevalier, et en tous droits et privilleges et prérogatives de noblesse et chevalerye, conclusions du procureur général du Roy et tout ce qu'a induit vers ladite chambre étant meurement considéré, faisant droict sur l'instance a déclaré et déclare lesdits *Gilles, Claude, René, Louis, Cristophle* et *Ollivier Jégou* nobles, issus d'extraction noble, et comme tels leur a permis et à leurs descendans en mariage légitime, scavoir auxdits *Gilles* et *Claude Jégou* de prendre les qualitez d'escuier et chevalier, et auxdits *René, Louis, Xphle* et *Ollivier Jégou* celle d'escuier, et les a maintenus au droict d'avoir armes et escussons timbrez appartenans à leur qualité et à jouir de tous droits, franchises, prééminences et privillèges attribuez aux nobles de cette province, a ordonné que leurs noms seront employez au roolle et catalogue des nobles de la juridiction royalle de Carhaix. — Faict en ladite Chambre, à Rennes, le dix-neufviesme novembre mil six cens soixante-huit. MALESCOT.

Copie conforme à l'original sur parchemin existant aux archives du château de Pratulo (Finistère), appartenant au Cte du Laz.

# II.

## EXTRAITS DES REGISTRES DE L'ÉTAT-CIVIL

Baptême *de Marie Barrin première femme de Claude Jégou de Kervillio président aux enquêtes.*

(Paroisse Saint-Germain de Rennes, de 1638 à 1642, f° 146. Archives municipales de Rennes.)

« Marie Barrin, fille de messire Jan Barrin, s^gr du Boisgeffroy, conseiller du Roy en sa cour de parlement, et de dame Perronelle Harel, compagne du dict seigneur, a esté baptizée par le soubsigné recteur de Saint-Germain, et a esté tenue sur les sacrez fonds par escuyer André Barrin, trésorier de Quimper, prieur de Saint-Nazaire, etc., parrain, et par dam^elle Marie Le Duc, marraine. Faict ce dix-neuf^me jour de juillet 1640, est née le septiesme du dict mois de juillet audict an. »

| | |
|---|---|
| André Barrin. | J. Chassot. |
| J. Barrin. | Marie Le Duc (1). |
| Gilles Huchet (2). | L. Barrin. |
| Moricette de Kersandy. | R. Barrin. |

Mariage *de Claude Jégou de Kervillio et Anne de la Forest.*

(Paroisse Saint-Hélier pour 1674, f° 2. Archives municipales de Rennes.)

Hault et puissant messire Claude Jégou, chevalier, seigneur de Kerjan, conseiller du Roy en tous ses conseils, et pré-

---

(1) Femme, depuis le 1^er mars 1639, d'André Huchet, s^gr de la Bédoyère, fille unique de Pierre, s^gr de Grandières, conseiller au Parlement, d'où Charles-Marie Huchet, C^te de la Bédoyère, V^te de Loyat, procureur général au Parlement de Bretagne, le 21 juin 1674, qui épousa, en 1677, Éléonore du Puy de Murinais, sœur de Marie-Anne, mariée à Henri de Maillé, marquis de Carman.

(2) Gilles Huchet, né le 20 octobre 1600, conseiller et garde-scel au Parlement de Bretagne, le 12 février 1626, puis procureur général le 14 octobre 1631, et conseiller d'État, eut de son mariage avec Louise Barrin, fille d'André Barrin, s^gr de Boisgeffroy, André Huchet, mari de Marie Le Duc.

sident au Parlement de Bretaigne, âgé d'environ quarante ans, de la paroisse de Saint-Pierre, en Saint-Georges, et dame Anne de la Forest, veufve de feu monsieur de Cadillac, en son vivant conseiller du Roy audit Parlement de Bretaigne, âgée d'environ vingt et huict ans, de la paroisse de Saint-Estienne de Rennes, apprès avoir canonicquement et sans opposition bany une fois seulement et obtenu dispance de mons$^r$ le grand vicaire de Rennes, de deux aultres bans, laquelle dispance est demeurée vers nous, ont receu la bénédiction nuptiale par moy, noble et discret messire Regnauld Mellet du Planistre, recteur de Saint-Hélier, en nostre d. église de Saint-Hélier, ce 16$^e$ janvier 1674, ainsi signé : Anne de la Forest — Claude Jégou — Ollivier Jégou de Quervillio — Thomase Turnier — Regnault Mellet, R$^r$ de Saint-Hélier.

---

INHUMATION *d'Anne de la Forest d'Armaillé.*

(Saint-Étienne de Rennes. Archives municipales de Rennes.) (1)

« Dame Anne DE LA FOREST D'ARMAILLÉ, décédée du cinquième du courant, a été ce septième de janvier mil six cent quatre vingt deux conduitte dans cette église pour par après être inhumée selon quelle la souhaitté dans l'église conventuelle des Carmes. »

BERNARD, *curé.*              ADAM, R$^r$.

---

BAPTÊME *de Françoise-Pétronille Jégou de Kervillio,*
*(marquise de Rougé du Plessix-Bellière.)*

(Registres de Saint-Gilles-Pligeau.)

Damoiselle Françoise-Perronnelle JÉGOU, fille de messire Claude Jégou, chevalier, seigneur de Kerjan, président au Parlement de Bretagne, et de dame deffuncte Marie Barrin, a esté née dans la ville de Rennes, le cinquiesme jour de mars, mil six centz soixante et un, et ce jour vingt deuxiesme

---

(1) Nous devons ces trois actes à M. Saulnier, conseiller à la Cour d'appel de Rennes.

d'apvril, mil six centz soixante et neuff, a esté tenue sur les saintz fondz de baptesme par messire François Budes du Tertrejouan, chevalier de l'ordre de Sainct-Jan de Hiérusalem, commandeur des commanderies de Mauléon, de Villedieu, de Clisson, celles de la Lande, de Verché, Puipirault, Aubigné, et leurs dépendances, seigneur d'Argentel, la Noësèche, la Villebrexel, etc. parrain, et dame Perronnelle Harel, dame du Boisgeffroy, marraine, les cérémonies faites dans l'église de Saint-Gilles-Pligeau, par missire François du Plessix, sieur recteur de la ditte paroesse, en présence des soubzsignantz,

Perronnelle HAREL.
François BUDES, commandeur de Mauléon.
BARRIN.
Marie BUDES.
Françoise DU HALEGOET.
Mathurine-Françoise JÉGOU.
Vincent LE BORGNE DE LESQUIFFIOU.
Rolland LOZ.
Jacques DE CESTEL.
Guillaume LE GONIDEC.
Quervisy, DU HALEGOET.
DE KERNÉGUÈS OLYMANT.
BOISBERTHELOT.
Claude LE GONIDEC.
Jacques DE ROBIEN.
Françoise-Pétronille JÉGOU.
Anne-Jacquette DE CANABER.
Renaud BUDES, chevalier de l'ordre de St-Jan de Hiérusalem.
Gilles JÉGOU.
René JÉGOU.
Gilles BARRIN.
René BUDES.
Françoise-Augustine DE SAINCT-NOAY.
Ollivier JÉGOU, bachelier de Sorbonne.

Claude Jégou.
Louise-Alexandrine DE CANABER.
Anne-Prigente LE CHAPPONIER.
Julienne LAROUBLETTE.
Marie ROBERT.
François DU PLESSIX, recteur de Saint-Gilles.

---

BÉNÉDICTION *de la grosse cloche de Saint-Gilles-Pligeau.*

Ce jour onzième du mois de janvier, l'an 1672, fust béniste la grosse cloche de Saint-Gilles-Pligeau, pesante 5,350 livres et fust nommée Gilles, par haut et puissant messire Gilles Jégou, chevalier, s$^{gr}$ de Kervilliou et chatellenyes de Paoul, Kerjan, Glomel, Mesle et autres lieux, parrain, et par demoiselle Françoise-Pétronille Jégou, fille de messire Claude Jégou, chevalier, s$^{gr}$ de Kerjan, président au parlement de Bretaigne, et de dame défunte Marie Barrin, marraine, ladite bénédiction fut faite par missire Jan Kerhervé, sieur recteur de la paroisse de Glomel, et présents furent les soussignants, et a été ladite bénédiction enregistrée dans les papiers de conte de la fabrique dudit Saint-Gilles pour y avoir recours toutes et quantz fois qu'il sera requis.

Faict au bourg de Saint-Gilles led. jour et an que devant. Claude Jégou — Gilles Jégou — J. Kerhervé, recteur de Glomel — Françoise-Pétronille Jégou — Guillaume Le Gonidec — Sébastien du Leslay — François Prévost, recteur de Saint-Gilles.

---

MARIAGE *de Henry-François de Rougé et de Françoise-Petronille Jégou (19 juin 1680).*

(Extrait des registres de l'ancienne paroisse Saint-Pierre, en Saint-Georges de Rennes.)

Noble et puissant messire Henry-François DE ROUGÉ, chevalier, seigneur marquis du Plessix-Bellière, colonel pour le service de Sa Majesté d'un régiment d'infanterie de la paroisse de Saint-Sulpice de la ville et archevêché de Paris, âgé de plus de vingt-cinq ans et maistre de ses droits, et demoiselle Françoise-Pétronille JÉGOU, de la paroisse de Saint-Pierre, en Saint-Georges de Rennes, fille mineure, héritière principalle et noble de deffunct messire Claude Jégou, seigneur de Querjan, en son vivant conseiller du Roy, et président aux enquêtes en son parlement de Bretagne, et de dame Marie Barrin, ses père et mère, ont reçu la bénédiction nuptiale en l'église abbatiale de Saint-Georges, par le ministère de messire Claude de la Fayette, docteur en Sorbonne et recteur de la paroisse de Toussaincts dud. Rennes, leurs consentements pris solennellement en présence de messire Jan Barrin, chevallier, seigneur du Boisgeffroy, conseiller du Roy en ses conseils, et doyen du parlement de ce pays, grand-père du costé maternel de l'épouse, et curateur de ladite demoiselle, messire André Huchet, seigneur de la Bédoyère, conseiller du Roy en ses conseils et procureur général aud. parlement, parent du côté maternel, oncle à la mode de Bretagne, messire Henry Barrin, chevalier, seigneur dud. lieu, conseiller aud. parlement, oncle de ladite dame épouse, messire François-Gilles de Trécesson, chevalier, seigneur dud. lieu, cousin, allié dud. seigr époux, messire Jan Barrin, Chantre de l'église cathédrale de Nantes, oncle à la mode de Bretagne, messire Vincent le Gouvello, seigneur de Rosgrand, conseiller du Roy et juge prévost de Rennes, et de plusieurs autres personnes de qualité, suivant le pouvoir me donné par monsr le recteur de l'église paroissiale dud. Saint-Pierre, en Saint-Georges, en date de ce jour 19me juin 1680, et au moyen du certifficat des trois proclamations dud. futur mariage desd. époux fait sans opposition en lad. paroisse de Saint-Sulpice, en date du 10e des présens mois et an, signé Roüllien, et aussi des trois autres proclamations faites en lad. paroisse de Saint-Pierre, certtifiées dans led. pouvoir cy dessus et signé J. Roussigneul, et décret de mariage fait par advis de parens à cause de minorité de ladite épouse, en date du dix-septième des présents mois et an, et signé Bourdais, greffier, led. décret demeuré vers lesd. seigneur et dame époux, ce dix-neuviesme juin, mil six cent quatre-vingt.

| | |
|---|---|
| François DE ROUGÉ. | Isabelle LE GOUVELLO. |
| Françoise-Pétronille JÉGOU. | Perronnelle DU HAN. |
| BARRIN. | H. BARRIN. |
| André HUCHET. | Charlotte BARRIN. |
| Vincent LE GOUVELLO. | Geneviesve DU COSQUER. |
| François-Gilles DE TRÉCESSON. | Perrotte BARRIN. |
| René DE COETLOGON. | Marie-Janne DE TRÉCESSON. |
| Jan-Renaut DE QUERALLY. | Marie GUERRY. |
| J. BARRIN. | DE LA FAYETTE. |

---

### BAPTÊME de Gilles-René Jégou.

(Registres de la paroisse de Paule, pris au greffe de Guingamp.)

GILLES-RENÉ, né le neuvième jour de février 1664, fils légitime d'écuyer René Jégou, et de dame Françoise-Augustine de Saint-Noay, s$^{gr}$ et dame de Paule, baptisé le septième d'octobre 1671, parrain a esté messire Gilles Jégou, chevalier, s$^{gr}$ de Glomel, Mesle, Kerjan, Saint-Gilles, et dame Catherine de Saint-Noay, marraine, épouse d'écuyer René de Saint-Pezran, s$^{gr}$ et dame de Kermeau.

---

### BAPTÊME de Claude-Fiacre Jégou.

(Mêmes registres.)

Le mesme jour a esté baptisé CLAUDE-FIACRE, aussi fils desd. s$^{gr}$ et dame de Paule, par vénérable missire Louys Canant, s$^r$ recteur de Plévin, et fut parrain messire Claude Jégou, s$^{gr}$ de Kerjan, conseiller du Roi et président au parlement de Bretagne, et Fiacre Guéguen a esté la marraine, dame espouze de messire François de Saint-Noay, s$^{gr}$ et dame de Kergaurant, le dit Claude Fiacre fut né le douzième de mars dernier. Fait ce dit jour septième d'octobre 1671. Signent : Fiacre Guéguen — Catherine de Saint-Noay —

Gilles Jégou — Rolland Loz — François de Saint-Noay — René de Saint-Pezran — Marie Budes — Mathurine-Françoise Jégou — Claude de Kerguz — Françoise-Perronnelle Jégou — Marie-Joseph de la Noë — René Jégou — Claude Le Gonidec — Gilles de Saint-Noay — Françoise-Augustine de Saint-Noay — Sébastien du Leslay.

### Baptême *de Françoise-Gillette Jégou.*
(Mêmes registres.)

Françoise-Gillette, fille d'écuyer René Jégou, et de dame Françoise-Augustine de Saint-Noay, s$^{gr}$ et dame de Paoulle, fust née le 24$^e$ jour de septembre 1674, et baptisée le 18 mai 1676. Parrain messire Gilles de Saint-Noay, chevalier, seig$^r$ de Kerjégu, et marraine demoiselle Françoise-Pétronille Jégou, damoiselle de Kerjan.

François de Saint-Noay — Françoise-Augustine de Saint-Noay — Françoise-Pétronille Jégou — Pierre du Leslay — Gilles de Saint-Noay — Sébastien du Leslay — René Jégou — Gilles Reul, R$^r$.

### Inhumation *de Claude Jégou (1682).*
(Registres de Saint-Pierre de Vannes.)

Le vingt cinquième jour de septembre 1682, escuyer Claude Jégou, âgé d'onze à douze ans, est trépassé en la communion de notre mère la sainte Église, et a esté enterré dans l'église cathédrale de cette ville, (était fils de René, s$^{gr}$ Paule, et de Françoise de Saint-Noay).

### Inhumation *de René Jégou, s$^{gr}$ de Paule (1686).*
(Paroisse de Sainte-Croix de Vannes.)

Le vingt unième jour d'octobre mil six cent quatre vingt six, messire René Jégou, chevalier, seigneur de Paule, conseiller du Roy au parlement de Bretagne, est trépassé en la communion de notre mère sainte Églize, après s'estre confessé, avoir communié et receu l'extrémonction, le corps duquel fut enterré le lendemain dans l'église cathédrale Saint-Pierre de Vannes.

---

### BAPTÊME d'André-Gilles Jégou (1683).
#### (Registres de Mellionnec, greffe de Loudéac.)

Le quinziesme jour d'avril, mil six cents quatre vingt trois a esté, en l'église parochialle de Melionec, baptisé un fils né le douziesme d'octobre, mil six cents septante et huict, du légitime mariage d'entre messire René Jégou, conseiller du Roy en son parlement de Bretagne, chevalier, seigneur de Paule, et dame Françoise-Augustine de Saint-Noay, dame de Paule. On luy a imposé le nom de ANDRÉ-GILLES. Le parrain a esté messire André Huchet, chevallier, s$^{gr}$ de la Bédoyère, conseiller du Roy en ses conseils, et son procureur général au parlement de Bretagne, et dame Marie Budes, dame de Kervilio, et ayeule paternelle dudit baptisé. Le baptesme fait par le s$^r$ recteur d'Inguiniel du consentement du s$^r$ recteur de Mellionnec, led. jour et an que dessus, signent : Françoise-Aug. de Sainct-Noay — André Huchet — Marie Budes — René Jégou — Françoise-Thérèse Le Trancher — Sébastien de Querhoent de Coetanfao — Gillonne-Marie Loz — Bertrand-René de Querhouant de Lomaria Coetanfao — Berthélemy Gargian — René Aléno.

---

### BAPTÊME de François-Barthélemy Jégou de Paule (1691).
#### (Mêmes registres.)

François-Barthélemy JÉGOU, fils de messire François-René Jégou, chevalier, seigneur de Paule, Trégarantec, Querjégu, Kerguinesre, le Hinguer, Saint-Anaon, et autres lieux, et de dame Marie-Thérèse de Gargian, ses père et mère, né le vingt deuxiesme may, mil six cent quatre vingt onze, a esté baptisé le cinquiesme aoust du mesme an que dessus, par vénérable et discret missire Jan Le Bon, recteur de Sainct-Gilles. Parain et mareine ont estéez messire Berthelemy Gargian, seigneur de Coëtquenven, et dame Françoise-Pétronille Jégou, dame marquise du Plessix-Bellière, en présence des soubsignants :

Françoise-Pétronille — F.-P. Jégou — Berthelemy Gargian — Claude-Thérèse de Toutenoutre — Françoise-Marie Magon — Moricette-Vincente de Canaber — Janne de Saint-Noay — Jeanne-Ollive de la Rivière — Marie-Anne Provost — Marie-Anne Cazin — Claude Loz de Beaulieu — Marie-Thérèse de Gargian — François-René Jégou — Louis Cavarnoez, prêtre — Alain Herpe, recteur — Jan Le Bon, recteur de Sainct-Gilles.

### Baptême et Inhumation de N. Jégou.
(Mêmes registres.)

L'an de grâce mil six cent quatre vingt quinze, le vingt et quatriesme jour de juin, je soussigné recteur de Mellionnec ay administré les cérémonies du baptesme à un fils nay le dix huictiesme jour de février dernier, et ondoyé le jour suivant à la maison de messire François-René Jégou, escuyer, seigneur de Paule, Trégarantec, etc., et de dame Marie-Thérèse de Gargian, décédé aagé de quatre mois en la maison de Michel Herpe, au bourg de Mellionnec, et son corps a inhumé en cette église sur la nuict suivante. En foy j'ay signé : recteur de cette parroisse, H. Marin Le Délaizir.

### Mariage de messire François-René Jégou, s<sup>gr</sup> de Paule, et de Trégarantec (21 février 1689).
(Extrait des registres du Faouët.)

Aprez les fiançailles et les trois proclamations de bans faictes aux prosnes de nos grandes messes célébrées dans nostre église parroissiale, touchant le futur mariage d'entre messire François-René Jégou chevalier, seigneur de Paule, de Trégarantec, Kerjegu, Kerguéner et autres lieux, âgé d'environ vingt et deux ans, fils aisné principal et noble de deffuncts messire René Jégou vivant chevalier, seigneur de Paule et autres lieux, conseiller du Roy en son parlement de Bretagne, et de dame Françoise-Augustine de Saïnct-Noay, ses père et mère, de la parroisse de Mellionec, evesché de Vennes, et demoiselle Marie-Thérèse de Gargian, dame du dit lieu, fille unique principale et noble de messire Barthélemy de Gargian, seigneur du dit lieu, de Coetquenven, le Plessix, la Haye et autres lieux, et de dame Marie-Anne Provost aussy ses père et mère de la parroisse du Faouët, estant âgée d'environ dix-huit ans, le dit seigneur de Paule, comme mineur décretté de justice, comme conste par acte judiciel du greff de la jurisdiction de la principauté de Guémené, datté du dixiesme de febvrier mil six centz quatre vingt neuf, signé F. Morvan, commis au greff et les dits bans pareillement proclamés en la dite parroisse de Mellionec, comme il se voit par le certificat de messire Th : Kervily, curé de la dite parroisse, datté des dits jours et an que dessus, et ne s'estant trouvé aucun empeschement n'y opposition, je vénérable et discret missire Jan le Bon, recteur de Sainct-Gilles-Pligeau, ay les dits fiancez conjoins en mariage *per verba de presenti*, et de leur mutuel consentement leurs ay administré la bénédiction nuptiale durant le sainct sacrifice de la messe célébrée dans la chapelle de monsieur Saïnct Sébastien, en la parroisse du Faouët, selon la forme accoustumée de nostre mère la saincte église, ce jour vingt uniesme de febvrier mil six centz quatre vingt neuf, et c'est en présence des soussignantz.

Marie-Thérèse DE GARGIAN.
F. René JÉGOU.
Marie-Anne PROVOST.
Berthélemy GARGIAN.
Françoise-Pétronille JÉGOU (marquise de Rougé).

Claude DE LANGOURLA.
Claude-Thérèse DE TOUTENOUTRE.
Catherine-Marcille DU LISCOET.
Anne DE KERGUZ.
Magdellaine DU LISCOET.
Jeanne-Ollive DE LA RIVIÈRE.
Claude LOZ DE BEAULIEU.
J. Sébastien DE KERGUZ.
Charles DE LA RIVIÈRE.
Mathurin-Vincent CAZIN.
Thomas SEGAIN, prêtre.
Jan LE BON, recteur de Saint-Gilles.
Jan TALABARDON, prestre curé du Faouët.
JAN MARITEAU, recteur du Faouët.

---

## Décès de Marie-Thérèse de Gargian, dame de Paule (17 juin 1703).

(Extrait des registres de Carnac.)

L'an de grâce mil-sept-cent-trois, le dix-septième jour de juin, environ minuit, dame Marie Thérèse de Gargian aagée de trente et deux ans ou environ, est décédée en la communion des fidèles en la maison du Latz après avoir esté munie des sacrements de pénitence, eucharistie et extrêmonction par moi Jan Le Toullec prêtre, recteur de Carnac soussignant.

Son corps a esté inhumé en la chapelle qui est dans l'église paroissiale le dix-neuvième jour du dit mois de juin, en présence de missire George le Lamer, recteur de Plouharnel, monsieur le recteur de Plœmer qui a fait l'office, de messieurs Pierre Bellego et Barnabé Coudon, prêtres de cette paroisse.

LE LAMER, recteur de Plouharnel.
Barnabé COUDON, prêtre.
P. BELLEGO, prêtre.
LE TOULLEC, recteur de Carnac.

(Registres de Mellionnec.)

« L'an de grâce, mil sept cent trois, le vingt sixième jour de juin, a été inhumé dans l'église paroissiale de Mellionnec, le cœur de Madame Marie-Thérèse de Gargian, dame de Paule, décédée en son manoir du Laz, paroisse de Carnac, en présence de messire Jacques-Louis Raoul, seigneur du Poul et d'autres lieux, et Jerôme le Souchu, missire Toussaint le Souchu et autres.

En foy de quoy j'ai signé curé de Mellionnec, la dite dame décédée le 20me jour du présent mois.

A. HERPE, *curé*.

BAPTÈME *de Joseph Jégou du Laz (14 juillet 1703).*
(Extrait des mêmes registres.)

L'an de grâce mille sept cent trois, le quatorzième jour de juillet, je Jan Le Toullec, recteur de Carnac, ai appliqué les cérémonies du baptême, selon la permission de monsieur de Gacons, grand vicaire de ce diocèse, à un fils né au château du Latz le neuvième jour de juin dernier, de légitime mariage d'entre messire François-René Jégou, chevalier, seigneur de Paule, du Latz, de Trégarantec et autres lieux, et de feue dame Marie-Thérèse de Gargian son épouse, et baptisé par nous le jour suivant dixième du dit mois de juin. On lui a imposé ce jour quatorzième juillet le nom de Joseph. Parrain et marraine ont esté Pierre le Rouzic et Yvonne Rio, laboureurs de ce bourg qui ne signent.

LE TOULLEC, *recteur*.

CÉRÉMONIE *de baptême de Gilles Jégou de Paule (1er septembre 1696).*
(Mêmes registres.)

L'an de grâce mil six cent quatre vingt saize, le premier jour de septembre, je soussigné curé de Mellionnec ay administré les cérémonies du baptesme à un enfant nay le mesme jour de messire François-René Jégou, escuyer, seigneur de Paul, Trégarantec, Kerjégu, Kerguiner, Saint-Anaon, etc., et de dame Marie-Thérèse de Gargian, mary et femme, de cette paroesse, après avoir esté baptisé à la maison, à cause de nécessité, par missire Jan-Gilles Jégou, abbé de Paule.

On luy a donné le nom de Gilles.

Parain et maraine qui ne signent.

Alain HERPE.     JAN-Gilles JÉGOU.

---

INHUMATION de Gilles Jégou de Paule (2 septembre 1696).

(Mêmes registres.)

L'an de grâce 1696, le second jour de septembre a esté inhumé en cette église Gilles Jégou fils puisné de escuier messire François Jégou, le dit enfant aagé d'un jour.

En foy de quoy j'ay signé recteur de Mellionnec.

H. Marin LE DÉLAIZIR.

---

INHUMATION de messire François-René Jégou du Laz, s$^{gr}$ de Paule, et de Trégarantec (4 avril 1720).

(Mêmes registres.)

L'an de grâce mil sept cents vingt le quatriesme avril a esté par le soussignant recteur de la paroisse de Mellionnec, inhumé dans cette esglise le corps de messire François-René Jégou, chevalier seigneur de Paule, Trégarantec, Saint-Anaon, le Hinguer et autres lieux, âgé d'environ cinquante deux ans, décédé le second du présent mois en son château dud$^t$ Trégarantec, n'ayant peû recevoir que le sacrement d'extresmonction et de pénitence par le ministère du soussignant, et ont assistés à sa sépulture les soussignés ainsy signés en la minute.

Charles-René de Leslée — de Querempuil — François-Berthellemi Jégou du Laz — du Leslay de Keranguével —

l'abbé de Paule. — de Robien — de Tréguibé Floyd — Jan-Nicolas de Sourville — du Pontlo — Kerguiffio de Launay — du Leslay, doyen de Rostrenen — G. Limon, recteur — Y. Le Moine, recteur de Poulmic et de Botoha — Henry Groard, prêtre — d'Aléno — Thibaut — de Guidfos — Toussaint des Coignetz — de Saint-Germain la Rivière, le fils — Muzuillac — Séb. de Billars, chanoine — Z. Blond, prêtre — H. Fraval, recteur.

---

BAPTÊME *de Marie-Olive Jégou du Laz (25 octobre 1723).*

(Mêmes registres.)

L'an de grâce, mil sept cent vingt trois, a été baptizée dans l'église paroissiale de Mellionec, le vingt cinquième d'octobre Marie Olive, née le dix-huit à quatre heures du matin, fille naturelle et légitime de messire haut et puissant François-Barthelemy Jégou seigneur du Laz, et de Marie-Thérèse de Querloaguen, parain a été Monseigneur l'illustrissime et révérendissime Ollivier Jégou de Kervilio, évêque et comte de Tréguier, conseiller du Roy en tous ses conseils, et marraine Marie-Agnès des Anges dame de Kerloaguen et autres lieux.

OLIVIER évêque et comte de Tréguier.
Marie DES ANGES, DE KERLOAGUEN.
DU PLESSIS BELLIÈRE.
Michel DE QUERLOAGUEN.
François-Gilles-Alexandre JÉGOU.
Susanne-Thérèse DE KEROUPIL.
GERALDIN.
Marianne LE BLONSART.
DE SAINT-JULIEN.
F. B JÉGOU DU LAZ.
Thérèse-Marie DE QUERLOAGUEN, DU LAZ.
DE SAINT-MAUR LE COQ, homme d'affaire de M. le comte du Laz.
Jacques LE GLOAN, prêtre — CALLIDOU, curé.

BAPTÊME de *Marie-Michelle-Agnès Jégou du Laz*
*(23 janvier 1725).*

(Mêmes registres.)

L'an de grâce le vingt-troizième janvier, mil sept cent vingt cinq, a été baptisée par le sieur sousignant recteur de l'église paroissiale de Mellionec, Marie-Michelle-Agnès, née le vingt-uniesme du dit mois et an du légitime mariage d'entre haut et puissant seigneur, messire François-Barthélemy Jégou chevalier seigneur du Laz, Trégarantec, Kerjégu, le Hinguer, Coetquenven, et autres lieux, et Marie-Thérèse de Kerloaguen dame du Laz — parein a été messire Michel de Kerloaguen, capitaine général garde-coste, et mareine, Marie-Anne-Olive-Élizabeth Jégou, dame de Queranguével.

Marie-Anne JÉGOU, DE KERENGUÉVEL.
Michel DE KERLOAGUEN.
Marie-Thérèse THIBAUT.
Marie DES ANGES.
Charles-Pierre DE ROBIEN DU PONTLO.
Sébastien-André DU LESLAY DE KERENGUÉVEL.
F<sup>rs</sup>-Gilles-Alexandre JÉGOU, chevalier du Laz.
Laurence BARAZER DE KERGOURIO.
Fr. B. JÉGOU DU LAZ, etc.
François COLLÉDAN, curé.
Hervé FRAVAL, recteur.

INHUMATION de *messire François-Barthélemy Jégou,
comte du Laz (31 mars 1745).*

(Mêmes registres.)

Le trente et unième mars mil sept cent quarante et cinq, a été inhumé dans le *santuer* de l'église paroissiale de Mellionnec, le corps de messire François Barthelemy Jégou seig<sup>r</sup> comte du Laz, Trégarantec, Kerjégu, Coetquenven, Kerguiner, Saint-Noay et autres lieux, décédé le vingt et neuff dudit mois en son château de Trégarantec, âgé d'environ cinquante sept ans, environ neuff heures et demy du soir, dans les sentimens de relligion les plus édiffiants et dans une parfaite résignation à la volonté divine, ayant esté préalablement entendu en confession par le sieur recteur de Plouré, et ayant ensuite receu le saint viatique et extremonction par le ministère du s<sup>r</sup> curé d'office de la susdite paroisse de Mellionnec soussigné, et ont assisté au convoy et à l'enterrement messieurs les gentilshommes et ecclésiastiques et autres soussignés.

DE CÉZY.
TRONSSON DE KERJERGARTZ.
DE LAUNAY DE KERGUIFFIO.
DE LA BOESSIÈRE DE KERRET.
LE FAURE DE LA CHALAYE.
DE MAISONNAN.
J. LAFFETER, prêtre.
PERION, sénéchal.
R. PICART, recteur de Carnac.
J<sup>h</sup>. LE CUNFF, recteur de Plouray.
DE COETNEMPREN DE KERSAINT, recteur de Plouerdut.
GIRAULT, prêtre.
A. C. LE VOAZ, recteur de la Chandeleur et de Glomel.
Y. ALEXIS GARNIER, prêtre et recteur de Plévin.
Y. LAURENS, curé prêtre de Saint-Michel.
G. LE ROUX, soudiacre.
Louis LE FICHANT, recteur de Saint-Tugdual.
L. LE GODUON, recteur de Langoellan.
Y. KERUY, curé d'office.

---

INHUMATION *de demoiselle Marie-Catherine Jégou du Laz*
*(26 juillet 1760).*

(Extrait des registres de Rostrenen.)

Le vingt six juillet mille sept cens soixante, a été enterré au cimetière de cette collégiale par le sieur Nourry prêtre directeur du séminaire de Plouguernével, le corps de deffunte demoiselle Marie-Catherine Jégou du Laz, dame de Saint-Noay, âgée de vingt deux ans, décédée le jour précédent en cette ville après avoir reçue les sacremens de l'église ; ont assistés au convoy et enterrement les sieurs doyen et chanoines, messieurs de la Villeloays, de la Boëssière, de Kerdaniel, de Launay, et autres soussignants.

De la Boëssière de Kerret.
Le Métayer de Kerdaniel, pensionnaire du Roy.
De la Villeloays.
De Launay.
Piriou.
J. F. Le Floch, chantre et chanoine.
J. Jac Hervé, prêtre chanoine
Banniel, chanoine.
Noury, prêtre.
Jouan, chanoine et curé de Rostrenen.
De Billars, doyen.

---

Baptême *de Michel-Marie Jégou du Laz (5 août 1726).*

(Registres de la paroisse Saint-Melaine, Morlaix.)

Michel-Marie, fils légitime de messire François-Barthélémy Jégou, chevalier, et de dame Thérèse-Marie de Kerloaguen, seigneur et dame comte du Laz, né le cinquième jour d'août 1726 a été baptisé le même jour dans l'église paroissiale de Saint-Melaine par moi soussignant vicaire, parrain et marraine ont été Jean Le Say et Marie Manac'h, pauvres de l'hôtel-Dieu de cette ville.

Guillouzou, recteur de Saint-Melaine.

---

Mariage *de messire Michel-Marie Jégou, comte du Laz*
*(9 février 1750).*

(Extrait des registres de la paroisse Saint-Salomon, Vannes.)

L'an de grâce mil sept cens cinquante, et le neufvième jour du mois de feuvrier a esté célébré mariage en la chapelle

11

du palais épiscopal entre messire, Michel-Marie Jégou chevalier seigneur comte du Laz, Trégarantec et autres lieux, fils mineur de feüs messire Barthélémy Jégou seigneur comte du Laz, et de Madame Marie-Thérèse de Kerloaguen, comtesse du Laz, de la paroisse de Mellionec, en ce diocèse, et dont le mariage a esté décrété par Messieurs les juges de la principauté de Guémené, le vingt neufième janvier dernier, et authorisé pour son mariage de messire Charles-René de Cézi chevalier, seigneur de Kerampuil, son curateur d'une part, et demoiselle Angélique-Thérèse-Augustine de Blévin de Penhoët, fille de messire Philippe-François de Blévin chevalier seigneur comte de Penhoët, Limoges et autres lieux, et chevalier de l'ordre militaire de Saint-Louis, et de Madame Marie-Anne Angélique de Marbeuf, comtesse de Penhoët, domiciliée de fait de cette paroisse d'autre part, la ditte publication du ban de leur futur mariage à contracter ayant estée faitte sans opposition au prône de nostre grand-messe, le huictième de ce présent mois, et pareille publication ayant estée aussy faitte à pareil jour, et aussy sans opposition au prône de la messe de paroisse de Saint-Patern eu égard au domicile que le dit seigneur de Blévin de Penhoët fait en son château de Limoges pendant l'esté, comme il me conste par le certificat de M$^r$ le recteur signé L. Bonnard, recteur de Saint-Patern, en datte du huictième de ce mois, et pareille publication ayant estée faitte, et aussy sans opposition au prône de la messe paroissialle de Mellionec, le second feuvrier jour de la purification de la sainte Vierge, comme il me conste par le certificat de M$^r$ le curé de la ditte paroisse, en datte du second de ce présent mois, ainsy signé Le Falher curé d'office, et ayant esté resaisy de la dispense des deux autres bans leūrs accordée par Monseigneur l'Évêque de Vannes, en datte du neufième de ce mois, et insinuée le dit jours aux insinuations ecclésiastiques. Signé Alano, le dit décret de mariage, les dits certificats de ban faits tant à Saint-Patern qu'à Mellionec, et la dispense des deux bans me restés entre mains, et ne s'étant trouvé aucun empechement, je soussigné recteur de l'église paroissiale de Saint-Salomon certifie que Monseigneur l'Évêque de Vannes a en sa chapelle, sur les huict heures du soir, interrogé les dittes parties en présence des thémoins cy dessous a pris leur mutuel consentement, et les a solennellement marié par parole de présent, et que le lendemain dixième de ce présent mois, je leurs ay dis en l'église paroissialle de Saint-Salomon la sainte messe en laquelle je leurs ay donné la bénédiction nuptiale selon la forme, et les cérémonies observées par nostre mère la sainte église, en présence des soussignants pris pour thémoins.

Michel-Marie JÉGOU DU LAZ.
Angélique-Thérèse-Augustine BLÉVIN, DU LAZ.
P. F. BLÉVIN DE PENHOET.
M. A. DE MARBEUF, DE PENHOET.
MARIN DE MONCAN.
COETLOURY, DE MONCAM.
JÉGOU DU LAZ, DE BEAUREPAIRE.
ERMAR DE BÉAUREPAIRE.
François GILLES, chevalier du Laz.
BLÉVIN DE PENHOET.
MUSILLAC.
MARBEUF.
DU CHASTEL, DE LA BÉDOYÈRE.
DU BOT DU GRÉGO.
HUCHET DE LA BÉDOYÈRE.
DE LA JONCHÈRE, DE GOYON.
J. DE KERGARIOU.
CHAMPEAUX, DE VAUDURANT.
LE CHEVALIER DU NÉDO.
LE CHEVALIER DE COUÉ.
GOYON DE VAUDURANT.
DU NÉDO.
LOCHIER DU NÉDO.
L'abbé DE SOULANGE.

CHAPELLE DE JUMILHAC DE CUBJAC.

J. DU FOUSSÉ D'AUZON, recteur.

† CHARLES JEAN, évêque de Vannes, pour avoir donné la bénédiction nuptiale (1).

---

BAPTÊME *d'Emmanuel-Bonabes Jégou du Laz (17 mai 1751).*

(Extrait des registres de Saint-Salomon de Vannes.)

L'an de grâce mil sept cens cinquante et un, et le dix septième jour du mois de may, je soussigné recteur de l'église paroissiale de Saint-Salomon, ay suppléé les cérémonies du baptême à un garçon, né le 15 du mois de feuvrier dernier, et baptisé le mesme jour, sans les cérémonies ordinaires du baptême, lesquelles avoient estées différées pour le temps de six mois par permission de Monseigneur l'Évêque de Vannes, le dit garçon né du légitime mariage de messire Michel-Marie Jégou, chevalier, seigneur comte du Laz, Trégarantec et autres lieux, et de Madame Angélique-Thérèse-Augustine de Blévin de Penhoet, mary et femme, de cette paroisse. On luy a imposé le nom de Emmanuel-Bonabes ; parein a esté Emmanuel duc et prince D'ELBEUF, grand d'Espagne de la première classe, représenté par messire François-Julien-Marin de Moncan, ancien capitaine de cavalerie, et mareinne Madame Innocente-Catherine DE ROUGÉ, duchesse et princesse D'ELBEUF, aussy représentée par Madame Marie-Anne-Angélique de Marbeuf, dame de Penhoët, qui signent, ainsy que les père et mère présents ; présents les soussignants.

Signé : M. A. A. MARBEUF, DE PENHOET.
MARIN DE MONCAN.
BLÉVIN, DU LAZ.
JÉGOU DU LAZ.

---

(1) Charles-Jean Bertin, évêque de Vannes, né à Périgueux en 1712, vicaire général de Périgueux, remplaça M. de Jumilhac dans le siège de Vannes, et fut sacré le 27 septembre 1746. Il mourut à 62 ans, le 23 septembre 1774.

Perrine de Paule du Laz (1).
F. F. Blévin de Penhoet.
Le Boudel du Baudory.
Le Chevalier de Tromelin.
Blévin de Penhoet.
J. du Foussé d'Auzon, recteur.

---

Inhumation *du même (10 juillet 1767).*

10 juillet 1767, inhumation dans l'église des R. R. P. P. Capucins, de messire Emmanuel-Bonabe Jégou, comte du Laz, décédé au château de Limoges, à l'âge de 17 ans.

---

Baptême *de Joseph-François-Bonabes Jégou du Laz*
*(8 avril 1784).*

(Registre de Mellionec, à Mellionec et au greffe de Loudéac.)

L'an de grâce mil sept cent quatre vingt quatre, le dix-huitième jour d'avril, nous soussigné recteur avons suppléé les cérémonies du baptême à un fils né au château de Trégarantec, le dix-huit avril mil sept cent quatre vingt trois, du légitime mariage de honnorable et noble messire Michel-Marie Jégou, chevalier, seigneur du Laz, de Trégarantec et autres lieux, et de honnorable et noble dame Marie-Jeanne-Josèphe de Kersauzon, son épouse, et ondoyé le même jour à la chapelle de Trégarantec, par permission de monseigneur l'Évêque de Vannes, en date du cinq avril de la même année, signée du Tret, vicaire général, et plus bas Amet, secrétaire, comme il se trouve au registre de l'année dernière, on l'a nommé Joseph-François-Bonabe. Parein a été honnorable et noble messire Maurice-Pierre-Joseph de Kersauzon, mareine honnorable et noble dame Thérèse-Françoise Jégou

---

(1) Est sans doute Marie-Michelle-Agnès Jégou du Laz que l'on appela ensuite d'un autre nom.

(dame) de Tréfalégant, lesquels avec monsieur et madame ses père et mère, et autres présents signent avec nous.

Thérèse-Françoise Jégou, de Treffaleguen.
Kersauson Goasmelquin.
Coetlès, de Pennelé.
Kersauson, du Laz.
Jégou du Laz.
J. Jaffré, curé.
Guillouzou, recteur.

---

Supplément *des cérémonies du baptême de Hippolyte-François-Charles Jégou du Laz (15 octobre 1788).*

(Registres de Mellionnec, au greffe de Loudéac.)

L'an de grâce mil sept cens quatre vingt huit, le quinzième jour du mois d'octobre, ont été suppléées par nous soussigné recteur, les cérémonies du baptême à un fils qu'on a nommé Hippolyte-François-Charles, né le vingt-six novembre mil sept cens quatre-vingt-six, au château de Trégarantec, du légitime mariage de noble messire Michel-Marie Jégou, chevalier, seigneur du Laz, de Trégarantec, et autres lieux, et de noble dame Marie-Jeanne-Josèphe de Kersauzon, son épouse, demeurant au dit Trégarantec, situé en cette paroisse, lequel fils avait été ondoyé le susdit jour de sa naissance en la chapelle du dit château de Trégarantec, par permission de monseigneur l'Évêque de Vannes. Parrein messire Charles-Marie, chevalier du Leslay, de la ville de Rostrenen, marreine noble demoiselle Marie-Anne-Françoise-Charlotte-Julie Jégou du Laz, lesquels avec monsieur du Laz, le père présent, signent avec nous.

Guillouzou, recteur.
Françoise de Kermenguy, du Laz.
Marie-Anne-Françoise-Charlotte-Julie Jégou du Laz.
Michel-Marie Jégou du Laz.
Charles-Marie, chevalier du Leslay.
Alexandre-François Jégou du Laz.
Jaffré, curé.

BAPTÊME *de François-Eugène Jégou du Laz. (Même date.)*

L'an de grâce mil sept cens quatre-vingt-huit, le quinziesme jour d'octobre, a été baptisé par nous soussigné recteur, François-Eugène JÉGOU DU LAZ, fils né hier au château de Trégarantec, du légitime mariage de noble messire Michel-Marie JÉGOU DU LAZ, chevalier, seigneur du Laz, de Trégarantec, et autres lieux, et de noble dame Marie-Jeanne-Josèphe de Kersauzon, son épouse, demeurant au dit château, situé en cette paroisse. Parrein noble messire Alexandre-François Jégou du Laz, fils, marreine noble dame Françoise de Kermenguy de Saint-Laurant, dame du Laz, son épouse, demeurant en la ville épiscopale de Saint-Pol de Léon, lesquels comme monsieur du Laz, le père présent, signent avec nous.

GUILLOUZOU, recteur.
Françoise DE KERMENGUY DU LAZ.
Marie-Anne-Françoise-Charlotte-Julie JÉGOU, DU LAZ.
Michel-Marie JÉGOU DU LAZ.
Charles-Marie, chevalier DU LESLAY.
Alexandre-François JÉGOU DU LAZ.
JAFFRÉ, curé.

---

MARIAGE *de Joseph-François-Bonabes Jégou du Laz*
(21 *septembre 1802*).

(Registres de la cathédrale de Saint-Pol de Léon.)

Ce jour vingt et un septembre mil huit cent deux, Joseph-François-Bonabes JÉGOU DU LAZ, fils mineur de défunt Michel-Marie Jégou du Laz, et de dame Marie-Jeanne de Kersauzon, originaire de la paroisse de Mellionnec, maintenant Côtes-du-Nord, et demoiselle Marie-Émilie-Françoise-Angèle Poulpiquet Coatlez, fille mineure des défunts Mathurin-César Poulpiquet Coatlez et dame Marie-Jeanne-Aimée Mertens, dame de Coatlez, originaire de la paroisse de Ploujean, et tous deux domiciliés sur cette paroisse, ayant été fiancés et une publication pour unique et dernière ayant été faite le dimanche dix-neuf du présent mois, sans opposition ni révélation d'empêchement, ayant obtenu dispense des deux autres publications, et de l'empêchement de consanguinité du quatrième au quatrième degré, en date du vingt-huit août dernier, signé Henry, vic. gén. Leonensis, ont été solennellement conjoints en mariage par paroles de présent de leur mutuel consentement, et ont reçu la bénédiction nuptiale du soussigné recteur en présence des soussignants, témoins, parents et amis et plusieurs autres qui ne signent les mêmes jour, mois et an que devant ;

 Marie-Émilie-Françoise-Angèle POULPIQUET COATLEZ.
 JÉGOU DU LAZ.
 Joseph-François-Bonabe JÉGOU DU LAZ.
 KERSAUSON, veuve du LAZ.
 ROGON, KERTANGUY.
 KERMENGUY, DU LAZ.
 JÉGOU, ROQUEFEUIL.
 JÉGOU DU LAZ.
 ROQUEFEUIL.
 POULPIQUET COATLÈS.
 POULPIQUET, MERCEREL.
 Joseph-Marie-Hyacinthe LE BYHAN PENNELÉ.
 THÉPAUT, DE POULPIQUET KERISNEL.
 PENNELÉ, père.
 LUBIN SALAÜN.
 DU PARC COATRESCAR, ancien capitaine de vaisseau.
 H. JÉGOU DU LAZ.
 Suzanne DU LAZ.
 Reine DU LAZ.
 Eugène DU LAZ.
 DU DRESNAY, veuve COETTIVY.
 H. KERSAUSON.
 DU COETLOSQUET, DU DRESNAY.
 ESCORRE, recteur du Minihy.

BAPTÊME *de Adolphe-René-Marie Jégou du Laz (13 mai 1804).*
(Registres de Saint-Pol, sacristie.)

Adolphe-René-Marie JÉGOU DU LAZ, fils de François-Bonabes Jégou du Laz et de Marie-Émilie-Françoise-Angèle Poulpiquet de Coatlès, dame du Laz, son épouse, né hier à la Villeneuve, a été baptisé par le soussigné curé, le vingt-trois floréal, an douze (treize mai mil huit cent quatre), parrain et marraine ont été René-Charles Poulpiquet Coatlès, oncle de la mère de l'enfant, et dame Marie-Jeanne Kersauzon, veuve Jégou du Laz, aïeule de l'enfant, qui signent :

KERSAUZON, veuve du Laz.
Joseph JÉGOU DU LAZ.
POULPIQUET COATLÈS.
DU DRESNAY.
Alexandre JÉGOU DU LAZ.
BORGNE COETTIVY.
THÉPAULT, DE POULPIQUET KERISNEL.
POULPIQUET, MERCEREL.
KERMENGUY, DU LAZ.
JÉGOU, ROQUEFEUIL.
François ROQUEFEUIL.
H. DU LAZ.
R. KERSAUZON.
Joseph-Anne-Auguste-Maximilien-Claude BARBIER DE LESCOET.
Suzanne DU LAZ.
Reine DU LAZ.
J.-Bte BOULLOIN, officier de santé.
ESCORRE, curé.

SUPPLÉMENT *des cérémonies du baptême de Marie-Eugénie Jégou du Laz (20 février 1812).*
(Registres de Cléden-Poher, année 1812.)

Le vingt février mil huit cent douze, ont été par moi soussigné desservant suppléées les cérémonies du baptême à

MARIE-EUGÉNIE, fille légitime de Joseph-François-Bonabes Jégou du Laz, et de Marie-Émilie-Françoise-Angèle de Poulpiquet Coatlez, son épouse, de cette succursale, née et ondoyée le dix-huit février mil huit cent douze, par moi soussigné desservant, il conste par l'acte d'ondoyement y recours. Parrain a été Eugène-François Jégou du Laz, qui avec le père signe, et marraine Marie-Émilie Jégou du Laz qui a déclaré ne savoir signer.

Eugène JÉGOU DU LAZ.
Joseph JÉGOU DU LAZ.
C. FAVENNEC, desservant de Cléden-Poher.

---

MARIAGE *d'Adolphe-René-Marie Jégou, C$^{te}$ du Laz (6 mai 1856).*
(Registres de Glomel, canton de Rostrenen.)

Le 6 mai 1856, vu le certificat constatant que les formalités civiles ont été remplies, les publications canoniques ayant été faites sans opposition, à Glomel et à Plounévez-du-Faou, le 30 mars, je soussigné ai solennellement marié par paroles de présent Adolphe-Marie-René JÉGOU DU LAZ, fils majeur de monsieur le comte Joseph-Bonabes Jégou du Laz, et de dame Marie-Émilie de Poulpiquet Coetlez, né à Saint-Paul de Léon, et domicilié de Plounévez le Faou, diocèse de Quimper, d'une part ; et Marie-Thérèse-Armande-Frédérique de Saisy, fille majeure de M. Emmanuel-Joseph-Marie, comte de Saisy, et de feue Agathe-Louise-Rosalie d'Andigné de Mayneuf, née et domiciliée de Glomel, d'autre part : après quoi, célébrant la sainte messe, je leur ai donné la bénédiction nuptiale en face de l'église, conformément aux décrets du saint concile de Trente et aux statuts du diocèse, en présence de

Adolphe JÉGOU DU LAZ.
Marie DE SAISY.
JÉGOU DU LAZ.
C$^{te}$ DE SAISY.

DE SAISY, C^tesse DE LAGADEC.
A. DE ROQUEFEUIL.
DU DRESNAY, C^tesse DE LEGGE.
A. DE SAISY, V^tesse DE CHAMPAGNY.
V^te Paul DE CHAMPAGNY.
Hippolyte JÉGOU DU LAZ.
Le V^te DE SAISY.
V. DE L'ISLE-ADAM, prêtre délégué.
PAUL DE SAISY.
N. DE POMPERY.
D'ANDIGNÉ DE MAYNEUF, C^tesse DE LANASCOL.
ANNA DE LANASCOL.
G. DE FORSANZ.
E. DU LAZ.
V^te F. DE BOISBOISSEL.
Marquis DE ROBIEN.
V^te ÉDOUARD D'ANDIGNÉ.
H. DE RODELLEC.
MARIE DE ROQUEFEUIL.
V. DE POMPERY.
Le C^te DE TRIMOND.
E. DE LANASCOL.
Y. DE QUEMPER DE LANASCOL.
A. DE CILLART.
HUON DE KERMADEC.
SAISY, DE POMPERY.
qui signent avec nous :

H. BERCOT, recteur de Glomel.

---

BAPTÊME *de Adolphe-Marie-Joseph-Michel Jégou du Laz*
*(29 avril 1857).*

(Registres de Plounévez-du-Faou.)

Le 29 avril 1857, Adolphe-Marie-Joseph-Michel Jégou du Laz, fils de monsieur Adolphe-Marie-René Jégou du Laz, et de madame Marie-Thérèse-Armande-Frédérique de Saisy, né le 27 courant au bourg de Plounévez-du-Faou, a été solennellement baptisé par le soussigné recteur. Parrain et marraine ont été : Monsieur le comte Emmanuel-Joseph-Marie de Saisy, et Madame Marie-Émilie de Poulpiquet de Coëtlèz, comtesse du Laz, qui ainsi que le père présents signent :

POULPIQUET DE COATLEZ.
C^tesse DU LAZ.
EUGÉNIE DU LAZ.
Le comte DE SAISY.
ADOLPHE JÉGOU DU LAZ.
MAINGANT, recteur.

---

BAPTÊME *de Alix-Jeanne-Marie-Agathe Jégou du Laz (22 février 1859).*

(Registres de Lannéanou, Finistère.)

Mademoiselle Alix-Jeanne-Marie-Agathe du Laz, fille légitime de monsieur le comte Adolphe Jégou du Laz, et de dame Marie-Thérèse-Armande Jégou du Laz, née de Saisy, a été ondoyée dans l'église de Saint-Melaine de Morlaix, le vingt deux février mil huit cent cinquante neuf, après un permis de l'ordinaire en date de la veille, et à laquelle on a suppléé les cérémonies du baptême dans la chapelle de Keruscar, en Lannéanou (suivant permission de Monseigneur l'Évêque de Quimper et de Léon, en date du trente avril de la même année), le dix mai mil huit cent cinquante neuf. Parrain et marraine ont été monsieur le comte Jégou du Laz et Madame Jeanne-Théodore de Saisy, douairière de Lagadec.

DE LAGADEC, née de SAISY.
Le comte DU LAZ.
SIBILLIAU, recteur de Plougonven.
GUILLERM, recteur de Lannéanou.

Inhumation *de Joseph-Bonabes Jégou, comte du Laz*
*(27 septembre 1861).*

(Registres de Cléden-Poher.)

L'an 1861, le 27 septembre, le corps de Joseph-Bonabes Jégou du Laz, décédé à Pratulo, à huit heures du matin, le 26, âgé de 78 ans, a été inhumé dans le cimetière de cette paroisse, en présence de Guillaume le Bec et Guillaume Héliou.

Meudec, vicaire (1).

Inhumation *de Adolphe-Marie-René Jégou, comte du Laz*
*(24 octobre 1861).*

L'an 1861, le 24 octobre, le corps de Adolphe Jégou du Laz, décédé au château de Pratulo, à deux heures après-midi, le 22, âgé de 56 ans, a été inhumé dans le cimetière de cette paroisse, en présence de Guillaume le Bec et de Jean-Marie Héliou.

Meudec, vicaire (1).

Inhumation *de Eugénie Jégou du Laz (30 mars 1892).*

(Registres de Cléden-Poher.)

L'an mil huit cent quatre vingt douze, le 30 mars 1892, vu le permis du Maire en date du 27, le corps de Eugénie Jégou du Laz décédée le 27 mars, à Brest, âgée de 79 ans, a été inhumé dans le cimetière de cette paroisse, en présence de ses parents.

Kerscaven, recteur.

---

(1) En lisant ces actes, se doutera-t-on d'après leur rédaction (style 1793), qu'il s'agit du décès de deux gentilshommes des plus marquants de leur région ? Le sacristain et un autre sont les seuls assistants, d'après l'acte ? L'assistance de tout un pays, de tant de parents, d'amis, et d'un très nombreux clergé, n'a pas une mention sur ces actes qui, dans la suite des temps, étonneront et égareront le chercheur sur la qualité des personnes ?...

Mariage de *Adolphe-Marie-Joseph-Michel Jégou du Laz*
(22 avril 1884).

(Registre de l'église paroissiale de la Chapelle-Saint-Rémy, Sarthe.)

Le vingt deux avril mil huit cent quatre vingt quatre, je soussigné, curé de la Chapelle-Saint-Rémy, après les publications des bans faites en temps et lieux de droit, les parties ayant obtenu dispense de leurs évêques respectifs pour deux publications, le mariage civil contracté comme il a été justifié par un bulletin en forme délivré en date d'hier, et signé Guibert, maire, ai reçu le mutuel consentement de mariage de M. Adolphe-Marie-Joseph-Michel Jégou, comte du Laz, fils de Madame Marie-Thérèse-Armande-Frédérique de Saisy, et de feu Adolphe-René-Marie Jégou, comte du Laz, domicilié de fait et de droit en la paroisse de Cléden-Poher, diocèse de Quimper, d'une part; et de mademoiselle Berthe-Marie Gaudin de Saint-Rémy, fille majeure et légitime de M. Auguste-Alexandre-Marie-Emmanuel Gaudin de Saint-Rémy, et de feue Madame Gabrielle-Louise de Révilliasc, domiciliée de fait et de droit en cette paroisse.

Et leur ai donné la bénédiction nuptiale avec les cérémonies prescrites par l'église, en présence et du consentement du père de l'épouse et de la mère de l'époux, de MM. Charles-Raymond marquis de Vanssay, Eugène-Marie comte d'Andigné, René-François comte de Révilliasc, et de plusieurs autres parents et amis de la famille.

Berthe de Saint-Rémy, C<sup>tesse</sup> du Laz.
Comte Adolphe du Laz.
de Saisy, comtesse du Laz.
Comte d'Andigné.
Comte de Révilliasc.
Marquis de Vanssay.
de Saisy, comtesse de Champagny.
Vicomte R. d'Andigné.

DE BAMONT, C^{tesse} D'ANDIGNÉ.
DE SAINT-RÉMY.
DE G. V^{tesse} D'ANDIGNÉ.
DE F. marquise DU LUART.
V^{tesse} DE SAINT-PAUL.
Marquise DE VANSSAY.
MAURICE DE SAINT-RÉMY.
DE RÉVILLIASC, C^{tesse} DE BÉRANGER.
GEORGES DE SAINT-RÉMY.
MARTHE D'ELBENNE.
LUCIE DE SAINTE-MARIE.
DE RÉVILLIASC, V^{tesse} D'OSSEVILLE.
D. C^{tesse} DE CHÉNELETTE.
Comte DE CHÉNELETTE.
V^{te} DAUGER.
Baronne COTHEREAU.
Comtesse DE LA HAYE MONTBAULT
MARIE D'ANDIGNÉ.
A. DE MADEC, DE POMPERY.
M. DE CYRESME.
M. A. DE CYRESME.
FRADIN DE BELLABRE.
R. DE BELLABRE.
EDGARD DE MONTLIBERT.
L. DE POMPERY.
C. DE POMPERY.
V. DE POMPERY.
L. BOULAY, prêtre curé.
J. AUGERS, prêtre.

---

BAPTÊME d'Alain-Marie-Adolphe Jégou du Laz
(2 septembre 1885).
(Registres de Cléden-Poher.)

L'an 1885, le 2 septembre, a été baptisé Alain-Marie-Adolphe Jégou du Laz, né le 31 août, fils d'Adolphe-Joseph-

Michel-Marie comte Jégou du Laz, et de Berthe-Marie Gaudin de Saint-Rémy, demeurant au château de Pratulo. Le parrain a été Auguste-Alexandre-Marie Gaudin de Saint-Rémy ; la marraine a été Eugénie-Marie Jégou du Laz, lesquels ont signé :

Eugénie Jégou du Laz.
E. de Saint-Rémy.
de Saisy, comtesse du Laz.
de Kerampuil, comtesse de Kersauson.
Comte de Kersauson.
Comte Jégou du Laz.
Aliette de Saisy.
Paul de Saisy.
Joseph de Saisy.
Jeanne de Saisy.
Gaston de Saisy.
Jean de Saisy.
Kerscaven, recteur de Cléden.
Yves Bohec, vicaire.

---

Baptême de *Marie-Gabrielle Jégou du Laz (14 fevrier 1887).*

(Mêmes registres.)

L'an 1887, le 14 février, a été baptisée Marie-Gabrielle-Eugénie-Mélanie-Louise Jégou du Laz, née le 12, fille d'Adolphe-Joseph-Michel-Marie Jégou comte du Laz, et de Berthe-Marie Gaudin de Saint-Rémy, demeurant au château de Pratulo. Le parrain a été M. le comte Louis de Saisy ; la marraine a été Madame Marie-Thérèse-Armande-Frédérique de Saisy, comtesse du Laz, lesquels ont signé :

Marie de Saisy, C[tesse] du Laz.
Le comte Louis de Saisy.
E. de Saint-Rémy.
Comte du Laz.
Kerscaven, recteur de Cléden.

### Baptême de Adolphe-Anne-Marie-Maurice-Armand Jégou du Laz (7 août 1888).

(Mêmes registres.)

L'an 1888, le sept août, a été baptisé Adolphe-Anne-Marie-Maurice-Armand Jégou du Laz, né le 6 août, fils d'Adolphe-Joseph-Michel-Marie Jégou comte du Laz, et de Berthe-Marie Gaudin de Saint-Rémy, demeurant au château de Pratulo. Le parrain a été M. Maurice de Saint-Rémy représenté par le comte de Kersauson, la marraine a été mademoiselle Alix de Saisy, lesquels ont signé :

Alix DE SAISY.
DE SAISY, C$^{tesse}$ Jégou du Laz.
Comtesse DE KERSAUSON.
DE KERSAUSON.
Comte A. JÉGOU DU LAZ.
Alain DU LAZ.
KERSCAVEN, recteur.

### Baptême de Bertrand-Marie-Paul Jégou du Laz (14 septembre 1889).

(Mêmes registres.)

L'an 1889, le 14 septembre a été baptisé Bertrand-Marie-Paul Jégou du Laz, né le 13, fils de M. Adolphe-Joseph-Michel-Marie Jégou comte du Laz, et de Berthe-Marie Gaudin de Saint-Rémy. Le parrain a été M. le comte Paul de Saisy, député du Finistère ; la marraine a été M$^{lle}$ Aliette de Saisy, lesquels ont signé :

Comte DE SAISY, chevalier de Pie IX.
Aliette DE SAISY.
DE SAISY, comtesse du Laz.
Comte du Laz.
Jeanne DE SAISY.

Paul DE SAISY.
Joseph DE SAISY.
Gaston DE SAISY.
Jean DE SAISY.
KERSCAVEN, recteur de Cléden.

---

BAPTÊME *de Henri-Marie Jégou du Laz (14 septembre 1889).*

(Mêmes registres.)

L'an 1889, le 14 septembre, a été baptisé Henri-Marie Jégou du Laz, né le 13 septembre au château de Pratulo, fils d'Adolphe-Joseph-Michel-Marie Jégou comte du Laz, et de Berthe-Marie Gaudin de Saint-Rémy, demeurant au château de Pratulo. Le parrain a été M. le vicomte Henri de Cillart, représenté par Mr Paul de Saisy ; la marraine a été madame la comtesse de Béranger, née de Révilliasc, lesquels ont signé :

DE SAISY, comtesse du Laz.
Comte DE SAISY, chevalier de Pie IX.
Comte DU LAZ.
Paul DE SAISY.
Aliette DE SAISY.
Jeanne DE SAISY.
Jh DE SAISY.
Gaston DE SAISY
Jean DE SAISY.
KERSCAVEN, recteur de Cléden.

---

ONDOIEMENT *de Hermine Jégou du Laz (3 janvier 1891).*

(Mêmes registres.)

L'an 1891, le trois janvier, a été ondoyée une fille, Hermine Jégou du Laz (1), née le même jour, fille d'Adolphe-Joseph-

---

(1) Elle est morte le 29 juin suivant, sans avoir reçu les cérémonies du baptême, et a été inhumée le 30 juin, dans la chapelle de Pratulo.

Michel-Marie Jégou comte du Laz, et de Berthe-Marie Gaudin de Saint-Rémy.

C<sup>te</sup> Jégou du Laz.
de Saisy, comtesse du Laz.
Kerscaven, recteur.

---

Supplément *des cérémonies du baptême de René-Gilles-Marie Jégou du Laz (31 mai 1892).*

(Mêmes registres.)

L'an 1892, le trente-et-un mai, ont été suppléées les cérémonies du baptême à René-Gilles-Marie Jégou du Laz, ondoyé le 23 mai, en l'église de Cléden-Poher, né la veille, fils d'Adolphe-Joseph-Michel-Marie Jégou comte du Laz, et de Berthe-Marie Gaudin de Saint-Rémy, demeurant à Pratulo. Le parrain a été Alain-Marie Jégou du Laz, la marraine a été Marie de Linières, dame de Saint-Rémy, lesquels ont signé :

de Linière, de Saint-Rémy.
Comte du Laz.
Alain du Laz.
Marie-Gabrielle du Laz.
P. Lormier, vicaire.
Kerscaven, recteur de Cléden.

---

Baptême *de Fernand-Marie-Joseph-Corentin Jégou du Laz (29 octobre 1893).*

(Mêmes registres.)

L'an 1893, le 29 octobre, a été baptisé Fernand-Marie-Joseph-Corentin Jégou du Laz, né la veille, fils d'Adolphe-Joseph-Michel-Marie Jégou, comte du Laz, et de Berthe-Marie Gaudin de Saint-Rémy, demeurant à Pratulo. Le parrain a été Alain du Laz représentant Joseph de Cyrême ; la marraine a été Marie-Gabrielle du Laz, lesquels ont signé :

Comte DU LAZ.
Alain DU LAZ.
Marie-Gabrielle DU LAZ.
Père Corentin LE GUEN, délégué. *(Bénédictin.)*
P. LORMIER, vicaire.
KERSCAVEN, recteur de Cléden.

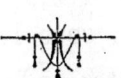

## III.

## PREUVES DE MALTE

« Catalogue des chevaliers de l'ordre de Saint-Jean de
» Jérusalem, de la Vénérable langue de France, du Prieuré
» d'Aquitaine, avec les quartiers qui ont servi à leurs preuves
» admises à Malthe lors de leur réception, copiées sur les
» registres des archives de ladite langue, à Malthe. »

I volume in-f° s. l. n. d. imprimé, faisant partie d'une collection de six volumes où sont écrits les noms des chevaliers des langues de Provence, de France, de Champagne, d'Aquitaine.

Notre volume, langue d'Aquitaine (1523 à 1690), catalogué à la Bibl. de l'Arsenal, sous le n° 3679.

A appartenu aux comtes de Lautrec-Toulouse.

A la page 624 est écrit ce qui suit :

« GILLES (Louis) JÉGOU DE KERVILLIO, diocèse de Cornouaille, reçu en 1650, et CHRISTOPHE, son frère, le dernier septembre 1656. Estoient fils de GILLES JÉGOU, s<sup>r</sup> de Kervillio, Kerguinezre, Saint-Denan, Kerloguénic et Kerjan, et de MARIE BUDES.

Le dit Gilles estoit fils d'OLIVIER JÉGOU, s<sup>r</sup> des dites terres et la Villeneufve, et de LOUISE ESTIENNE.

Le dit Olivier estoit fils de GUILLAUME JÉGOU et de LOUISE DE CAMERU, fille de VINCENT DE CAMERU, s<sup>r</sup> de Trogouarast et de Kerduault, et de JEANNE HARSCOET DE TROCADRO.

Le dit Guillaume estoit fils de Jacques Jégou, sr de Kerguinezre, et de Marie de Castellou, fille de Bertrand de Castellou, sr de Kervillio, et de Marie de Quélen.

Le dit Jacques estoit fils de Jean Jégou et de Guillemette Hamon de la Haye.

Le dit Jean estoit fils d'autre Jean Jégou, sr de Kerguinezre, Médic, Vaubrien, et de Catherine Huon.

Et le dit Jean estoit fils d'Yvon Jégou et d'Yvonne du Disquay de Keranscoul.

Le dit Vincent de Cameru, nommé ci-dessus, estoit fils de Jean de Cameru et de Françoise de Kerleau.

Le dit Jean estoit fils de Terisien du Cameru, sr de Trogouarast, et de Françoise de la Porte, héritière de Kerduault.

Et le dit Terisien estoit fils de Geoffroi de Cameru et de Jeanne du Halgoet de Kermelec.

La dite Louise Estienne, ayeule paternelle, estoit fille de Pierre Estienne, escuier, sr de Saint-Denan, et de Marguerite de Kersandy.

Et le dit Pierre estoit fils de Jean Estienne et de Catherine de May.

La dite Marie Budes, mère, estoit fille de Jean Budes et de Louise de Gourvinec.

---

Les Jégou portoient « d'argent à 3 escus en bannière d'azur chargés chacun d'une croix d'or, et un cor de chasse de sable en cœur.

Du Cameru, d'argent à 5 billettes de gueules en sautoir escartellé d'azur à 3 coquilles d'or.

De Castellou, d'azur à 7 quintefeuilles d'or, 3, 3, 1.

Hamon, d'azur à 3 coquilles d'or.

Kersandy, d'azur au léopard d'argent.

Vis à vis page 625 se trouvent : Les VIII quartiers de GILLES JÉGOU DE KERVILLIO, diocèse de Cornouailles, reçu en 1650, et de CHRISTOPHE, son frère, le dernier septembre 1656. »

A la page 400 du même volume, réception de François et Olivier Budes, frères, nous trouvons les quartiers de Marie Budes.

« Estoient fils de JEAN BUDES, chevalier de l'ordre du Roy, s$^r$ de Tertrejouan, et de LOUISE DE GOURVINEC.

Le dit Jean estoit fils de FRANÇOIS BUDES et d'ANNE DE SAINT-AUBIN.

Le dit François estoit fils de JACQUES BUDES, amiral de la coste de Bretagne, s$^r$ du Tertrejouan, et de JEANNE DE CALLAC, fille de PRÉGENT DE CALLAC, chevalier, s$^r$ de Trécesson, Talcoëtmeur et de Ploufragan.

Le dit Jacques estoit fils d'YVES BUDES, s$^r$ du Tertrejouan, et de JEANNE DE POENCES.

Le dit Yves estoit fils de NORMAND BUDES, s$^r$ du Tertrejouan, et d'OLIVE DOLO DE ROBIEN.

La dite Anne de Saint-Aubin, ayeulle paternelle, estoit fille de RENÉ DE SAINT-AUBIN THOMASSIN, au pays du Maine, et d'URBAINE DE REIL.

La dite Louise de Gourvinec, mère, estoit fille de GUY DE GOURVINEC, escuier, s$^r$ du Bezit et de Kerdavy, et de ISABEAU DE CALLAC DE RANDRECAR, fille d'OLIVIER DE CALLAC.

Le dit Guy estoit fils de MATHURIN DE GOURVINEC, s$^r$ du Bezit, et de BERTRANDE DE QUIFISTRE, fille de noble BERTRAND DE QUIFISTRE, s$^r$ de Trémouar, et de HÉLÈNE DE CAMAREC.

Le dit Mathurin estoit fils de OLIVIER DE GOURVINEC, s$^r$ du Bezit, et de MARGUERITE DE KERGUÉSANGOR, fille de JEAN DE KERGUÉSANGOR, s$^r$ du dit lieu, et de CATHERINE DE LA VILLEAUDREN.

Le dit Olivier estoit fils de Jean de Gourvinec et de Jeanne de la Forest, fille de Pierre, s^gr de la Forest, et d'Isabeau du Chastel.

Budes portoit : d'argent au pin de sinople, chargé de 3 pommes d'or, dont l'une soutient un espervier de même accosté vers son tronc de 2 fleurs de lys de gueules.

Callac, d'or à 2 fasces de sable arrondies par le milieu, accompagnées de 5 merlettes de mesme, 2, 2, 1.

Poences, d'argent à 4 bandes dentelées de gueules.

Dolo, d'argent à 10 billettes d'azur, 4, 3, 2, 1.

Saint-Aubin, de gueules à trois croissants d'or.

Reil, losangé d'or et d'azur.

Gourvinec, vairé d'or et de sable.

Callac, comme cy-dessus.

Quifistre, d'argent à 3 fasces de sable à la bordure de gueules chargée de 12 besants d'or.

Camarec, d'or à un annelet d'azur accompagné de 5 croix raccourcies de même, 2, 2, 1.

Kerguésangor, d'or à 2 fasces de gueules. »

## IV.

## SEIGNEURIE DE PAULE

CANTON DE MAEL-CARHAIX (Côtes-du-Nord).

Le territoire de la paroisse de Paoul, son vrai nom d'autrefois, que la langue bretonne conserve encore, n'a dû former primitivement qu'une seule et même seigneurie, juveigneurie de la baronnie de Rostrenen, qui se divisa ensuite par cause de mariages et de partages en cinq seigneuries que nous verrons plus tard revenir toutes dans la même main. C'étaient :

1. Celle de Paule proprement dite.
2. Celle du Dréortz en Paule.
3. Celle de Brécilien.
4. Celle de Liscuit en Paule.
5. Celle de Kerjan.

Les mottes féodales des anciens châteaux de Brécilien et de Kerjan, avec leurs douves profondes, existent encore : le château de Brécilien a été détruit dans des temps si reculés qu'on n'a aucune trace de son passé. Kerjan était encore habité en 1547, disent nos titres, par Yves de Bouteville, seigneur baron du Faouët, dont les prédécesseurs le possédaient de temps immémorial. Il était situé au sommet d'un grand bois de 200 hectares qui venait toucher ses remparts de terre, très larges, que l'on voit encore autour des douves de la motte féodale.

Nos titres de la seigneurie de Paule sont nombreux et précieux ; ils ne remontent pas au delà de l'an 1409. On ne peut donc faire une étude que de ces cinq siècles, aucun document n'apprenant comment les Raguenel, vicomtes de la Bellière, étaient antérieurement propriétaires, en tout ou en partie, du territoire de Paoul : il faut admettre que c'est par suite d'une alliance avec les barons de Rostrenen.

En faisant l'histoire des le Scanff, sgrs du Dréortz (en Priziac) qui, dès 1409, possédaient deux des seigneuries indiquées plus haut, celles de Brécilien et du Dréortz en Paule, nous retrouverons les Raguenel de la Bellière.

La résidence des le Scanff était le château du Dréortz, en Priziac, ramage et juveigneurie de Guémené-Guégant. Leurs armes, qui ont été de tout temps le sceau de la juridiction de Paule, « de sable à la croix engreslée d'argent » étaient celles des Beaumez dont ils étaient issus, ainsi que le prouve l'acte suivant extrait de D. Morice (Pr. I, page 1041) (1).

« Robert de Beaumez, chevalier, sieur de Quemené-Guégant (2), en icelui temps etc., l'an 1276. Laquelle lettre

---

(1) Une note de la *Généalogie de la maison de Talhoët*, par M. de Boislisle, p. 359, note 5, donne des détails sur cette famille qu'elle appelle : Lescanff. L'examen attentif des documents anciens et des signatures qui y sont apposées ne permet pas d'accepter cette orthographe. Le nom doit s'écrire le Scanff.

(2) NOTE SUR LES BEAUMEZ OU BEAUMER.

Puissante famille picarde, originaire de la paroisse de Beaumetz, département de la Somme, issue disait-on des comtes de Ponthieu — Hugues de Beaumer se croise en 1198, et il eut de son mariage avec Béatrix de Guines, fille d'Arnoul le Grand, Cte de Guines, de 1142 à 1169, et de Mahaut de Saint-Omer :

Gilles de Beaumer, châtelain de Bapaume, qui épousa Agnès de Coucy, fille de Raoul Ier, sire de Coucy, 1191, et d'Alix de Dreux, sa seconde femme, fille de Robert Ier, Cte de Dreux, 1137-1184 (3me fils de Louis-le-Gros, roi de France). Entre autres enfants naquirent de ce mariage : Robert de Beaumer qui vint à la cour du duc de Bretagne, Pierre de Dreux, surnommé Mauclerc, lui étant doublement parent, puisque celui-ci avait pour mère Yolande de Coucy, fille de Raoul Ier, sire de Courcy.

Il y épousa : 1° Amice de Beaumortier, fille de Geoffroy de Beaumortier, seigneur d'Oudon ;

2° Mabille de Rohan, fille d'Alain V, vicomte de Rohan, et d'Aliénor de Porhoët. Elle reçut en partage, le 29 septembre 1251, la seigneurie de Guémené-Guégant, et celle de la Roche-Périou. Leur petit-fils, Thomas de Beaumer, sgr de Guémené, partisan de Charles de Blois, se vit, en 1354, enlever le château de Guémené par le roi d'Angleterre qui le donna à Roger David, capitaine anglais, marié à Jeanne de Rostrenen, veuve d'Alain, vicomte de Rohan.

Sa fille, Jeanne de Baumer, épousa Jean, sire de Longueval ; elle eut Guémené qu'elle vendit en 1377 au vicomte de Rohan.

(Extrait du portefeuille des Blancs-Manteaux de la bibliothèque nationale.)

estoit scellée du sceau en l'imprismé duquel avoit un homme d'armes à cheval d'une croix engrellée.

» Amprès quoy pour faire information du dict sceau, pour valloir aud. messire Jean, ce que estre devra, présenta ledict Forestier, etc., au dit nom, scavoir est Jouan Cremeur, Jean le Picart, Guillaume le Vesle et chacun, lesqueux et chacun en furent enquis et recordèrent par leurs serments qu'ils avoient autrefois veu en la cour et chastellenie, et faire information dudict sceau, et que l'en avoit trouvé que c'estoit le sceau dudit Beaumé. Item présenta Jean de Quermérien lequel recorda par son serment qu'il avait ouy dire que c'estoit le sceau dudict Beaumé. Item présenta Eon Roberd, lequel recorda par son serment qu'il vid autrefois apparoir une lettre en la cour de céans, laquelle estoit scellée d'un tiel sceau et que l'en disoit que c'estoit le sceau des prédécesseurs de Monsieur de la cour de céans, et Allain le Scanff qui est des juveigneurs porte en ses armes une croix engreslée.

» Pourquoy fut ceste présente relation délivrée aud. messire Jan pour luy valoir ce que estre debvra. Faict aux généraux pleds de Guermenec-Guégant le traiziesme jour de septembre, l'an mil quatre cents quatorze (1). »

## I.

ALAIN I$^{er}$ LE SCANFF, seigneur DU DRÉORTZ (en Priziac), celui-là même dont il est question dans l'acte ci-dessus, avait dès 1409 la partie de Paoul appelée seigneurie du Dréortz en Paoul.

Un aveu (original sur vélin) lui est rendu pour le manoir de Keriergars, en Paule, le 26$^{mé}$ aoust 1409 (arch. de la seig$^{ie}$ de Paule).

Un extrait généalogique, donné par l'auteur de la *Généalogie de Talhoët*, le dit fils d'autre N. le Scanff, s$^{gr}$ du Dréortz, et de N. de Montfort, et fixe sa mort à l'année 1424.

---

(1) Note sur les Beaumez ou Beaumer (voir p. 98).

C'est bien lui qui figure dans l'état de la maison du duc Jean V dressé par le duc de Bourgogne (son tuteur), le 13 janvier 1403 :

On y trouve : « Simon de Montbourchier (1) et Alain le » Scanff, escuiers d'escurie à servir par quartiers, et auront » bouche à cour, et chacun d'eux deux chevaux à livrées, et » VI l. X s. par mois (D. Morice, Pr. II, 737). »

Clémence de Lespervez, dame du Dréortz, qui fait une acquisition en Paule, au village de Kereffaut, le 20 mai 1435 (Inventaire des titres de la seig$^{ie}$ de Paule, du 20 octobre 1604), fut-elle la femme d'Alain I le Scanff ? C'est ce qu'il ne nous appartient pas d'affirmer. Les enfants connus d'Alain furent :

1º Charles qui suit ;

2º Henry le Scanff, frère juveigneur de Charles, se trouve de 1426 à 1428, parmi les gens d'armes et de trait, avec les Kermellec, les Angier, les Coëtquen, etc. En mai 1427, il est capitaine des archers du corps.

## II.

Messire CHARLES LE SCANFF, chevalier, s$^{gr}$ DU DRÉORTZ en Priziac, de Brécilien, et du Dréortz en Paoul, fut écuyer du duc de Bretagne Jean V, qui lui donna en récompense de ses services, par acte du 29 octobre 1423, les biens de Morice de Plusquellec (2) confisqués pour rébellion ; mais le 27 mai 1425, restitution en fut faite par le duc avec compensation donnée à Charles le Scanff. (Voyez les longues pièces à ce sujet dans D. Morice, Pr. II, p. 1144 et p. 1172.)

Ce seigneur du Dréortz et de Paule fut un personnage considérable : dans un compte de mai 1427, il figure parmi les chambellans du duc.

En 1430, il est capitaine de Vannes, se voit au nombre

---

(1) Simon de Montbourcher, s$^{gr}$ du Bordage, avait épousé, en 1392, Typhaine de Champaigné.

(2) Fils d'Alain de Plusquellec, chevalier, chambellan du duc, et de Marie de Launay.

des pensionnaires du duc, tous de haut parage (Pr. II, 1231). Il se trouve également dans des comptes de 1434, avec les seigneurs qui reçoivent des étrennes du duc, entre autres avec le sire de Rostrenen (Pr. II, 1261 et 1270).

Il acquit la partie de la seig$^{ie}$ de Paoul que possédait Jan Raguenel, vicomte de la Bellière, ainsi que l'apprend l'extrait suivant du précieux inventaire des titres de la seig$^{ie}$, en 1604 (1).

« Acquest que messire Charles le Scanff seigneur du Dréortz faict d'avecq Tristan de la Lande, procureur de noble et puissant Jan Raguenel, vicomte de la Bellière de, tout à f. le dit sieur vicomte pouvoict prétendre tant en domaines que autres biens, en la paroisse de Paule que plus à plain est raporté par ledit acte dapté du dixneufviesme de décembre l'an mil quatre centz vingt et neuf.

— Signé E. du Dresnay.

Ratification de messire Jan Raguenel, vicomte de la Bellière, de la vandiction faicte par escuier Tristan de la Lande des terres sizes en la paroisse de Paule à messire Charles le Scanff, dapté du deuxième jour de juillet l'an mil quatre centz et trante, signé Jan Raguenel. »

Le même inventaire nous indique encore : Procure auctroyée par le sieur vicomte de la Bellière (2) à escuier Tristan de la

---

(1) Archives de l'auteur. — Seigneurie de Paule.

(2) NOTE SUR LES RAGUENEL, VICOMTES DE LA BELLIÈRE.

Raguenel : *Écartelé d'argent et de sable, au lambel de l'un en l'autre* (sceau 1283) alias : *contrécartelé de la Bellière*.

Jan Raguenel, dont il est ici question, était descendant de Robert Raguenel, du combat des Trente. Il était fils aîné de Jan Raguenel, vicomte de la Bellière, et de Jeanne de Malestroit. Il recueillit tout l'héritage paternel, c'est-à-dire la Bellière, la Couppaye, Chateloger, etc. Il se prononça contre la trahison des Penthièvre en 1420, passa une nombreuse revue (Pr. II, 1009) et fut chambellan du duc (ib. 1067, 1084, 1223). Il assista aux États de Nantes en 1425, accompagna Arthur de Richemont quand il reçut l'épée de connétable à Clisson, en 1426, et fut fait prisonnier près du Mont-Saint-Michel, en 1427 (H. 1, 496, 495, 501). Il fut armé chevalier au siège de Saint-Célerin par le connétable de Richemont, en 1431. Il contracta alliance avec une Malestroit, mais ne laissa pas d'enfants et mourut le 25 novembre 1436 (Lob. II, 1039). D'après les dates, c'est bien lui qui, ayant pour mandataire Tristan de la Lande, vend, en 1429, la seig$^{ie}$ de Paule proprement dite à messire Charles le Scanff, déjà possesseur de partie de ce fief.

Lande (1) pour vendre terres aud. sieur apartenant dapté du vingt sixième jour de mars l'an mil quatre centz vingt et six, signé Jan d'Andigné. »

Les derniers titres (sur parchemin) où paraît messire Charles le Scanff, sgr du Dréortz et de Brécilien, sont de 1448, année où il mourut. Il avait épousé, d'après le manuscrit de la réformation de 1668 (v. article Boutier) JEANNE BOUTIER, fille de Jean Boutier, sgr de Châteaudacy, et d'Aliénor de la Jumelière, et petite-fille de noble écuyer Jean Boutier, sgr de Châteaudacy, et de Jeanne de Saint-Gilles.

BOUTIER : *D'hermines à 4 burelles de gueules* (Sceau 1200), *et gironné d'hermines et de gueules de six.* (Sceau 1370.)

Aliénor de la Jumelière était fille de noble et puissant Guillaume de la Jumelière, sgr de Martigné Briand, la Guerche et Blaison, et de Marquise de Blossac.

Devenue veuve, Jeanne Boutier épousa en secondes noces Jean de la Chataigneraie, sgr de Marzan.

De son mariage avec messire Charles le Scanff naquirent Alain qui suit,

Et Fleurine le Scanff qui fut la femme de Guillaume de

---

(1) NOTE SUR TRISTAN DE LA LANDE.

*D'azur à trois écussons d'argent, à la cotice brochante* (sceau 1365).

Tristan de la Lande est un grand personnage de l'époque. Il fut témoin, ainsi que dame Béatrix de la Lande, au Testament de Jeanne de France, duchesse de Bretagne, le 6 août 1406 (D. Morice, Pr. II, 775), puis au consentement donné par le duc au mariage de sa sœur avec le jeune vicomte de Rohan, 10 avril 1407 (D. Morice, Pr. II, 784). En 1418 et 1424, capitaine de Redon, il le fut ensuite de Nantes (Pr. II, 1166). En 1417, 1420, 1427 « grand maistre d'hostel » et gouverneur des finances. En 1420, dans la ligue des seigneurs pour le duc contre les Penthièvre figure Tristan de la Lande (ib. Pr. II, 1060). — Exécuteur testamentaire au testament de Richard de Bretagne, comte d'Etampes, en 1425 (ib. 1171). Grand maître d'hôtel, et l'un des commissaires nommés par le duc Jean V pour la réformation des finances de la justice, 23 janvier 1428. (D. Morice, Pr. II, 1217). Il figure aussi dans les étrennes de l'an 1428 (ib. 1224) parmi les pensionnaires du duc, en 1430 (ib. 1231) ainsi que messire Charles le Scanff, capitaine de Vannes. — Dans les comptes de 1434 à 1442, tous les deux figurent également (ib. 1270).

Tristan de la Lande, sgr de Guignen, épousa :

1. MARGUERITE DE BRUC, fille de Jean de Bruc, sgr de la Bouteveillaye, vice-chancelier de Bretagne, et de Lucie de Coëtlogon (du Paz, p. 91) et dont la sœur, Isabelle de Bruc, fut mariée par le duc de Bretagne avec Jean de Malestroit, sgr d'Oudon.

2. JEANNE DE TÉHILLAC, vers 1415 : les enfants issus de ce second mariage prirent le nom et les armes de Téhillac.

Saisy, s^gr de Kerampuil, lequel était fils aîné de Guillaume de Saisy, s^gr de Kerampuil, et de Méance de Trémédern.

(Voyez le P. le Laboureur, page XV des généalogies de l'*Histoire du maréchal de Guébriant*.)

### III.

ALAIN II LE SCANFF, s^gr DU DRÉORTZ, en Priziac, et de Brécilien, en Paule, eut pour curateur et garde noble, escuier Henry le Scanff, frère de Charles le Scanff, son père, ainsi qu'il est prouvé dans un acte « dapté du second jour de janvier, l'an mil quatre centz cinquante et six, relaté dans l'inventaire des titres du 20 octobre 1604. »

Un autre acte des archives de la seigneurie de Paule, apprend que dès 1450, Alain le Scanff avait pour femme THOMASE DE KERAUTEM.

DE KERAUTEM : *De gueules à trois fasces d'argent.* — Alias : *surmontées d'un lambel.* (Sceau 1421.) Paroisse de Carnoët.

Parmi les titres qui le concernent se trouve un compte original sur papier, de mai 1475, qui commence ainsi : « ceste
» le livre par lequel je Chrestien Corvest, receveur et officier
» de noble homme Alain le Scanff, seigneur du Dréortz, de
» Brécilien, et de Château d'Assis, des receptes et mises par
» luy faictes au nom de môd seigneur ez parrouesses de Paoul
» et Glomel en lad. seigneurie de Brécélien, dampuis le
» premier jour de may l'an mil quatre cent soixante et quinze
» jusques au premier jour de may dilecques ensuyvant ainsi
» compté pendant un an atier. »

Ce compte de la seigneurie de Brécilien comprend les rentes et redevances des villages de « Brécélyen, Kergroes, Kerloeguennic, Kergoasou, Kersac'h, Toulhalec, Chastellaouenan, Guerfuloc'h, Kerenep, Keranturcquet, Sant-Donoezon, Kerbrunet, Kerdezel, Stangandour, Lansalaün, Saint-Eloy, Kereffaut, Coëtfarigou, Kerduel, Botlan, le bourg de Paoul (sept tenues) Menez Brélivet, Kerlefvras. »

Tous ces villages qui forment une grande partie de la

paroisse de Paule, constituaient autrefois la seigneurie de Brécilien, et montrent qu'elle était importante.

A cette même date de 1475, est mentionné dans l'inventaire des titres :

« Contract faict par nobles homs Allain le Scanff seigneur
» du Dréortz, et missire Charles de Boutteville, recteur de
» l'église parochialle de Paul en son nom et stipulant pour
» ses paroissiens du dit Paul et fabricques de la chappelle de
» Monseigneur Saint-Siforien sise en lad$^{te}$ paroisse de Paul (1)
» par lequel est deub quinze soubz de rante par chacun an
» le lendemain du jour de la feste de monsieur Saint-Siforien
» à cause de ladite chappelle, et autres choses mentionnez
» aud. contract, dapté du vingt et quattri$^{me}$ jour d'aougst l'an
» mil quatre centz soixante et quinze.

« Signé Loys Fraval passe. (Cotté dans l'inventaire de 1664
» d. d. c.).

Je trouve encore pour Alain le Scanff : « acte de donnason
» faicte au sieur du Dréortz par noble homme Michel le
» Pennec (2), s$^{gr}$ de la Moignac et Kerdouro, ou nom et comme
» curateur de Ollivier de la Chataigneraye, pour certaines
» rantes deubs sur Kerlevras en Paul, dapté du dernier jour
» de juign, l'an 1478. »

Alain le Scanff mourut en 1488, ayant pour fils Jéhan le Scanff qui suit.

## IV.

JÉHAN LE SCANFF, seigneur DU DRÉORTZ et DE BRÉCILIEN, est dit expressément fils d'Alain le Scanff, dans un titre des

---

(1) Cette chapelle de Saint-Symphorien, tout près de Brécilien, n'existe plus : sa fontaine, qui était ornée d'un fronton monumental avec la statue du saint, est également démolie, comme dans ces contrées toutes choses le sont.

(2) Michel le Pennec fut maître d'hôtel de la duchesse de Bretagne, en 1480. Il était fils de Jean le Pennec, s$^{gr}$ de Kerdouro, et de Perrine de Bogat, et mari d'Aliette Guillart, celle-ci fille de Philippot Guillart et d'Anne de Carné (P. le Laboureur, p. 72).

Olivier de la Châtaigneraye était frère de mère d'Alain le Scanff, dont la mère, Jeanne Boutier, s'était remariée à Jean de la Châtaigneraye.

archives de Paule, du 20 juillet 1502. Ce fut sans doute lui qui fit alliance avec l'héritière des Vaux (p. de Dingé, évêché de Saint-Malo).

Il y a deux titres concernant Jéhan le Scanff. En 1498, il était remplacé par Gilles qui suit, son fils vraisemblablement.

DES VAUX :
Châtelains dud. lieu, par. de Dingé, év. de St-Malo.
*D'or à trois merlettes de sable.*
(Sceau 1302.)

## V.

GILLES LE SCANFF, seigneur DU DRÉORS, de Château d'Assis et de Brécellyen (qualifié ainsi dans les actes de 1498 et 1500), épousa, d'après les titres mêmes de la seigneurie de Paule, ANNE DU CORMIER. La date de la mort de Gilles est parfaitement déterminée dans l'aveu de Paoul au Roi, le 6 mai 1540 : « Les dites choses (y est-il dit) advenues au dit » le Scanff par succession de feu Gilles le Scanff, son père, » décédé neuf ans sont. » Il mourut donc en 1531, laissant d'Anne du Cormier qui lui survécut, Pierre qui suit :

## VI.

PIERRE LE SCANFF, fils de Gilles, est qualifié dans ce même aveu du 6 mai 1540, seigneur du Dréortz, du Pélinec, des Vaux et de Brécilien. Cet acte « est fait et gréé en la » maison du Dréortz, en la salle d'icelluy, le jeudy sixe jour » de may, mil-cinq-cent-quarante, ainsi signé Aleno, passe » et Louvel passe. » Et comme dans cet aveu, Pierre le Scanff « institue son procureur, Tristan le Scanff, son fils, avec pouvoir exprès quand à ce et à toutes autres choses, » etc., cela prouve que son mariage remontait à plus de vingt ans.

Il avait épousé JEANNE DU JUCH, fille de haut et puissant Hervé du Juch, sgr de Pratanroux, capitaine de Quimper, mort le 4 septembre 1501, et de Marie de Guernarpin qui mourut le 3 février 1539.

DU JUCH :
*D'azur au lion d'argent, armé et lampassé de gueules.*
(Sceau 1365.)

Devise :
LANON PAREILLE.

Jeanne du Juch était sœur de Raoul du Juch qui décéda en 1534, et dont la femme fut Jeanne de la Chapelle, fille d'honneur de la duchesse Anne, mariée en 1res noces, au château de Blois en présence de Louis XII et d'Anne de Bretagne, à Jean III sire de Rosmadec.

Noble chevalier Morice de Guernarpin, sgr de Liscuit (en Laniscat), était alors qualifié seigneur de Paule (1), et pour preuve voici le titre original que nous avons du 26e mai 1470 :

« En nostre cour à Callac, le comparant connait tenir à
» ligence et à foy sans aucun devoir de rachat, soûs la
» seigneurie de noble chevalier messire Maurice de Guer-
» narpin, seigneur de Liscuit, à cause de sa seigneurie de
» Paule, être homme et sujet du dit sgr de Liscuit, etc. »

Sa nièce et héritière, Marie de Guernarpin, fille de feu Jean de Guernarpin et de Jeanne Provost, fut mariée, le 11 mars 1481, à messire Hervé du Juch, sgr de Pratanroux, fils de feu Henry du Juch, chevalier sgr de Pratanroux, chambellan et conseiller du duc, et de Marguerite du Juch. Devenue belle-mère de Pierre le Scanff, sgr du Dréortz, elle fit passer à Jeanne, sa fille, cette seigneurie dite « de Liscuit en Paule » qui est toujours mentionnée dans les actes comme venant d'elle.

Nous trouvons dans l'inventaire de titres de 1604 : « Contract d'eschange entre nobles homs Pierre le Scanff, sgr du Dréortz, et noble et puissante dame Marie de Guernarpin, dame de Liscuitz, pour lequel led. seigneur du Dréortz a baillé à la dite damelle la pièce seigneurye et juridiction du Rouvray a luy apartenante estant soubz le franc reguere de Dol en la paroisse de Kerfantain, et en retour et récompense ladte damelle a baillé aud. seigneur du Dréortz touttes et chacune des pièces, héritaiges et rantes de quelque espèce que ce soict avecque toutte la juridiction court et seigneurye qu'il a et lui apartient en la paroisse de Paule, appelée le fief et juridiction de Liscuitz, tenu prochement soubz la court et

---

(1) Cette partie de la seigneurie de Paule possédée par les sgrs de Liscuit, se nommait seigneurie de Liscuit en Paule, comme celle possédée par les le Scanff se nommait seigneurie du Dréortz en Paule.

juridiction de Rostrenen, passé par la court de Moncontour dapté du dimanche vingt et neuf^me jour d'octobre, l'an mil cinq centz trante et six.

Signé G. le Forestier passe, G. de Gaudemond passe, et icelle cotté C. C. †. »

C'était trois ans avant la mort de la dame du Juch.

Parmi les titres originaux, citons : 1º un aveu du 19 avril 1534, du manoir de Keriergartz « par Mᵉ Pierre Jourdan, escuier, sʳ de Keriergartz, à cause de la seigneurie de Brécilien ; »

2º Une transaction sur procès, du 4 décembre 1537, pour Kerloguennic et Kereffaut que fait noble homme Pierre le Scanff, sgʳ du Dréortz, Pellinec, Château d'Assis et Bressilien ;

3º Aveu pour Kerouller, du 7 mai 1540, en la cour et seigneurie du Dréortz en ses juridictions de Paoul, sous noble homme Pierre le Scanff, sgʳ du Dréortz, de Brécillien, à cause des dites juridictions de Paoul ;

4º Un aveu du 6 mai 1540, pour Kergroas en Paoul, sur vélin, avec un sceau pendant portant la croix engreslée des le Scanff ;

5º Une déclaration passée le 10 avril 1538, et aveu du manoir de Keriergartz et dépendances par Mᵉ Maurice le Dimanach, sʳ de Keriergartz, sous ligence, à foy, sans devoir de rachat de noble homme Pierre le Scanff, sgʳ du Dréortz, à cause de la dite seigⁱᵉ de Brécellien « outre connoit le dit Dimanach tenir et qu'il tient ligement et à foy sans devoir de rachat sous le dit sʳ du Dréortz, et damoiselle Jehanne du Juch, sa compagne, à cause d'elle, à raison de la juridiction de Liscuit en la paroisse de Paoul, les héritages qui ensuivent au bourg de Paoul, à Keralliou, à Saint-Éloy, à Kerléran ;

6º Une transaction du 1ᵉʳ juin 1559, passée entre noble homme Pierre le Scanff, et Jeanne du Juch, sa compagne, sr et dame du Dréorz, au sujet de terres dépendantes de Kervoazou, annexées au lieu et manoir de Brécilien. L'acte se termine ainsi :

Ce fut fait et le gré pris en la salle du dit lieu du Dréortz en Prisac, le 1er jour de juin, l'an 1559, signé Pierre le Scanff.

En l'an 1527, Pierre le Scanff figurait au rang des plus considérables seigneurs de la contrée.

On le trouve dans la curatelle de Louis de Rohan, sire de Guémené, le 29 juillet 1527, « afin de créer et d'instituer
» pour garde et curatrice noble et puissante dame Marie de
» Rohan, mère du sire de Guémené, avec les autres membres
» du conseil de tutelle, les sires de Rieux, d'Harcourt, de
» Malestroit, de Laval sire de Châteaubriant, de Maure, du
» Chastel, de Guémadeuc; Charles du Quellénec, vicomte
» du Fou, tous proches parents; et les seigneurs du voi-
» sinage, qui sont : Pierre de Tinténiac, sgr de Quimerc'h;
» Louis de Bouteville, sgr du Faouët; Raoul du Juch, sgr de
» Peillac et de Pratanroux; Alain de Tyvarlen; Tristan de
» Carné; Alain de Guengat, capitaine de Brest; Pierre de
» Talhoët, sgr de Langueouez; Louis de Plœuc; Pierre le
» Scanff, sgr du Dréortz; Guyon de Talhoët, sgr de Crémenec;
» François Esmes, sgr de Kerservant, et plusieurs autres. »
(D. Morice, Pr. III, 972.)

Pierre le Scanff mourut en 1565 et eut pour successeur son fils aîné, Tristan, qui suit :

Pierre, frère juveigneur de Tristan, est seulement qualifié sgr de Kerloaguennic, et est dit y *demeurant*, dans des actes des 13 et 14 janvier 1588, où aveu lui est fait pour les villages de Keranturquet, Kervoazou, Kerdahel, Castellaouénan, Kerbrunec, Kersarc'h, Kerfuloc'h, Kerennep, Goazfarigou.

Il est encore question de lui dans un contrat de vente du manoir de Kerlévras, en Paule, consenti par noble homme Me Moricze le Dimanach, sr de Kerlévras, à escuier Pierre le Scanff, sr de Kerloaguennic, et y demeurant, le 11 juin 1590, « et fut faict et le gré prins aud. lieu et manoir de Kergloaguennic, en la salle haulte dud. lieu. Et signent Pierre le Scanff et M. Dymanach. » (Original sur papier). Je ne sais rien de plus sur Pierre le Scanff qui a dû rebâtir, en 1575, le manoir de Kerloguennic, suivant la date qui s'y trouve extérieurement. Il est probable qu'il périt dans les guerres de la Ligue.

Marie le Scanff, fille de Pierre le Scanff et de Jeanne du Juch, épousa en 1546 (suivant le manuscrit de la réformation de 1668), Guillaume Boutier, sr de Seven et de Launay-Blot, lequel était fils d'Olivier Boutier, sgr de Séven et de Launay-Blot, et de Marguerite de la Blanchardays (1) et petit-fils de Guillaume Boutier, sr de Launay-Blot, et de Jeanne de Rouvray ; lequel Guillaume était frère de Jeanne Boutier, femme, comme il est dit plus haut, de messire Charles le Scanff, sgr du Dréortz et de Brécillien.

Du mariage de Marie le Scanff avec Guillaume Boutier naquit :

Haut et puissant Gilles Boutier, sgr de Chateaudacy, Launay-Blot, la Grimaudais, Chateaufort, capitaine de cent hommes d'armes, gouverneur de Corbeil, qui épousa Claude de Villetout. (Extrait de l'arrêt du 24e août 1669.)

## VII.

TRISTAN LE SCANFF, seigneur DU DRÉORTZ, Pélinec, Brécilien, ainsi qualifié dans des actes des 3 mars 1567, et 29 janvier 1570, épousa CLAUDINE DE GUER, fille de Charles Ier de Guer, sgr de la Porteneuve (en Riec), et de Françoise de Kervégant, dame de Kervichart, sa seconde femme. — Claudine de Guer avait pour frères : Charles II de Guer, seigneur de la Porteneuve, époux en 1545 de Marie de

DE GUER : *D'azur à sept macles d'or, 3, 3, 1, qui est le Sénéchal ; au franc canton d'argent, fretté de huit pièces de gueules.*

Devise : SINE MACULIS.

---

(1) Marguerite de la Blanchardays, fille de Girard Blanchard, sr de la Richardière, et de Marie de la Touche (man. de la réformation).

Rosmadec, et Yvon de Guer, marié à Catherine de Quélen, le 1er février 1570.

Tristan le Scanff était mort au commencement de l'année 1577, d'après un aveu du 29e avril 1577, fait à son fils aîné et successeur, Yves le Scanff, qui suivra.

## VIII.

YVES LE SCANFF, sgr DU DRÉORTZ, Pellinec, Brécellien, etc., dès 1577, comme nous l'avons vu, succédait à son père. Il mourut en octobre 1591, probablement victime des guerres qui bouleversaient alors la Bretagne. On ignore son alliance, mais toujours mourut-il sans hoirs, ainsi que le disent formellement les titres.

Françoise le Scanff, sa sœur aînée, lui succéda. Il avait sans doute pour autre sœur, damoiselle Catherine le Scanff, appelée dans l'inventaire des titres de la seigneurie de Paule, la dame de Morgant, qui y figure en 1571 et 1576, pour les appartenances en la paroisse de Paule (Coëtescanff, Kergroix, Botlan, etc.).

## IX.

DE TALHOËT-KERSERVANT:
*D'argent à trois pommes de pin versées de gueules, au lambel de trois pièces.*

FRANÇOISE LE SCANFF devint l'héritière principale et noble de son frère, Yves le Scanff. Elle avait épousé (probablement vers 1564), messire Jean de Talhoët-Kerservant, sgr de Kerservant et de Crémenec où il demeurait, et dont les armes ci-contre se trouvent dans le grand vitrail de la chapelle Sainte-Barbe, proche de Crémenec, et les personnages de sa famille représentés comme bienfaiteurs (1). Il était fils ou petit-fils de Jan de Talhoët et de Marguerite de Malestroit (2).

---

(1) C'est à tort que dans l'*Armorial* de M. de Courcy on les met : d'or au chef de sable.

(2) Celle-ci était fille de Jean de Malestroit, sgr de Kaër, et de Catherine de Rohan.

(Voir *Généalogie de la maison de Talhoët*, p. 359 et suivantes.)

Jean de Talhoët-Kerservant prit part aux premières campagnes des guerres de la Ligue, entre autres, au siège de Pont-l'Abbé, en 1589, et mourut en 1591, victime aussi sans doute des guerres qui désolaient le pays.

Il eut pour fils et successeur :

## X.

NICOLAS DE TALHOET-KERSERVANT, sgr DE KERSERVANT, du Dréortz, de Crémenec, de Paule, chevalier de l'ordre du Roy, gentilhomme ordinaire de sa chambre, capitaine du ban et arrière-ban de la noblesse de l'Évesché de Cornouaille, dans un aveu de déclaration fourni au Roi sous la court et juridiction de Kerahes (du 1er octobre 1601). Il y est dit que la seigneurie de Paule lui est échue et advenue « de la succession collatérale par le décès de
» deffunct messire Yves le Scanff, vivant seigneur de Paulle,
» et par représentation de deffuncte dame Françoise le
» Scanff, vivante sœur aisnée du dit Yves, et mère du dit
» de Talhoët, le debcès du dit Yves advenu sans hoirs procréés
» de son corps, aud. mois d'octobre, mil cinq centz quatre
» vingt unze (1). »

Nicolas de Talhoët prit comme son père une part importante aux guerres de la Ligue en Bretagne, et figura, à partir de 1594, parmi les capitaines du parti royaliste.

La Fontenelle s'empara de son château de Crémenec (2) (en Priziac) qui lui servit de repaire. C'est là, et aussi à l'abbaye de Langonnet, proche de là, et dont il s'était également emparé, qu'il amenait son butin et les prisonniers qu'il retenait jusqu'au paiement de rançons énormes, et qui sortaient des cachots de Crémenec, semblables à des spectres.

Kerservant (c'est ainsi que le chanoine Moreau désigne toujours Nicolas de Talhoët) ayant été nommé gouverneur du

---

(1) Archives de la seigneurie de Paule.

(2) Ce château était situé au bord de l'Ellé, non loin de Sainte-Barbe-du-Faouët.

château de Pont-l'Abbé, le fortifia et en fit un point d'appui pour soutenir Lézonnet et le maréchal d'Aumont dans leurs opérations contre Quimper. Cette ville tomba enfin, et sa reddition fut le signal d'une pacification générale, dont chacun tira profit. Kerservant eut pour sa part le collier de l'ordre du Roi, et un titre de gentilhomme ordinaire de sa chambre, mais peu s'en fallut qu'une vengeance privée ne terminât ses jours d'une façon sanglante. C'était, dit le chanoine Moreau, vers la huitaine du sacre (1595); Kerservant tenait encore le poste de capitaine du château de Pont-l'Abbé, quand un gentilhomme nommé Rolland du Guermeur, s$^r$ de Coroarch, tenta de l'y surprendre par vengeance, car il avait pour femme la jeune héritière de Roscanou (1) (en Gouézec) qui n'avait pas plus de 15 à 16 ans, et qui s'amourachait de Kerservant au vu et au su de tout le monde.

Coroarch n'ayant pas réussi dans une première tentative, et Kerservant s'étant retiré par la suite au château du Pont-l'Abbé, son ennemi réunit vingt cinq complices : la bande se présenta aux portes, sous figures de paysans chargés de bois, mais il se trouva qu'à ce moment Kerservant se promenait sur le pont et fut heurté par un de ces prétendus paysans qu'il voulut arrêter, et qui, ne sachant se contenir, tira au capitaine un coup de pistolet, qui ne fit que le blesser légèrement.

Ce fut assez pour faire manquer l'entreprise :

Le premier conjuré, celui qui avait tiré inconsidérément, fut tué dans un créneau par où il voulait se jeter à la douve; un autre fut mis à rançon de deux ou trois cents écus, quelques-uns même furent pendus.

Kerservant s'empara de Coroarc'h qui, après un long séjour dans les prisons de Rennes, fut condamné à trois années de service au Roi.

---

(1) Elle seule, ainsi que Claude de Kerlech du Chastel, femme de Robert de Kerlech, baron du Chastel, avaient échappé au terrible massacre de Roscanou dont nous avons parlé ailleurs (septembre 1590).

Nicolas de Talhoët eut trois femmes.

La première, celle qui est désignée comme dame de la Coudraye en Tréméoc, s'appelait Béatrix de Launay.

Elle avait été baptisée en grande pompe (1) à la cathédrale de Saint-Malo le 8 septembre 1569. L'acte baptistaire fait connaître qu'elle était fille « de messire Jacques de Launay, » capitaine et lieutenant pour le roy nostre sire en ceste ville » de Saint-Malo, et de dame Guillemette Bauld, sa compaigne, » sieur et dame de Tallevert : (2) » Elle avait eu pour parrain « Révérend Père en Dieu monseigneur monsieur Charles » d'Espinay, évesque de Dol, et fut principale commère » Béatrix de Jonchères, dame de Châteauneuff. »

DE LAUNAY : *D'argent au chevron engreslé de sable.*

M. de Launay commandait en l'absence et au nom de Georges de Bueil, seigneur de Bouillé, capitaine de cinquante hommes d'armes, lieutenant général pour le roi en Bretagne, et gouverneur de Saint-Malo : celui-ci avait épousé Louise de Launay, nièce de son lieutenant. D'après les mémoires manuscrits de Frotet de la Landelle, Béatrix aurait été son unique héritière, de telle sorte qu'elle aurait réuni sur sa tête, avec la fortune de son père, celle de M. de Bouillé. Ce qui est certain, c'est qu'elle avait perdu ses parents bien avant sa majorité et qu'elle était fort riche.

Honorat de Bueil, comte de Fontaines, neveu et successeur de l'ancien lieutenant général, jugea bon de conserver tous ses beaux biens dans sa maison et maria Béatrix de Launay, par contrat du 30 décembre 1585, à son second fils Georges de Bueil, seigneur de Bouillé, qui n'était encore qu'un enfant (3). Sur les entrefaites, le jeune époux, âgé de qua-

---

(1) Registres des baptêmes, 1565-1570, f° 134 (Archives communales de Saint-Malo). On remarquera que dans l'acte baptistaire le père de Béatrix est appelé « Jacques. » C'est aussi sous ce prénom qu'il est désigné dans d'autres actes de la même époque.

(2) Les Launay étaient aussi s[grs] de Guerngelin, en Languidic, de Pontsal, en Plougoumelen, de Bézidel, en Brech, de Keronic, en Pluvigner.

(3) Dans ce contrat, c'est Honorat de Bueil, comte de Fontaines, qui stipule en son nom, comme s'il épousait lui-même Béatrix de Launay, ainsi que nous l'avons

torze ans au plus, mourut de la petite vérole, le 14 avril 1588, et sa veuve resta en tutelle chez le comte de Fontaines jusqu'à la mort de celui-ci, qui fut tué lors de la prise du château par les Malouins, dans la nuit du 11 au 12 mars 1590.

Six mois après, elle épousa Nicolas de Talhoët. Voici, à la date du dimanche 2 septembre 1590, l'énoncé de la troisième publication : « Noble et puissant Nicolas de Talhouet, s$^{gr}$ de
» Crémenec, des Bois, des Vaux, etc. et noble et puissante
» Béatrix de Launay, dame de Guergelin et de Pontsal,
» douairière de Bouillé (1). »

Par l'étendue nouvelle de ses biens, comme par le rôle qu'il avait joué dans la guerre civile, et les distinctions données en récompense par le Roi, Nicolas de Talhoët devint l'un des seigneurs les plus considérables du pays. Dès l'année 1604, il a le titre de capitaine du ban et de l'arrière-ban de la noblesse de Cornouailles, et il le portait encore en 1624.

Le nom de la seconde femme manque ici, mais la troisième a une étrange histoire : elle s'appelait MARGUERITE DE LA RIVIÈRE, fille de François, s$^{gr}$ de Champlemy, lieutenant général pour le Roi en Nivernais, capitaine de 50 hommes d'armes, chevalier de l'ordre du Roi et gentilhomme de sa chambre, et d'Anne de Vettegen.

Mariée à M. de Kerservant, fort âgé et valétudinaire, elle fit bientôt déclarer le mariage nul par l'official de Vannes,

---

constaté nous-même à la bibl. nationale. Mais en réalité, il traitait pour son fils cadet. Le mariage de ce dernier avec l'héritière de Launay n'est pas contestable : dans son acte de sépulture, on lui donne un titre seigneurial qu'il ne pouvait tenir que de sa jeune femme : « monsieur de Talvert, fils de monsieur de Fontaines. » (Arch. comm. de Saint-Malo, registre des sépultures de 1588-1594, f° 7.) Le comte de Fontaines n'était pas veuf en 1585, et sa femme, Anne de Bouillé, mère de ses trois enfants, lui a survécu : elle vivait encore en 1599, ayant perdu un fils aîné mort peu de temps après son père et n'ayant plus qu'une fille, M$^{me}$ de Bellegarde, qui mourut sans enfants.

Le comte de Fontaines avait un frère cadet, Louis de Bueil, s$^{gr}$ de Racan, maréchal de camp, gouverneur du Croisic, dont le fils Honorat, marquis de Racan, est devenu un poète célèbre. (Communications de M. Saulnier.)

(1) Archives communales de Saint-Malo, 1$^{er}$ registre des mariages, f° 82. Il est à noter que dans ce document Béatrix de Launay est qualifiée *douairière de Bouillé*, ce qui confirme le fait de son premier mariage avec le fils cadet d'Honorat de Bueil.

et convola en secondes noces avec Nicolas de Talhoët, propre fils de M. de Kerservant et de Béatrix de Launay. Aussi peu heureux que le premier, ce mariage fut encore déclaré nul par sentence contradictoire de l'official d'Angers, après qu'un rescrit de la cour de Rome, en date du 31 janvier 1630, eut permis aux parties de se remarier. Une longue procédure à ce sujet durait encore en septembre 1638, et se termina par la confirmation de la sentence de dissolution, et quelques années plus tard, les deux époux se remarièrent chacun de son côté.

Marguerite de la Rivière épousa, en 1645, à l'église Saint-Eustache de Paris, M. de Mailly, de la branche de l'Espine, qui fut assassiné à Doullens. La légitimité du fils qu'elle en avait eu fut longtemps contestée par la maison de Mailly (1).

Des trois femmes de M. de Kerservant, Béatrix de Launay seule lui donna un fils et une fille.

La seigneurie du Dréortz et celle de Paule, toutes deux si longtemps unies, se séparent à Nicolas II de Talhoët qui donna cette dernière en partage à sa sœur, le 20 octobre 1604. Nous reportons donc en note (2) la suite des seigneurs du Dréortz, et nous continuons celle des seigneurs de Paule.

---

(1) Tout l'article Béatrix de Launay, avec ses notes correspondantes, est dû à l'érudition inépuisable de monsieur F. Saulnier, conseiller à la Cour d'appel de Rennes, qui a bien voulu nous le communiquer. Ce qui concerne Nicolas de Talhoët est en grande partie pris dans la *Généalogie de Talhoët*.

(2) CONTINUATION DES S$^{grs}$ DU DRÉORTZ, EN PRIZIAC.

Nicolas de Talhoët, second du nom, chevalier de l'ordre du Roi, s$^r$ de Kerservant, du Dréortz, de Crémenec, Pontsal, Belair, etc., ne laissa pas d'enfant de ses deux femmes, Marguerite de la Rivière, et Nicole de Cosnoal qu'il épousa le 3 février 1650. Dernier représentant du nom de Talhoët-Kerservant, il fut l'un des grands bienfaiteurs du sanctuaire célèbre de Sainte-Anne d'Auray. Le 14 octobre 1631, il avait fait don à cette église, et aux Carmes qui la desservaient, de la partie de la terre de Kerama, paroisse de Pluneret, qui lui venait de Béatrix de Launay, sa mère.

Hélène de Talhoët-Kerservant, sa sœur, devint la seule héritière de la fortune fort considérable de ses père et mère. Elle avait épousé, le 28 novembre 1620, Henri de Volvire, chevalier, comte du Bois de la Roche, conseiller du Roi en ses conseils d'État et privés, capitaine de cinquante hommes d'armes de ses ordonnances, maréchal de camp, lieut$^t$ gén$^{al}$ en Bretagne et chevalier des ordres du Roi, fils de Philippe de

## XI.

MARIE DE TALHOËT, fille de Jean de Talhoët-Kerservant et de Françoise Le Scanff, fut partagée par son frère, NICOLAS DE TALHOËT, et reçut de lui, le 20 octobre 1604, pour sa part les terres de Grandbois, Brécilien et Paule, et autres héritages.

Elle avait épousé messire JACQUES DU GOURVINEC, s$^{gr}$ du Bézit (en Saint-Nolff), fils de Guy du Gourvinec, s$^{gr}$ du Bézit, et d'Isabeau de Callac. Elle fut partagée avant l'année 1502, suivant l'acte suivant des archives de la seigneurie de Paule :

« Comme ainsin soict que par acte du second de janvier
» 1602, porté par la cour de Hennebond entre messire
» Nicolas de Talhoët, s$^{gr}$ de Kerservant, de Crémenec, du
» Dréorz, etc., d'une part, et messire Jacques du Gourvinec
» et damoiselle Marie de Talhoët, sa femme, s$^r$ et dame du
» Bezit, etc., le dit s$^r$ de Kerservant auroit baillé en partage
» à la dite Marie de Talhoët, sa sœur, pour son droict
» naturel et légitime portion ès successions paternelle et

---

Volvire, s$^{gr}$ du Bois de la Roche, et d'Anne de Daillon du Lude. Il mourut le 8 octobre 1645, et Hélène de Talhoët mourut en juillet 1663, d'où trois fils et plusieurs filles : Charles, comte du Bois de la Roche, l'aîné, époux d'Anne de Cadillac, n'eut pas le Dréortz en partage. Ce fut son frère puîné, Hyacinthe de Volvire, qui fut possesseur des seigneuries du Dréortz, de Crémenec, de Pellinec, de Keroual et autres dépendances de la succession de Talhoët-Kerservant. Marié en 1665 avec Marie-Ursule Le Rouge, il n'en eut pas d'enfants, et mourut en 1680 au Dréortz. Il fut inhumé dans l'église de Priziac.

Joseph de Volvire, marquis du Bois de la Roche, fils aîné de Charles de Volvire, recueillit tout l'héritage dont le dénombrement fut fait le 13 décembre 1683 ; mais le 14 août 1684 il vendit le tout à messire René de Lopriac, conseiller au parlement de Bretagne, marquis de Coëtmadeuc. Celui-ci mourut le 4 décembre 1707, ayant eu plusieurs enfants d'Hélène Romieu, sa 1$^{re}$ femme (1).

Son fils aîné, René, qui fut conseiller au parlement de Bretagne, épousa Hiéronyme-Judith Rogon qui plaida longtemps contre lui pour le faire interdire.

Il mourut en 1734, laissant un fils, Guy-Marie de Lopriac, comte de Donges, qui décéda le 19 juillet 1764, marié à Marie-Louise de la Rochefoucauld de Roye, et

(1) René de Lopriac s'est marié trois fois. Hélène Romieu, riche de plus de huit cent mille livres, qu'il avait épousé en 1645, décédée à Rennes en 1675 ; Marguerite de Langourla, veuve de Guy de Visdelou, s$^{gr}$ du Hilguy, morte en 1695, et Jeanne-Françoise de Sauvaget, veuve de Louis Hubert de Lasse, qui lui a survécu, ont été ses femmes.

(Comm. de M. Fr. Saulnier.)

» maternelle de deffunct messire Jean de Talhoët et dame
» Françoise Le Scanff, leurs père et mère communs, à la
» raison d'un tiers pour le paternel, et une neuffiesme partie
» seulement de la maternelle; pour ce que le dit sgr de
» Kerservant auroit succédé collatéralement à deffuntz Marc
» et Claude de Talhoët, leurs frères germains, décédez après
» la dite le Scanff, leur mère et leur dict père. »

Marie de Talhoët mourut en 1631, et la seigneurie de Paule advint à son fils aîné qui suit :

## XII.

Messire MARC DU GOURVINEC, sgr DU BÉZIT, DE PAULE, etc., fils aîné et démissionnaire de Jacques du Gourvinec, sgr du Bézit, Kerdavy, la Houlle, Kergoff, et héritier principal et noble de défunte dame Marie de Talhoët, sa

---

laissant pour héritiers une fille, la marquise de Kerhoënt, et un arrière-petit-fils, Anne-Marie de Montmorency, âgé de vingt-deux mois (1).

Félicité de Lopriac de Donges, dame du Dréortz, de Crémenec, Kermain, etc., avait épousé, le 15 juin 1752, Louis-Joseph, marquis de Kerhoënt, fils de Louis-René, chevalier, sgr de Locmaria, et de Marie-Thérèse de Cameru.

Elle mourut sans postérité, sur l'échafaud révolutionnaire, à l'âge de 58 ans, le 8 thermidor, an II, 26 juillet 1794.

Le marquis de Coislin, l'un de ses héritiers paternels, eut par partage du 25 mai 1809 pour sa part de l'héritage de sa tante, les terres du Dréortz et de Crémenec, avec leurs dépendances, qu'il a transmises à son héritier, M. le vicomte de Soussay.

Le château du Dréortz est en ruines; il est situé très près de l'abbaye de Langonnet, qu'il domine au sud-est. Un grand corps de logis, tout couvert de lierre, avec une demi-tour au milieu, renfermant l'escalier de granit que l'on peut monter encore, et dont la tourelle devait s'élever très haut; de grandes salles et vastes chambres avec d'immenses cheminées, des fenêtres de forme particulière au rez-de-chaussée, et très vastes aussi au premier étage, mais privées de leurs croisillons de pierre, et presque cachées dans le lierre épais; des bâtiments de service, aujourd'hui à usage de ferme, cernant la cour de deux côtés; au bas de cette cour, un très grand colombier d'un côté, une chapelle en ruines de l'autre, voilà ce qui reste du Dréortz, demeure ordinaire de Nicolas de Talhoët et de ses prédécesseurs, disent tous les aveux. Le Dréortz a été, comme Crémenec et l'abbaye de Langonnet, occupé et ravagé par le bandit la Fontenelle. Il a aussi servi d'abri au marquis de Pontcallec, traqué par les dragons de Montesquiou.

(1) Cet enfant, né en Saint-Sulpice de Paris le 17 septembre 1762, était fils d'Anne-Léon de Montmorency, marquis de Fosseuse, et de Marie-Judith de Champagne, décédé le 23 mai 1763. Celle-ci avait eu pour mère Bonne-Judith de Lopriac, fille de Guy-Marie, mariée, le 27 novembre 1737, à Louis Hubert de Villaines, comte de Champagne, et décédée à Paris le 14 juin 1748.

(Notes de M. Fr. Saulnier.)

mère, dame des dits lieux de Brécilien, Kerloguennic, et du
Dréortz, en Paule, « séjournant le plus ordinairement à son
château du Bézit (paroisse de Saint-Nolff, évêché de Vannes), »
dit la déclaration du 4 décembre 1631, fut seigneur de Paule
jusque vers 1644, c'est-à-dire une douzaine d'années environ,
et vendit ses biens de Paule à son cousin germain, messire
Christophe Budes, s$^{gr}$ du Tertrejouan, conseiller et garde des
sceaux au parlement de Bretagne, fils de messire Jean Budes,
chevalier, s$^{gr}$ du Tertrejouan, et de Louise du Gourvinec
(sœur de Jacques); mais celui-ci, pour équilibrer le partage
de sa sœur, Marie Budes, femme de messire Gilles Jégou,
s$^{gr}$ de Kervillio (en Saint-Gilles-Pligeaux), et de Kerjan (en
Paule et Trégornan), lui passa sa seigneurie de Paule.

## XIII.

Messire GILLES JÉGOU, chevalier, s$^{gr}$ DE KERVILLIO,
SAINT-GILLES-PLIGEAUX, KERJAN et PAOUL, faisait sa plus
continuelle résidence au manoir de Kerloguennic, paroisse
de « Paule », d'après un titre du 16 octobre 1644 (arch. de
la seig$^{ie}$ de Paule). Un procès-verbal de prisage entre messire
Marc du Gourvinec, s$^{gr}$ du Bézit, Julienne du Gourvinec, et
autres leurs consorts, commencé le 27 octobre, et conclu le
18 décembre 1649, montre que des difficultés existaient encore
entre lui et les nouveaux seigneurs de Paule. Gilles Jégou
de Kervillio fait faire expertise de ses améliorations et cons-
tructions à Kerloguennic, et bientôt, sans contestations, tous
tombent d'accord. Peu après, Gilles ajouta aux seigneuries de
Paule et de Kerjan, celles de Mezle-Carhaix, de Glomel et
Moëllou, le 29 novembre 1652, et il fit dès lors du château
de Glomel sa principale résidence, laissant celle de Kerloguennic à son second fils, René Jégou, intitulé seigneur de
Paule, mais qui en réalité n'a pas possédé cette seigneurie.
Nous le trouvons dans les derniers jours de novembre 1670,
figurant au procès-verbal de la prise de possession de la
baronnie de Rostrenen, par Florimonde de Keradreux, dame

de Lantivy du Coscro. Dans la visite de celle-ci à Paule, à l'entrée de l'église, il lui fut fait opposition de la part « de
» messire René Jégou, chevalier, s$^{gr}$ de Paule, aiant charge
» et faisant pour messire Gilles Jégou, chevalier, s$^{gr}$ de
» Kervillio, son père, et aussi de la part de missire Gilles
» Reul, prestre, recteur de la dite paroisse de Paule, qui
» déclara que depuis 27 ans qu'il est recteur, il n'a reconnu
» autre seigneur supérieur ni fondateur en la dite église que
» le dit s$^{gr}$ de Kervillio, pour lequel il a toujours fait les
» prières nominales, et aussi avoir entendu dire à deffunt
» missire Allain Bozec, précédent recteur de la dite paroisse,
» et aux anciens habitants d'icelle qu'ils n'avaient pareillement
» reconnu que le dit s$^{gr}$ de Kervillio, et les s$^{grs}$ du Bézy
» (Gourvinec), précédents propriétaires de la terre et sei-
» gneurie de Paule, en laquelle la dite église est située, pour
» seigneurs fondateurs et supérieurs d'icelle. »

Un acte du 7 mai 1673, où Gilles Jégou de Kervillio, en homme très soucieux de ses droits féodaux, se fait faire l'aveu d'une chef rente qui lui est due comme seigneur de Paule, sur la chapelle de Saint-Symphorien, et deux foires l'an, l'une le jour de la feste de Saint-Marc, au mois d'avril, et l'autre le jour de la feste de Saint-Symphorien, au mois d'août, est reporté aux pièces complémentaires.

RENÉ JÉGOU, appelé s$^{gr}$ de Paule, résida à Kerloguennic depuis son mariage qui eut lieu le 20 décembre 1662, avec FRANÇOISE-AUGUSTINE DE SAINT-NOAY, jusqu'en 1678, époque où cette dernière hérita du château de Trégarantec (en Mellionec), qui devint alors leur habitation.

Gilles, son père, était mort le 29 mai 1676.

## XIV.

Messire CLAUDE JÉGOU DE KERVILLIO, vicomte DE KERJAN, président aux enquêtes au parlement de Bretagne, son fils aîné, fut s$^{gr}$ de Paule, Kerjan, Mezle, Glomel et Moëllou jusqu'en 1678, année de sa mort.

## XV.

FRANÇOISE-PÉTRONILLE (ou PERRONNELLE) JÉGOU DE KERVILLIO, dame de Paule, de Kerjan, de Mezle, Glomel, Moëllou, fille unique de Claude, née à Rennes, le 5 mars 1661, du premier mariage de celui-ci avec Marie Barrin du Boisgeffroy, épousa, le 19 juin 1680, à Rennes, haut et puissant HENRI-FRANÇOIS DE ROUGÉ, marquis du Plessix-Bellière, fils de haut et puissant Jacques de Rougé, marquis du Plessix-Bellière, lieutenant général des armées du Roi, et de Susanne de Bruc. Il mourut à Suze en 1692. Sa femme mourut à Paris le 16 juillet 1728. Son fils, Jean-Gilles de Rougé, marquis du Plessix-Bellière, marié le 23 février 1705, à Lignol, à Florimonde-Renée de Lantivy, baronne de Rostrenen, colonel du régiment d'Angoumois, était mort en 1707, au siège de Sarragosse, et ce fut leur fils, Louis de Rougé, qui succéda à sa grand'mère, la marquise de Rougé.

## XVI.

LOUIS DE ROUGÉ, marquis DU PLESSIX-BELLIÈRE, fils de Jean-Gilles et de Florimonde-Renée de Lantivy, avait épousé, le 21 janvier 1722, MARIE-THÉRÈSE D'ALBERT DE CHAULNES, fille de Louis-Auguste d'Albert d'Ailly, duc de Chaulnes, pair et maréchal de France, chevalier des ordres du Roi, et de Marie-Anne-Romaine de Beaumanoir de Lavardin. Il mourut le 24 juin 1732, et eut pour successeur dans la seigneurie de Paule, comme dans ses autres biens, son fils qui suit :

## XVII.

CHARLES-MARIE DE ROUGÉ mourut en bas âge, en 1735. Quelques actes de la seigneurie de Paule sont passés en son nom, sous la tutelle de Marie-Thérèse d'Albert de Chaulnes, sa mère.

## XVIII.

CATHERINE-INNOCENTE DE ROUGÉ, sœur de Louis de Rougé, et fille comme lui de Jean-Gilles et de Florimonde de Lantivy, hérita de son neveu, et recueillit les seigneuries de Paule, Kerjan, Mezle, Glomel, etc., et à la mort de sa mère, en 1748, elle devint baronne de Rostrenen. Mariée 1º, le 2 mai 1629, à JEAN SÉBASTIEN DE KERHOENT, marquis de Coëtanfao, 2º, en juin 1747, à Son Altesse EMMANUEL-MAURICE DE LORRAINE, duc d'Elbeuf, pair de France, elle mourut sans enfant, à Paris, en 1793, après avoir vendu sa baronnie de Rostrenen et les seigneuries de Paule, Kerjan, Glomel, Mezle, etc., d'abord à monseigneur Jules-Hercule, prince de Rohan-Guémené, duc de Montbazon qui, dans des titres des 11, 21 mars, et 3 novembre 1781, est qualifié entre autres s$^{gr}$ de Paule, puis, par retrait, cette seigneurie comme tout le reste de la baronnie de Rostrenen, fut revendue en 1785, à messire Claude-François de Gicquel, marquis du Nédo, fils aîné de François de Gicquel, s$^{gr}$ du Nédo, et de Élisabeth-Maclovie Le Meilleur, né à Vannes le 1$^{er}$ novembre 1721.

*DE ROUGÉ : De gueules à la croix pattée d'argent.*

Il prit possession, par intermédiaire, de la seigneurie de Paule et de tout le reste, le 10 août 1785.

Il émigra le 2 juillet 1793, et ses biens furent vendus nationalement. Il était mort à l'époque où s'effectua la répartition du milliard d'indemnité accordé aux émigrés.

La part qui lui revint dans la liquidation fut recueillie par l'ayant droit, Maxime-Pierre-Luc du Bouexic de Guichen (1),

---

(1) Maxime-Pierre-Luc du Bouexic de Guichen, fils de haut et puissant seigneur messire Agathon-Luc-François du Bouexic de Guichen, lieutenant des vaisseaux du Roi, chevalier de Saint-Louis, et h$^{te}$ et p$^{te}$ dame Lucie-Françoise de Calloët de Trégomar, né en Saint-Georges de Rennes le 2 juillet 1788, et solennellement nommé dans la chapelle du château de Lizandré, en Plouha, le 25 septembre suivant, devint chef d'escadron et chevalier de Saint-Louis : il mourut à Paris le 5 septembre 1863.

Ses parents s'étaient mariés à Plouha le 2 mai 1786 : sa mère, née le 8 novembre 1761, était fille de messire Pierre-François-Saint-Guillaume-Esprit-Bazile de Calloët, chevalier, seigneur baron de Trégomar, et de Marie-Julie-Perrine Gicquel du Nédo, mariés en Saint-Pierre de Vannes le 5 mars 1753.   (Note de M. F. Saulnier.)

petit-fils de Marie-Julie-Perrine de Gicquel, dame de Calloët de Trégommar, et sœur du marquis du Nédo, née à Vannes le 9 septembre 1728.

Il vendit à Emmanuel-Joseph, comte de Saisy de Kerampuil, ce qui lui restait de droits dans les biens de la duchesse d'Elbeuf; c'est ainsi que les archives sauvées de la dévastation révolutionnaire sont arrivées en nos mains, et que nous avons essayé de rassembler ce qui s'y trouvait d'important sur le passé de la région.

## AVEU ET DÉCLARATION POUR LA CHAPELLE DE SAINT-SYMPHORIEN (7 Mai 1673).

Devant nous, notaires de la cour et juridiction de Paoul, a comparu en personne François Le Boulch, fabrique et marguillier de la chapelle de Sainct-Symphorien, en la paroisse de Paoul, y demeurant au village de Coatulez, lequel appres avoir en lad. qualité esté signiffié de la part du seigneur de Kervillio et de cette cour le premier jour du mois d'avril dernier pour luy faire la foy et hommage et fournir adveu et déclaration de ladicte chapelle de Sainct-Symphorien et des droicts en despendants, en ayant le trantiesme dud. mois faict faire par le sieur recteur de lad. paroisse de Paoul remontrance à ses parroissiens pour advoüer ou contester lad. seigneurie et adveu que ledict seigneur de Kervillio prétend luy estre deübs sur lad. chapelle et despendauces, lesdicts parroissiens au prosne de la grande messe dicte et célébrée led. jour en l'esglise parroissialle dud. Paoul ont d'une mesme voix et commun consentement dict et unanimement déclaré que ledict. seigneur de Kervillio pour cause de sa seigneurie et jurisdiction de Paulle est seigneur foncier de lad. chapelle de Sainct-Symphorien et despendances; suivant laquelle déclaration du général de ladicte paroisse de Paoul ledict Le Boulch en ladicte qualité cognoit et confesse que lad. chapelle de Sainct-Symphorien, caves, issues, appartenances et dépendances et maison presbyteralle, courtil y joignant, contenant lesd. maison et courtil soubz fonds un tiers d'un journal de terre, cernés du levant, midy et couchant, des issües dud. Sainct-Symphorien, et du nord d'une pré à Allain Guillou, de l'étendue d'une huictiesme d'un journal de terre, cerné du levant, midy et couchant, desdictes issües de Saint-Symphorien, et du nord d'une pré appartenante à Pierre Ollivier et Marguerite Le Joncour, sa femme, rellevant prochement à titre de foy et hommage dud. seigneur de Kervillio qui en est le seigneur foncier pour cause de sa seigneurie de Paoul, et que l'obéissance luy est deüe, et en outre payesment de quinze sols monnois par an à lui estre payée la vesprée du pardon aud¹ Sainct-Symphorien, le quatriesme dimanche du mois d'aoust, recognoissant en outre en lad. qualité que led. seigneur de Kervillio y a droit de levée et perception de havane,

Scavoir sur chacqu'un débitant vin et autres brevages une pinte, sur chacun rotisseur une piesce de bœuf ou un quartier de mouton, sur chaque vendeur de pain une piesse, et ainsy à proportion sur chacqu'un vendeur et débitant aud. pardon, ce que ledict Le Boulch on ladicte qualité recognoist et advoüe, et pour ce debvoir obéissance, honneur et fidélité aud. seigneur et s'y oblige suivant que ses prédécesseurs en lad. charge ont faict par foy et serment et sur l'obligation, gage et hypotèque du fond et des édiffices des droits despendant de lad. chapelle,

De plus cognoit et confesse en lad. qualité ledict Le Boulch que six piesces de terre situées aux apartenances de Kerberennès en lad. paroisse de Paoul appellées parcou Sainct-Symphorien, terre chaude contenant ensemble cinq journaux de terre, tous s'entrejoignant à présent, possédés par Jan Le Bourhis et Marie Henry, sa femme, fors l'un que possède Françoise Lucas, cernés du levant du chemin qui mène à Goazfarigou de Kerguistinen, du midy des terres dud. Kerguistinen, ducouchant en partye desd. terres, et d'une piesce de terre à Hervé Yezon, et du nord d'une autre piesce de terre appelée Parc Yan bras, de sur lesquels se paie de rente à la Sainct-Michel par chacun an au profit de lad. chapelle la somme de trante et six sols tournois y léguée par le deffunct sieur de Trojollif, sont pareillement tenus à titre de foy et hommage soubz ledict seigneur de Kervillio, pour cause desquels ledict Le Boulch fabrique luy promet obéissance, honneur et fidélité par son serment et sur l'obligation et hypotèque du fond d'iceux, à quoy en ladicte qualité il a esté de son consentement et à sa requeste condamné par nous dits no$^{res}$ de l'authorité de nos offices, faict le gré prins au bourg de Paoul soubz le signe de M. Jan Le Joncour requis par ledict Le Boulch affirmant ne sçavoir signer et les nostres notaires ce jour septiesme de may avant midy, mil six centz septante et trois, et affin que plus de foy soit adjoustée à la présente y sera le scel de notre dicte jurisdiction apposé, et pour approbation de tout ce que dessus ont soubzsigné mi$^{re}$ Gilles Reül, sieur recteur de lad. parroisse, noble François de La Bouessière, sieur de Kergozou, prestre, et autres soubzsignants, lesd. jour etc. — Gilles Reül, recteur de Paoul — Gloaguen — J. Joncour — Ollivier Guillou, prestre — F. de La Bouessière, prêtre — Tanguy Poulisac — Lucas, no$^{re}$ — Corvest, no$^{re}$.

(Copié sur l'original en parchemin avec le sceau de la juridiction : *d'argent à la croix engreslée de sable*.)

## HOMMAGES DE PAOULLE.

*Extrait des registres du greffve de la cour de Paoul (du 2ᵉ de may 1644).*

(Archives de la seigneurie.)

Audiance ordinaire de lad$^{te}$ court de Paoul tenue obstant la saizie ordinaire par arrest de la chambre faulte d'homage par Monsieur le Sénéschal présent maistre Guillaume Lanezval commis pour le procureur du Roy, ensemble la tenue des homages de messire Gilles Jégou, seigneur de ladicte court, qu'il avoict assigné à ce jour et pour lesquels recepvoir il s'est présenté en personne, le lundy second jour de may, mil six centz quarante et quatre.

Sergeant de service maistre Vincent du Penpoullou présant, maistre François Périchon présant, maistre Yves Marion aussy présant.

Ledict seigneur de ceste court demandeur présant.

Vers messire Claude du Chastel seigneur de Mezle, deffault.

Permis de saizir ce quy est au sujet de lad$^e$ juridion jusques à avoir faict la foy et homage.

Ledict seigneur demandeur.

Vers messire Jan de Lannion seigneur des Aubrays, deffault.

Pareille ordonnance.

Ledict seigneur demandeur.

Vers messire Jan Guégant seigneur de Kerbiguet, deffault.

Pareille ordonnance.

Ledict seigneur demandeur.

Vers messire François de Kergroadez seigneur et baron dudict lieu, deffault.

Pareille ordonnance.

Ledict seigneur.

Vers messire Charles Collomban de Tinténiac seigneur du Combout, deffault.

Pareille ordonnance.

Ledict seigneur.

Vers messire Charles de Bréhan seigneur de Kerriou, deffault.

Pareille ordonnance.

Ledict seigneur.

Vers messire Morice de Perrien seigneur de Crénan, et de Coëtcouraval, deffault.

Pareille ordonnance.

Ledict seigneur.

Vers escuier Pierre du Leslay sieur de Kerenguével, deffault.

Pareille ordonnance.

Ledict seigneur.

Vers messire Nicollas de Moelien, deffault.

En l'endroict intervient m^re Jan du Drésit procureur de dame Marie de Moëlien, dame du Sciriou et de Trojolliff, lequel a dict lad^e dame estre a présent propriettaire de lad^e terre de Trojolliff, et en offre faire l'homage moïenant un ample dellais pour le faire tenir.

Fera l'homage dans huictaine a paine de la saizie.

Ledict seigneur.

Vers messire Gabriel de Goullaine seigneur marquis dudict lieu et de la seigneurie des Sept-Saincts, deffault.

Permis de saizir comme devant.

Ledict seigneur.

Vers dam^elle Françoise le Dimanach, dame de Keriergartz, deffault.

Pareille ordonnance.

Ledict seigneur.

Vers escuier Louis du Leslay sieur de Kerguistinen, deffault.

Pareille ordonnance.

Ledict seigneur.

Vers escuier Pierre du Leslay, sieur du Run présant quy faict en l'endroict l'hommage entre les mains dud^t seigneur au terme de la coustume pour la tenue de Rosangroach audict Paoul, et signe. Ainsin signé sur les cahiers du greffve, Pierre du Leslay.

Acte et fournira adveu dans trois mois.

Ledict seigneur.

Vers escuier Pierre du Drésit présant quy a faict pareil homage et promesse de fidellité pour la tenue du Boulla au village de Kerhezlon aud^t Paoul, déclarant avoir donné le lieu noble de Kerhezlan et la tenue de Kergren à ses juveigneurs, et a signé sur le cahier, Pierre du Drésit.

Acte et fournira l'adveu dans trois mois, et paiera le droict de chambelinage ce qu'il a faict en l'endroict.

— 127 —

Ledict seigneur.

Vers escuier Jacques de Rosmar, tant comme mary et procureur de droict de dam[elle] Françoise Ollimant, que comme curateur d'escuier Philipe Emanuel Ollimant.

Fera l'homage dans deux mois à paine de saizie.

Ledict seigneur.

Vers escuier Tanguy Guiller sieur de Keriergartz, deffault.

Permis de saizir comme devant.

Ledict seigneur.

Vers escuier Jacques le Trancher, sieur du Bodéno, deffault.

Ordonne de saizir.

Ledict seigneur.

Vers escuier Pierre Bobis bihan, — fera l'homage dans le mois.

Ledict seigneur.

Vers escuier Jacques Bobis.

Pareille ordonance.

Ledict seigneur.

Vers escuier Pierre Mellou.

Esgard à sa maladie notoire viendra faire l'homage dans le mois à peine de saizir.

Ledict seigneur.

Vers escuier Thomas de Lesmais, s[r] de Kerouguiou, deffault permis de saizir.

Ledict seigneur.

Vers messire Bernard Canaber.

L'homage dans le mois à paine de saisie.

Ledict seigneur.

Vers messire Jan de Cleux, et dame Charlotte de la Boëssière, sa femme, deffault.

Permis de saizir.

Ledict seigneur.

Vers messire Jacques de Montenay, seigneur abbé de Langonnet, deffault.

Et vers nobleFrère de Picquardat, deffaut. Permis de saisir.

Suivent une cinquantaine d'appels à une quantité de gens de Paule, ou propriétaires en Paule, toux vassaux, dont la nomenclature serait trop longue, et se termine ainsi :

Faict et expédié comme devant lesdicts jour et an sauff plus ample forme.

GUION ULLIAC,
vers lequel est le registre des hommages.

Et il y a ensuite en note : « Il y a plusieurs autres gentilshommes et autres vassaux quy avoient fourny adveu dans les précédants généraulx pleds. »

Depuis les manoirs annexés à la seigneurie à la terre de Kerjean et celle de Saindenaon qui font plus de vingt quatre ou vingt cinq.

## V.

EXTRAIT *d'un compte que présente à messire Jacques du Gourvinec, le 1ᵉʳ septembre 1603, son receveur, Nicolas Noblot.*

(Arch. de la seigneurie de Paule.)

C'est le compte tant en charges que descharges que présente Nicollas Noblot à escuyer Jacques du Gourvinec, sʳ du Bezit, des deniers reçus par le dit Noblot, tant du dit sieur, que des gens de par luy, depuis notre dernier proconte faict et arresté le 13ᵉ jour de juin 1608, à Vennes.

Et premier :

Le dit contable se charge de la somme de douze livres tournois, qu'il a reçue de Pierre Le Vaillant, à valloir sur 18ˡ qu'il avaict promis à mon dit sieur pour les nouveautez de la maison du moulin du bourg de Saint-Nolff et du jardin, le 21ᵉ de juign 1608.

Davantage le dit Noblot, contable, se charge de cinq quartz d'escuz, vallant 4ˡ, reçu de mon dit sieur le 23ᵉ jour de janvier 1609.

Oultre se charge de diz quartz d'escuz, qu'il reçut le dit jour du dit sieur, qui vallent 8ˡ.

Plus se charge de la somme de 3ˡ reçu tous en soubz du dit sieur à Vennes.

Et oultre se charge de la sôme de 290ˡ receus de M. Guillaume Coz, fermier de la terre et seigneurie de Kerloguennic, en Paoul.

Le dit contable se charge pareillement de la sôme de 750ˡ qu'il a receu des fermiers de la terre du Grand-Boys.

La présente charge se monte à 1350ˡ 6 soubz tournois.

Ensuivent les payementz, frais et misses faictes par Noblot, contable, pour et au nom du sieur du Bézit, tant en ses procès qu'autrement.

Et premier :

Demande le dit contable estre deschargé de dix soubz qui ly cousta pour faire inthimer Sébastien Corlé sur deffault, au sergent et au procureur, le 17ᵉ de Juign 1608.

La fême du dit contable a achepté pour 13 soubz de soye pour madamoyselle du Bésit, pour monter une bource, suivant sa missive.

Et pour la fason de la dite bource le dit contable a payé 12 soubz.

Item le dit contable, le 28ᶜ du dit moys, paia pour ung empan de tripe de velloux, pour parachever le harnoys de la haquenée de la dite dame, douze soubz.

Et pour houict boutons à queues, oultre la douzaine qui avait esté achetée pour les deux harnoys, savoir quatre de soye violette et les quatre aultres de soye noire, dix-sept soubz.

(Suivent divers frais de procédure.)

Pour une couroye et ung crampon que le dit Noblot a faict mettre à la selle de l'un des chevaux de mon dit sieur, 3 soubz.

Le mardi 17ᵉ de mars, le dit contable alla coucher à Quimpert-Corantin pour la solicitation du jugement du procex d'entre mon dit sieur et le recteur de Paoul, dont le 2ᵉ du dit moys led. contable obtint sentence, par laquelle le dit recteur, faulte à luy de n'avoir porté estat à l'oppozition faite par mon dit sieur sur les banyes du mariage d'entre Guillaume Le Guével et Julienne Guillou, et auroit passé oultre à la célébration des nopces, il fut condempné à *dix livres tournois* d'amende, moitié à l'église du dit Paoul, et l'aultre moitié au dit sieur et aux despans du procex ; pour les espiczes de laquelle sentence le dit contable a paié 9ˡ 12 soulz.

Estant au dit Paoul, le dit contable filt marché avec des massons, pour faire un tallu contre la chaussée des moulins de Stangandour de la terre de Kerloguennic, et pour masonner ce qui reste à faire de masonnage au grand pount, pour 24$^l$ et leur a baillé six livres.

Receu par le dit contable pour la ferme du Grand Boys 750$^l$, et pour partie de la ferme de Kerloguennic 290$^l$ et un mémoire et estat des frais et paiements faictz par Le Coz, fermier, pour mon dit sieur, portant la somme de 190$^l$ faisant le total de la dite ferme (480$^l$).

Paié pour le port de deux pieczes d'estamine que le messager de Nantes aporta, lesquelles avoye esté oubliés au logis du Chapeau-Rouge au dit Nantes au partement du dit sieur, dix soulz.

Pour un quartier de veau pour porter au dit lieu du Bésit et pour ung quartier de mouton dix neuff soulz, savoir dix soulz le quartier de mouton et neuff soulz le quartier de veau.

Cy après ensuilt les misses que je faittes, oultre celles ci-dessus, pour Madamoyselle du Bésit, compaigne de mon dit sieur du Bésit.

Le 23$^e$ jour de septemhre 1608, estant au dit lieu du Bésit, je presté à la dite dame cinq soulz pour bailler à un homme de Kerdavi, qui luy avoit aporté ung de.....

Le vendredi ensuyvant, le dit contable paia pour la dite dame trois aulnes de gallon de soye verte à deux sous six deniers l'aulne, qui font sept soulz six deniers. Et pour deux aulnes de voleau à un soulz six deniers l'aulne, il paia trois soulz.

Et pour du fil vert, un soulz six deniers.

Et pour deux chauffettes de terre, trois soulz.

Aussi pour une bouteille de terre, son plain de vinaigre, pour porté au Bésit, 7 soulz.

Et pour une aultre bouteille et une chopine d'huille, neuff soulz.

Le pénultiesme jour du dit moys, le dit Noblot bailla à la chambrière de la dite dame troys soulz pour achepter des pruneau. Plus le dit contable a paié dix soulz pour deux peau d'agnelin, pour fourer le bord d'un petit manteau à la dite dame.

Le 10e de décembre au dit an 1608, le dit contable receut de la dite dame deux quartz d'escuz pour achepter deux bonnets de satin, l'un pour l'un des filz de mon dit sieur, et l'aultre pour l'une de ses filles, lesquelz coutèrent 50 soulz, et pour ce le dit contable avança 18 soulz.

Le 24e de mars au présent 1609, le dit contable achepta pour la dite dame ung chaperon de veloux qui lui cousta sept livres tournois.

Et pour de la tresse de fil blanc, pour mettre sur un mantelet de couétil de Flandre, 7 soulz.

Pour trois fers et un relevé qu'il fist mettre au cheval qui luy fut envoié, 17 soulz 6 deniers.

Et pour un crampon et un porte soullier qu'il fist mettre à la selle, troys soulz.

Davantage a missé pour mon dit sieur pour 8 livres de pouldre d'arquebuze achepté à Rennes à 12 soulz la livre, 4$^l$ 16 soulz.

Pour un baril à mettre la dite pouldre, pour l'envoier à mon dit sieur au dit lieu du Besit, 8 soulz.

Item, le dit contable estant à Rennes a achepté un masque de velloux à la dite dame du Bésit, qui luy cousta 30 soulz.

Et pour la despance du dit contable de son retardement au dit Rennes, pour le faict du dit procex, quy a esté le temps de cinq semaines, supplie luy estre alloué par mon dit sieur et par la veuffve Bigaré, 54 livres.

Et pour ung sac à mettre les piecezs du dit procex, le dit contable a paié deux soulx.

Signé : NICOLLAS NOBLOT.

Après avoir veu les mises cy-dessus, nous avons trouvé les dittes mises monter à la somme de trèze centz soixante et unze livres, dix soulz tournoys, et la charge du présent se monte à la somme de trèze cents trante livres, six soulx. Et partant, déduction faite de mise à recepte et de recepte à mise, je me suis trouvé rester devoir au dit Noblot la somme de quarante et une livres, quatre soulz tournoys.

Faict et arresté au Bézit, ce premier septembre mil seix centz et neuf, et ce sans desroger aux aultres procontés faictz entre nous devant ce jour.

Signé : Jacques du Gourvinec.

# VI.

## GÉNÉALOGIE des GOURVINEC

du Gourvinec : anc. extraction, chevalerie. — Réf. 1669, onze générations, réf. et montres de 1427 à 1536. — *Vairé d'or et de sable* (Éteinte).

Olivier, capitaine des gardes du duc Jean IV, marié à Marguerite de Malestroit, 1403. — 2 chevaliers de Malte en 1667 ; un page du Roi en 1686 *(Armorial de Courcy)*.

I. Olivier du Gourvinec, capitaine des gardes du duc Jean IV, s$^{gr}$ du Bézit, épouse Marguerite de Malestroit, meurt en 1403, d'où :

II. Alain du Gourvinec, s$^{gr}$ du Bézit, épouse Laurence Le Sénéchal, d'où :

III. Jean du Gourvinec, s$^{gr}$ du Bézit, épouse Anne de Carné, et meurt en 1423, d'où :

IV. Jean du Gourvinec, s$^{gr}$ du Bézit, épouse Jeanne de la Forest, fille de Pierre, s$^{gr}$ de la Forest, et d'Isabeau du Chastel. Il fait partie, en 1454, des trente lances du sire de Derval, et, en 1457, des cent lances de l'ordonnance du Duc. Il fut inhumé dans l'église paroissiale de Saint-Nolff où se trouvait la sépulture des seigneurs du Bézit : on y voyait avec leur écusson, *vairé d'or et de sable*, l'inscription : « cy gist noble homme Jean de Gourvinec, qui décéda le XII$^e$ jour de décembre MIIIJ$^c$ LXXIIIJ Dieu P. et A. »

V. Olivier du Gourvinec, s$^{gr}$ du Bézit, vivant en 1506, épouse Marguerite de Kerguézangor fille de Jean de Kerguézangor et de Catherine de la Villeaudren. Il vit ses biens confisqués en 1488, pour avoir pris le parti des Français contre le Duc, d'où :

VI. Louis du Gourvinec, marié à Louise de Kerisec, sans postérité, et Olivier, s<sup>gr</sup> du Bézit, mort en 1520, marié 1º à Louise de Kerméno, et 2º à N. de Lestic, d'où :

VII. Mathurin du Gourvinec, s<sup>gr</sup> du Bézit, épousa Bertranne de Quifistre, fille de noble Bertrand de Quifistre et de damoiselle Hélène de Camarec, s<sup>gr</sup> et dame de Trémouar (contrat du 19<sup>e</sup> juillet 1535), laquelle étant veuve se remaria à Olivier de Kerméno, s<sup>gr</sup> de Keralio, par contrat du 13 avril 1554. Bertrand de Quifistre était frère de mère de haut et puissant Louis de Malestroit, s<sup>gr</sup> de Poutcallec, d'après l'arrêt de la réformation des Quifistre, du 30 juin 1668 (1), d'où :

VIII. Guy du Gourvinec, s<sup>gr</sup> du Bézit, Kerdavy, etc., épousa Isabeau de Callac, le 28 juillet 1566, laquelle était fille d'Olivier de Callac, s<sup>gr</sup> de Randrecar, d'où :

IX. Jacques du Gourvinec, s<sup>gr</sup> du Bézit, Kerdavid, etc., épousa Marie de Talhoët-Kerservant, fille de Jan de Talhoët, s<sup>gr</sup> de Kerservant, du Dréortz, Crémenec, etc., et de Françoise le Scanff.

Il eut pour sœurs : 1. Françoise, mariée, en 1588, à Julien du Bois de la Salle. 2. Louise, mariée, le 31 août 1596, à Jean Budes, chevalier de l'ordre du Roi, s<sup>gr</sup> du Tertrejouan, fils de François Budes, chevalier, s<sup>gr</sup> du Tertrejouan, et d'Anne de Saint-Aubin.

X. Marc du Gourvinec, s<sup>gr</sup> du Bézit, Kerdavy, et fils des précédents, épousa, en 1640, Renée Riaud, fille d'écuyer Sébastien Riaud, s<sup>gr</sup> de Galisson, et de dame Jeanne Adam, veuve de François Bouan, écuyer, s<sup>gr</sup> du Chalonge, d'où René qui suit, et Guy-François et Pierre du Gourvinec, tous deux chevaliers de Malte en 1667.

XI. René du Gourvinec, s<sup>gr</sup> du Bézit, né en 1641, mort en 1682, épousa Vincente Gicquel, en 1668, morte en 1672,

---

(1) Voir le très précieux ouvrage du comte de Rosmorduc, *Sur les arrêts de la réformation*, 1896. — Arrêt de Quifistre.

fille de Pierre Gicquel, écuyer, s$^{gr}$ du Nédo, gentilhomme ordinaire de la chambre de la Reine-mère, et de Renée de Gouyon, d'où :

XII. Toussaint-Guénael du Gourvinec, né en Sainte-Croix de Vannes, le 2 novembre 1668, et François-Claude, son frère, s$^{gr}$ du Bézit, né en la même paroisse le 1$^{er}$ février 1670, décédé en 1738, tous deux fils du précédent, sont morts sans postérité.

## VII.

### SEIGNEURIE de GLOMEL

CANTON DE ROSTRENEN (Côtes-du-Nord).

La seigneurie de Glomel, ramage et juveigneurie de la baronnie de Rostrenen, fut l'apanage de Constance de Rostrenen, dite dame de Glomel, fille de Pierre, baron de Rostrenen, et de Jeanne de Parthenay, qui l'apporta, vers 1280, à Jean de Pestivien, chevalier, son mari.

La dame de Pestivien eut, ainsi que son père et sa mère, de grandes relations avec saint Yves : l'enquête de 1330 pour la canonisation du saint les fait connaître.

Jean de Pestivien y figure comme témoin, avec ses trois filles, Tiphaine, femme d'Alain de Keranrais, l'un des combattants des Trente, Plaisou et Bénévente.

Grand nombre de fois vint le saint au château de Glomel, comme à celui de Pestivien, et il y a donné des témoignages de sa sainteté (Enquête).

Bizien de Pestivien, leur fils aîné, chevalier, vit son château de Pestivien pris par Roger Davy, célèbre capitaine anglais, marié à Jeanne de Rostrenen, vicomtesse de Rohan.

Il n'en recouvra la possession que lorsque du Guesclin l'eut repris aux Anglais, en 1363. Il est sans doute le même Bizien de Pestivien qui ratifia le traité de Guérande (1381).

Tristan de Pestivien, qui figure parmi les héros bretons du combat des Trente, fut le fils ou le petit-fils de Jean et de Constance de Rostrenen.

Jeanne de Pestivien, fille de Tristan, et son héritière,

apporta Pestivien et Glomel à Guy V de Molac, fils de Guy IV, sire de Molac, et de Marie de Trébrimoël. (1)

Le sire de Molac mourut avant le 30 avril 1392, ainsi qu'il se voit dans un « adveu de Glomel fourny après le » déceds de Guy de Mollac. C'est le menu dou rachat » monss$^r$ Guy de Mollac que Dieu absolve deuz à monss$^r$ le » Duc en la chastellenie de Karahez baillez à Alain Le Veer, » recepv$^r$ doud$^t$ lieu, le XX$^{me}$ jour d'avril, en l'an mil IIJ$^c$ » quat$^e$ vingt et douze. » (2)

Il dut être père d'autre Guy de Molac, VI du nom, s$^{gr}$ de Pestivien, V$^{te}$ de Bignan, s$^{gr}$ de Trébrimoël et de Bréhant, époux de Blanche de Rochefort.

Ces derniers furent les père et mère de Guy VII, dernier du nom, et d'Alliette de Molac, mariée à Olivier III de la Chapelle, fils d'Olivier II de la Chapelle, et de Marie de Derval. (3)

Ainsi passa la seigneurie de Glomel des Molac aux la Chapelle.

Olivier III de la Chapelle et Alliette de Molac eurent pour enfants Olivier IV et Pierre de la Chapelle.

Olivier IV de la Chapelle épousa Catherine Malor, fille de Jean Malor, chevalier, et de Jeanne des Brieux, d'où un fils ci-après :

Guyon, sire baron de la Chapelle et de Molac, chambellan du duc Jean V et gouverneur de son second fils, Pierre de Bretagne, qui fut tué au siège de Saint-James de Beuvron, en 1425. Il épousa Béatrix de Penhoët, fille unique de Jean de Penhoët, chevalier, amiral de Bretagne (4), et de Jeanne du Perrier, d'où :

---

(1) La dite Marie de Trébrimoël, fille de Josselin de Trébrimoël, s$^{gr}$ de Coëtmel, vicomte de Bignan, chevalier, et de Jeanne Le Sénéschal.
(Généal. Le Séneschal de Kercado.)

(2) Archives de la Seigneurie de Glomel, entre nos mains.

(3) Alliette de Molac se remaria à Henry Le Parisy, s$^{gr}$ de Kérivalen et d'Espinefort. (*Recherches sur la Chevalerie du duché de Bretagne.*) — M. de Couffon de Kerdellech.

(4) L'amiral de Penhoët, qui était aussi au siège de Saint-James de Beuvron, avait eu le regret de ne pouvoir porter secours à son gendre.
(D'Argentré.) — Comm. par M. Saulnier.

Jean I, sire DE LA CHAPELLE et DE MOLAC, sgr de Trébrimoël, la Motte, etc., chevalier et chambellan des ducs Jean V, François I<sup>er</sup> et Pierre II, épousa MARGUERITE DE MALESTROIT, par contrat du 29 décembre 1434, d'où deux fils, JEHAN qui suit et ALAIN.

Il mourut avant avril 1456. « C'est le mynu que Guyon de
» la Chapelle, sgr de..... aiant la garde et gouverneur de
» noble et puissant Jehan, sr de la Chapelle et de Moullac,
» pour mon très redoubté et puissant seigneur monseigneur
» de Richemont, sr de Partenay et connestable de France,
» pour faire la levée de rachapt des héritages, rentes et
» revenus du dit sgr de la Chapelle et de Moullac, en la dite
» châtellenie de Kerahès, pour cause du décez de feu Jéhan,
» sgr de la Chapelle et de Moullac. » (1)

Noble et puissant JEHAN DE LA CHAPELLE, II<sup>e</sup> du nom, sgr baron de Molac, eut pour curateur Pierre de la Chapelle, qui fit donner, le 9<sup>e</sup> août 1463, acte des bannies de son mariage avec noble damoiselle ANNE GAUDIN, fille et seule héritière présomptive de nobles et puissants Jean Gaudin, chevalier, seigneur de Martigné, et Marie de Pons.

Le mariage fut célébré à Rennes par l'entremise de l'archidiacre Pierre de la Chapelle, oncle et curateur du baron. Jehan mourut l'an 1477, sans hoirs, et eut pour successeur, son frère, Alain de la Chapelle.

ALAIN, baron de la Chapelle et de Molac, fut marié 1° à BÉATRIX DE CHAUVERY, dame d'honneur de la princesse d'Orange, sœur du duc de Bretagne, qui fut sa curatrice (2), et 2° à LOUISE DE MALESTROIT, de laquelle naquirent : 1. GUYON, dernier du nom, 2. ISABEAU qui hérita de Guyon, mort sans alliance, en 1510, épousa JEAN DE ROHAN, sgr de Landal, et mourut sans postérité, en 1519. 3. JEANNE que nous retrouverons bientôt.

Mais déjà Glomel était sorti des mains des la Chapelle.

---

(1) Archives de la Seigneurie de Glomel.

(2) De tels faits se retrouvent souvent à cette époque : des femmes curatrices de leurs maris prodigues... nous pourrions en citer plusieurs autres.

Pierre de la Chapelle, en qualité de curateur, avait vendu conventionnellement, au nom du jeune Jehan de la Chapelle, le 23ᵉ juin 1463, à Jean, seigneur de Rostrenen et du Pont, la terre et seigneurie de Glomel, droits et apartenances d'icelle pour six mille réaux d'or, valant 750ˡ monnaie, à la charge de relever et tenir la dite terre de qui elle le despend. Mais contrat de rétrocession fut fait le 9ᵉ août 1463, par devant les notaires et l'officialité de Quimper, par le dit seigneur Jean du Pont, à Révérend Père en Dieu, messire Jan de Lespervez, évesque et comte de Cornouaille, de la dite terre et seigneurie de Glomel. » (1)

JAN DE LESPERVEZ, fils de Charles, sᵍʳ de Perzquen, premier président de la Chambre des comptes de Bretagne, et de Guillemette Painel, fut pourvu au siège épiscopal de Quimper, le 16 janvier 1451, sur la résignation d'Alain, son oncle. Il mourut en 1472, et posséda donc neuf années la seigneurie de Glomel.

JEANNE DE LESPERVEZ, que du Paz et Vulson de la Colombière qualifient dame de Glomel, fille de Jean, sire de Lespervez, et de Marie de Quélen (2), fut la femme de GUILLAUME, sire de ROSMADEC, fils de Jean, sire de Rosmadec, chevalier, et d'Alix de Tyvarlen, et neveu de Bertrand de ROSMADEC, évêque de Cornouaille, grand et saint personnage (3).

---

(1) « Lettre en forme de mandement dattée du premier feuvrier 1465, par lequel
» Françoise d'Amboise, duchesse de Bretagne, comtesse de Montfort, consent
» quittance des contracts d'aquets faits de la terre et seigneurie de Glomel et ses
» apartenances cy-dessus dattées, comme aussi quitte le dit seigneur évesque des
» fruits de motfoy faute d'hommage de la dite terre et lui concédez deux ans de
» délais pour fournir aveu, quittance consentye le 5 septembre 1465, par la cour
» de Carhaix, par ledit Jan du Pont du dit seigneur évesque du reste de payement
« de l'acquest de la dite terre de Glomel. »
(Archives de la seigneurie de Glomel.)

(2) La dite Marie de Quélen, fille d'Yvon de Quélen, chevalier, et d'Alliette du Vieux-Chastel.

(3) Cet illustre prélat, auquel Quimper doit sa cathédrale, était issu du second mariage de Guillaume, sire de Rosmadec, avec Marguerite du Chastel. « Ce prélat,
» homme de sainte vie et de singulière intégrité, dit Albert le Grand, fit plus de
» bien à son église, à lui tout seul, que tous ses prédécesseurs ensemble. »
Il mourut en opinion de sainteté, le 5 février 1445, après vingt-huit années d'épiscopat, âgé d'environ 80 ans.

Guillaume de Rosmadec ayant été tué au siège de Saint-James de Beuvron, en 1425, la concordance des dates semble faire défaut à cette possession de la terre de Glomel par Jeanne de Lespervez ; ce fut plutôt son fils,

JEAN DE ROSMADEC, qualifié par du Paz, seigneur de Tivarlen, Pont-Croix, Glomel, Lespervez, Prateir, Meillar. Il épousa, en 1438, JEANNE DE THOMELIN, fille d'Olivier de Thomelin, chevalier, et de Marguerite de Coëtmen, et mourut en 1470.

« Il fut grandement pieux et dévot comme témoignent
» plusieurs fondations qu'il fit en son église de N.-D. de
» Pontcroix et ailleurs. Mesme entreprit le voyage de Rome
» en 1450. Il assista aux États tenus à Vannes, en 1462, se
» trouve au rang des bannerets. »

D'où Alain qui suit.

ALAIN, sire de ROSMADEC, chambellan du duc, épousa, en 1478, FRANÇOISE DU QUELLENEC, morte en 1522, fille aînée de Guyon, sire du Quellenec, chambellan du duc, mort avant son père, et de Jeanne de Rostrenen, d'où :

1. JEAN, IIIe du nom, qui suit.

2. JEANNE, fille aînée, mariée à noble et puissant VINCENT DE PLŒUC, chevalier, sgr du Tymeur, de Kergorlay, de Plouyé, du Plessis-Ergué, de Suguenzou et autres lieux, veuf d'Isabeau de Malestroit.

3. MARIE qui épousa JACQUES DE KERAZRET.

4. ÉLÉONORE qui épousa JEAN DE BOTIGNEAU. Ils furent les aïeux de Jeanne de Botigneau, femme de François de Kerhoënt, seigneur de Kergournadech, père et mère de Renée de Kerhoënt, qui fut la femme de Sébastien II de Rosmadec, marquis de Molac (1).

JEAN III, sire de ROSMADEC, Tivarlen, Pontcroix, Glomel, etc., capitaine, en 1513, de la noblesse de Basse-Bretagne, épousa, le 18 février 1505, au château de Blois,

---

(1) Vulson de la Colombière a omis de mentionner Éléonore de Rosmadec, observe M. F. Saulnier, conseiller à la Cour d'appel de Rennes.

en présence du roi Louis XII et de la reine Anne, JEANNE DE LA CHAPELLE, seconde fille d'Alain de la Chapelle, sire de Molac, et de Louise de Malestroit (1), lequel Alain, sire de la Chapelle, de Molac, de Sérent, de Pestivien, chambellan du duc de Bretagne, François II, mourut en 1515.

Il était second fils d'Alain de la Chapelle, Ier du nom, et frère de Jean II, sire de la Chapelle. Devenue veuve, en 1515, Jeanne de la Chapelle se remaria à Raoul du Juch, qui mourut en 1534, et à qui elle survécut, fils de Hervé du Juch, capitaine de Quimper, et de Marie de Guernarpin.

De son mariage avec le sire de Rosmadec, naquirent :

1. ALAIN, qui suit.

2. JEAN, sr du Plessix, mari de LOUISE DE ROSMADEC, père d'autre Jean, sr du Plessix, père de Sébastien de Rosmadec du Plessix, mari de Julienne Bonnier, etc.

3. LOUISE, femme de FRANÇOIS DE PLOREC, dont une fille unique, Claude, mariée à Louis d'Acigné, seigneur de la Rochejagu et de Grandbois.

ALAIN, sire de ROSMADEC, baron de la Chapelle et de MOLAC, seigneur de Glomel, maréchal de camp des armées du Roi en Bretagne, épousa, le 8 mai 1528, JEANNE DU CHASTEL, fille aînée de Tanguy, sire du Chastel, grand écuyer de France sous Charles VIII, et de Marie du Juch. Elle mourut veuve en 1571. Alain de Rosmadec était mort en 1560.

Des aveux des 15 mars 1539 et 16 avril 1540, faits en la cour de Glomel, à noble et puissant Alain de Rosmadec, sgr de Tyvarlen, de Pontcroix, de Glomel, pour diverses terres et manoirs dépendants de la seigneurie, se trouvent dans nos archives (2).

---

(1) Fille de Jean de Malestroit et de Perronnelle de la Soraye.

(2) Nous possédons, en original, un compte très volumineux que rend Henry de Coetgoureden, receveur de noble et puissant Allain de Rosmadec au dit seigneur pour sa piecze et seigie du dit lieu de Glomel, des receptes et mises par luy faictes, depuis cinq ans révolus, 1526 à 1531. — Et signé le 12me jour de mars 1541, à Pontcroix, par Alain de Rosmadec.

S'y trouve aussi « le minu adveu et dénombrement des
» terres, héritages, rantes, chefrantes tant par déniers que
» par bleds et autres droits et devoirs héritels que nobles et
» puissants Allain de Rosmadec et Jehanne du Chastel, sa
» compaigne, s$^{gr}$ et dame de Rosmadec, de Tyvarlen,
» Pontcroix, Prateyr, Glomel, etc., tiennent et advoent tenir
» nobles et prochement à devoir de foy, hommage et rachat
» quand le cas y advient sous monseigneur le Dauphin,
» nostre souverain seigneur et duc de ce pays et duché de
» Bretaigne, en sa juridiction de Kerahës, les détenteurs et
» hérittages luy advenus et escheux par le décez de nobles
» gentz Jehan de Rosmadec, son père, seigneur en son
» temps des dites seigneuries et choses cy-dessus, mort et
» décédé vingt ans et plus.

» Ce fut fait et le grée pris au dit manoir et château de
» Tivarlen, le vingt sixiesme avril 1540. »

Les enfants d'Alain de Rosmadec et de Jeanne du Chastel
furent :

1. TANGUY, qui suit.

2. MARC DE ROSMADEC, s$^{gr}$ de Pontcroix, etc., chevalier
de l'ordre du Roi, et gouverneur de Dinan, en Bretagne,
marié 1° à JEANNE DE MONTBOURCHER, dame de Largentaye ;
2° à GUILLEMETTE DE LA VALLÉE, deuxième fille de Jean,
s$^{gr}$ du Ros et de Saint-Jouan, chevalier de l'ordre du Roi, et
de Bonne Glé de la Costardaye.

3. CLAUDE DE ROSMADEC, sire de la Chapelle, marié, le
29 juillet 1566, à BERTRANNE DE LA VALLÉE, fille aînée des
précédents, qui se remaria ensuite à haut et puissant Charles
de Sanzay. Il eut pour fils, Mathurin de ROSMADEC, s$^{gr}$ et baron
de Saint-Jouan, du Ros, de Comper, de Gaël, de Quédillac et
d'Illifaut, chevalier de l'ordre du Roi, gentilhomme ordinaire
de sa chambre, qui épousa, le 1$^{er}$ juin 1605, JEANNE DE
TROGOFF, fille de Pierre de Trogoff, conseiller au parlement
de Bretagne, et de Gillette d'Avaugour. Il mourut en son

château de Comper et fut inhumé dans l'église de Concoret, le 9 avril 1682. (1).

4. Marie de Rosmadec, mariée 1° à Charles de Guer, s<sup>gr</sup> de la Porte-neuve (en Riec), mort en janvier 1560, et remariée à Claude du Chastel, baron de Kerlech.

5. Louise de Rosmadec, mariée à Nicolas de Tyvarlen, s<sup>gr</sup> de Kerharo, chevalier de l'ordre du Roi, fils de Guillaume de Tyvarlen et de Madeleine de Guer.

6. Jeanne de Rosmadec, mariée 1° à Jean de la Pommeraye s<sup>gr</sup> de la Morlaye, dont une fille unique qui entra dans la maison de Birague ; 2° à Anne de Sanzay, comte de la Magnanne, dont elle n'a pas eu d'enfants.

Tanguy, sire de Rosmadec, baron de Molac, de la Chapelle, s<sup>gr</sup> de Tyvarlen, de Pontcroix et de Sérent, vicomte de Bignan, seigneur de Glomel, chevalier de l'ordre du Roi, lieutenant-général pour Sa Majesté en Bretagne, épousa en 1<sup>res</sup> noces, le 7 septembre 1558, Marie de Bouteville, fille de noble et puissant Yves de Bouteville, baron du Faouët, et de Renée de Carné. Elle mourut au château du Saint, peu de temps après, et Tanguy de Rosmadec épousa en secondes noces, le 28 mai 1561, Marguerite de Beaumanoir, fille de Jacques de Beaumanoir, vicomte du Besso, et d'Adelice de la Feuillée.

« Il assista, en 1573, aux États de Bretagne qui le députèrent pour porter les cahiers au roy Charles IX. Ce monarque lui ayant donné l'année suivante une des lieutenances générales de la province, et ce seigneur étant venu à Rennes pour se faire recevoir au parlement, il apprit par un courrier la mort du Roy, dont il conçut tant de chagrin qu'il en mourut, le 17 juin 1574 (2), laissant de son second mariage un seul fils, né vers 1567, qui fut :

---

(1) *Chevaliers bretons de Saint-Michel.* — V<sup>te</sup> G. de Carné, page 373.

(2) Extrait des « *Chevaliers bretons de Saint-Michel.* — V<sup>te</sup> G. de Carné. »

Sébastien I, marquis de Rosmadec, comte des Chapelles, baron de Molac, vicomte de Trébrimoël et de Pléharel, sgr de Tyvarlen, de Pontcroix, de la Hunaudaye, de Montafilant, etc., chevalier de l'ordre du Roi, gentilhomme de sa Chambre, capitaine de cent hommes d'armes de ses ordonnances; colonel et mestre de camp général de l'infanterie française en Bretagne, gouverneur de Dinan, désigné maréchal de France, et nommé pour être chevalier de l'ordre du Saint-Esprit, en 1599.

« Il commença à se faire connaître par ses services distingués sous le règne d'Henri III, qui érigea en marquisat sa terre de Tyvarlen, et celle des Chapelles en comté, par ses lettres patentes de novembre 1576. Il acquit sous le règne d'Henri IV la réputation d'un des plus valeureux hommes de ses armées, éloge qu'il reçut plusieurs fois de la bouche de ce monarque, et notamment en présence de toute la cour, un jour que le duc de Savoie vint le voir. Il continua de servir en Bretagne, tout le temps de la guerre, particulièrement aux sièges de Moncontour, de Guingamp, de Lamballe, de Morlaix, en 1594, où il commandait l'infanterie, de Douarnenez, de Crozon, du Plessis-Bertrand et de Comper, où il eut de rudes assauts à soutenir. Le combat de Loudéac, la retraite du Guildo, la bataille de Keinmerch, où il commandait en chef, furent encore pour lui de nouvelles occasions de se signaler. Dans cette dernière affaire, le champ de bataille lui demeura. Il donna encore de nouvelles marques de valeur dans l'attaque et défaite des ennemis au bourg d'Audierne, et fut blessé dans presque toutes ces actions. Il réduisit depuis à l'obéissance du Roy la ville de Dinan, qui avait toujours été le refuge du parti contraire, et en obtint le gouvernement. Sa Majesté lui écrivit dans cette circonstance une lettre entièrement de sa main.

« Il présida aux États généraux de Bretagne tenus à Rennes en cette même année, et les années suivantes, 1595,

1598 et 1600, à ceux tenus à Vannes, en 1610, et à plusieurs autres encore. »

Le baron de Molac eut le malheur de perdre le roi, son maître et son bienfaiteur, dont il attendait encore le grade de maréchal de France, qu'il lui avait promis au rendez-vous général de l'armée, et qui le destinait aussi pour l'un des quatre par l'avis desquels le duc de Vendôme devait gouverner. Le chagrin que le baron conçut de cette mort, doublement sensible par la manière tragique dont elle arriva, ses fatigues de la guerre et ses blessures le conduisirent au tombeau, le 14 septembre 1613. Avant de mourir, il recommanda à ses enfants la crainte de Dieu, le service du roi et la parfaite union et amitié entre eux.

Son corps fut déposé dans l'église des Carmes à Rennes, et, au bout de 40 jours, on lui fit un service magnifique, après lequel on le transporta à Pontcroix. Toutes les paroisses de la ville de Rennes, les différents ordres religieux, la musique de la cathédrale, l'évêque de Saint-Malo, qui célébra l'office en l'absence de celui de Rennes, 300 gentilhommes tous en deuil, le parlement, le siège présidial et toute la maison de ville accompagnèrent le cortège jusqu'à l'une des portes de la ville, suivi d'une foule innombrable de peuple qui témoignait par ses pleurs le regret qu'il avait de la perte de son bienfaiteur. Le corps fut mis ensuite dans un carrosse à six chevaux caparaçonnés de noir avec des croix blanches semées d'écussons, et conduit ensuite à Pontcroix, accompagné de toute sa maison en deuil, à cheval. Son cœur fut porté à Dinan par l'évêque de Saint-Malo, et de même avec grand appareil. (1)

Il était âgé de 47 ans, « et avait passé principalement les trois dernières années de sa vie dans les exercices d'une rare piété. » (2)

---

(1) *Chevaliers bretons de Saint-Michel,* p. 369 et suivantes. — V<sup>te</sup> G. de Carmé.

(2) Extrait de l'article sur les Rosmadec, par A. de Blois, *Biographie bretonne,* t. II, p. 780.

Il avait épousé, 1º en 1588, FRANÇOISE DE MONTMORENCY, fille de François, sgr du Hallot, chevalier de l'ordre du Roi, et de Claude Hébert d'Aussonvilliers, qui mourut en 1599, au château de Dinan, et 2º en 1600, JEANNE DE LA MOTTE-VAUCLER, baronne de la Hunaudaye, fille de Joseph de la Motte-Vaucler, et de Catherine de Tournemine, mariée en premières noces à François de Coligny, sire de Rieux, et en secondes noces à Jean de Rieux, marquis d'Assérac.

SÉBASTIEN II DE ROSMADEC, marquis de MOLAC, né du premier mariage de Sébastien I avec Françoise de Montmorency, fut fait chevalier de l'ordre du Roi sous Louis XIII. Il présida les États de Bretagne en 1621, et fut député vers le roi à cette occasion.

« Il avait épousé, en mai 1616, RENÉE DE KERHOENT, fille aînée de François, chevalier de l'ordre du Roi, et de Jeanne de Botigneau (1), « le plus considérable parti qui fut lors dans la Bretagne. » *(Chevaliers bretons de Saint-Michel.)* Ce mariage, ajoute le même auteur, fit entrer dans la famille de Rosmadec le splendide château de Kergournadech.

Il fut nommé gouverneur de Quimper, en 1634, et pourvu du gouvernement de Dinan, en 1643. Il mourut cette même

---

(1) Nous ne pouvons nous empêcher de reproduire ici ce que dit M. de Carné sur ces deux grands personnages dans son si précieux ouvrage des *Chevaliers bretons de Saint-Michel* (page 194).

« François de Kerhoënt, lieutenant pour le Roi, pendant la Ligue, épousa, en 1583,
» Jeanne de Bottigneau, grande et riche héritière, fille unique d'Alain de Bottigneau
» et de Marie de Kergorlay. Ce seigneur a vescu jusqu'en l'âge de 69 ans, aimé et
» chéri de tous en son pays, comme l'un des plus hommes de bien vertueux et
» généreux seigneurs de son temps. Il est décédé au mois de mars 1629, au chasteau
» de Botigneau, à deux lieues de Quimper-Corentin, et enterré dans la chapelle du
» chasteau de Kergournadech, dédiée à saint Jean. » Son corps fut accompagné sur la route de plus de 200 gentilshommes, et reçu à la porte de Quimper par M. l'évêque de Cornouailles. Son oraison funèbre fût faite dans la cathédrale par le R. P. de Bar, jésuite. La compagnie se rendit ensuite au château de Kergournadech « où il y avait tables préparées de 300 couverts magnifiquement servies de poisson. » Environ un an après la mort de son mari, Jeanne de Bottigneau quitta le monde, et se rendit religieuse Carmélite au couvent de Nazareth, près Vannes, où elle fit profession, le 7 novembre 1631, reçue par le R. P. Thibaut, de l'ordre des Carmes (extrait d'une ancienne généal. de la maison de Kerhoënt, bibl. nation.).

(M. G. de Carné.)

année. Dans le partage de ses biens avec ses cadets, la seigneurie de Glomel était advenue à son frère Toussaint. (1)

« TOUSSAINT DE ROSMADEC, capitaine d'une compagnie au régiment de M$^{gr}$ le cardinal duc de Richelieu, faisant sa plus continuelle résidence à la suite de la cour, vendit sa seigneurie de Glomel, autorisé par son frère aîné, haut et puissant seigneur Sébastien, marquis de Rosmadec, comte de la Chapelle, baron de Mollac, chevalier, gouverneur de Quimper-Corentin, qui a baillé en partage à son frère Toussaint la seigneurie de Glomel, quitte et indemnisée de toutes dettes et charges, fors les charges seigneuriales et fondations, etc. laquelle vente fut faite, le 17 octobre 1635, à escuyer Pierre Meslou, s$^r$ du Loch et de Kersaint-Éloy (en Glomel), pour la somme de 51,000 livres tournois, et six cents livres pour les officiers du baron de Montafillan. » (2)

Mais messire René du Liscoët, seigneur du Bois-de-la-Roche, se fit adjuger par prémesse le contrat du 17 octobre 1635, et il prit possession de la seigneurie, le 30 mars 1637, accompagné de messire Ollivier de Lamprat, s$^{gr}$ de Lésaudy, sénéchal de Carhaix. (3)

Toussaint de Rosmadec venait de mourir, dit cet acte (4), acte précieux en ce qu'il relate une minutieuse description des vitraux des églises de Glomel et autres, et en ce qu'il constate au bord de l'étang de Kerrien « quelques apparences

---

(1) Nous laissons à regret la suite de la filiation, en l'interrompant à Sébastien II de Rosmadec, mari de Renée de Kerhoënt, mais disons que leur fils aîné, Sébastien III, marquis de Rosmadec et de Molac, gouverneur de la ville et château de Nantes, épousa, en septembre 1755, Renée Budes, marquise de Sacé, seule héritière des branches de Sacé et de Guébriant, et que n'ayant pas laissé de postérité, sa sœur aînée, Marie-Anne de Rosmadec, devint sa principale héritière et épousa René le Sénéchal, comte de Kercado.

(2) Archives de la seigneurie de Glomel.

(3) Messire René du Liscoët, s$^{gr}$ du Bois-de-la-Roche, avait épousé, en 1619, Jacquemine de Gennes. Il était fils du fameux Yves du Liscoët, s$^{gr}$ du Bois-de-la-Roche, mari de Philippe de Maridor, dame d'honneur de la duchesse de Bar. *D'argent au chef de gueules de 7 billettes d'argent.*

(4) Toussaint de Rosmadec mourut à Compiègne au mois d'août 1636.

(Comm. de M. F. Saulnier.)

de vieilles ruines et de douves, mais qui sont à présent remplies de bois de haulte futaye, en la possession duquel emplacement de château nous avons pareillement mis et induit le dit sieur du Bois-de-la-Roche. »

Dès cette même année 1637, haut et puissant messire CLAUDE DU CHASTEL, marquis de Mezle, sgr de Châteaugal, etc., devint possesseur de la seigneurie de Glomel, par retrait féodal. Sa mère, Renée de la Marche, veuve d'Auffray du Chastel, marquis de Mezle, stipule en son nom, comme en celui de son fils, dans les premiers actes, et elle figure encore dans le contrat de vente du 29 novembre 1652, avec Yolande de Goulaine, femme de Claude du Chastel, en vertu de la procuration de ce dernier. Elles vendent les terres et seigneuries de Mezle, de Glomel et de Moëllou, sans aucune réservation pour les relever prochement et noblement, savoir :

La dite terre et seigneurie de Mezle et Moëllou du proche fief du Roi en sa juridiction de Carhaix, et la dite terre et seigneurie de Paoul, appartenant au dit seigneur de Kervillio — à messire Christophe Budes, chevalier, sgr du Tertrejouan, conseiller et garde-sceau du parlement de Bretagne. (1)

Mais le beau-frère du dit seigneur, messire Gilles Jégou, sgr de Kervillio, de Paule, de Kerjan, etc., fit opposition à Carhaix, le 9 août 1653, et fit signifier en sa juridiction de Paule, le dit seigneur du Tertrejouan, en demande de retrait féodal de la dite « terre et seigneurie de Glomel, dépendances » et appartenances comme relevant prochement de lui en son » dit fief de Paule, la dite opposition en instance de retrait

---

(1) Messire Christophe Budes, sgr du Tertrejouan, était fils de Jean Budes, chevalier, sgr du Tertrejouan, chevalier de l'ordre du Roi, et de Louise du Gourvinec. Il fut conseiller et garde-sceau du parlement de Bretagne dès 1624. Il épousa, le 15 octobre 1625, Renée du Bouilly, fille ainée de Guillaume du Bouilly, sgr des Portes, de Trébrit et de la Morandaye, et de Marguerite de Rosmadec, fille de Claude de Rosmadec et de Bertranne de la Vallée (v. le Laboureur).
Voir dans « les Dames Budes » du comte de Palys, tout ce qu'il a écrit de si curieux sur Christophe Budes et sur son fils, sa belle-fille et son admirable petite-fille, Anne-Marie Budes.

» poursuivie et continuée de temps en temps jusques à
» présent que le dit s$^{gr}$ du Tertrejouan, en conséquence de
» la communication lui faite par le dit s$^{gr}$ de Kervillio, de ses
» titres et aveux justifiants la dite mouvance proche, a
» déclaré n'avoir moyens valables pour empêcher le dit
» retrait féodal. Fait et passé au dit Rennes en la demeurance
» du dit s$^{gr}$ de Quervillio, mis et appozés en la minute des
» présentes demeurée vers Jan Berthelot, l'un des notaires
» soubs signants. »

L'acte porte la signature de Berthelot, notaire royal, et la date du 26 février 1658. (1)

GILLES JÉGOU, s$^{gr}$ de KERVILLIO, et déjà seigneur de Kerjean et de Paule, ajouta dès lors à ses possessions les seigneuries de Glomel, de Moëllou et de Mezle, et vint habiter le château de Glomel rebâti. Il mourut à Guingamp, le 29 mai 1676.

CLAUDE JÉGOU DE KERVILLIO, de Kerjean, président aux enquêtes au parlement de Bretagne, 1676-1678, héritier des mêmes seigneuries, les laissa à sa fille unique :

FRANÇOISE-PERRONNELLE JÉGOU DE KERVILLIO qui épousa, en 1680, Henri de ROUGÉ, marquis du Plessis-Bellière, 1678-1728, et eut pour héritier son petit-fils :

LOUIS DE ROUGÉ, marquis du Plessis-Bellière, époux de Marie-Thérèse d'ALBERT DE CHAULNES, 1728-1732, d'où :

CHARLES-MARIE DE ROUGÉ, leur fils et héritier, mort en bas âge, 1732-1735.

CATHERINE-INNOCENTE DE ROUGÉ, duchesse d'Elbeuf, sœur et tante des deux précédents, recueillit leur héritage, et posséda les seigneuries de 1735 à 1785.

Et CLAUDE-FRANÇOIS GICQUEL, M$^{is}$ du Nédo, acquéreur.

Telle est la liste des possesseurs de la seigneurie de Glomel pendant environ six siècles.

---

(1) Archives de la seigneurie de Glomel.

Avril 1690. — *Lettres d'érection de foires et marchés à Glomel.*

Louis, par la grace de Dieu Roy de France et de Navarre, à tous présants et advenir, salut à nostre cher et bienamé messire Henry-François de Rougé, chevallier, marquis du Plessix-Bellière et du Fay, seigneur de la Raye et de Glomel, Mezle, Kerjan, Paule, Moëlou, et Kervillio, et autres lieux, colonel d'un Régiment d'inffanterie entretenu pour nostre service, nous a fait remontrer que sa terre de Glomel, composée des fiefs de Mezle, Kerjan et Paulle, dans chacun desquels il a droit de hautte justice, estant fort considérable dans notre province de Bretagne, parce qu'elle est située dans un pays fertille en grains, bestiaux et autres marchandises, et plus fort, peuplé d'habittans marchands et artisans qui font un négosse fort considérable. Il seroit nécessaire pour leur utilité et pour leur facilliter un entier débit de leur marchandise, et des lieux circonvoisins d'augmenter le traficq en la dite terre de Glomel, et ce faisant y establit quatre foires et un marché le jeudy de chacque sepmaine, et que l'exposant nous a très humblement fait suplier de luy voulloir accorder et de luy octroyer nos lettres sur ce nécessaire à ces causes, voulant favorablement traiter le dit sieur marquis du Plessix-Bellière, mettant en considération ses services de nostre grace spécialle plaine puissance et authorité Royalle, nous avons créé et estably, créons et establissons par ses présantes, signé de nostre main, — au bourg de Glomel, un marché tous les jeudy de chacune semaine et quatre foires, scavoir au vingt cinq feuvrier, vingt et huict mars, vingt un octobre, et quatorze novembre de chacune année, à toujours, auxquels foires et marché nous voulons que tous marchands et autres y puissent aller et venir, séjourner, vendre et débitter, trocquer et eschanger toute sorte de marchandises licitées et permises sous les privillèges, franchises et libertés des autres foires et marchés de lad. province, au dit sieur marquis du Plessix Bellière à faire bastir halles, bancs estaux nécessaire pour le couvert et surettés des marchandises, et percevoir les droits qui seront pour eux deubs suivant les uz et coustume des lieux, et en establir une mesure conforme à celle de l'usage du païs et de la dite terre, pourveux toute fois qu'à quatre lieux à la ronde il n'y ayt lesd. jours autres foires et marchés auxquels les présantes puissent préjudicier, et qu'ils n'écheut aux jours de dimanche et festes solennelles auxquels cas elles seront remises soubz le lendemain sans qu'on le puisse prandre aucune franchise et exécution de nos droits, et donnons mandemens à nos amés et féaux conseillers les gentz tenans nostre cour de parlement à Rennes, sénéchal de Carhaix ou son lieutenant de ces présentes qu'ils fassent régistrer, lire et publier par tout ou besoigns sera, et de leur contenu jouir et uzer ledit sieur du Plessix-Bellière, ses successeurs et habittans dudit Glomel pleinement et paisiblement et perpétuellement cessant et faisant cesser tous trouble et empechements contraires, car tel est nostre plaisir, donné à Marly au mois d'avril l'an de grace mil six cent quatre vingt dix, et de nostre règne le quarante et septiesme. Signé Louis, et sur le replye, par le Roy, COLBERT — au visa, BOUCHERAT pour Lettres patantes, Establissement de foires et marchés au bourg de Glomel aux jours marqués par lesd. Lettres.

# VIII.

## NOTICE HISTORIQUE

SUR LA SEIGNEURIE DE MEZLE-CARHAIX (1) (CÔTES-DU-NORD).

---

La paroisse de Mezle était une châtellenie qui appartenait de temps immémorial à l'illustre famille du Chastel et relevait du Roi : c'est probablement pour cela qu'on l'appelait Mezle-Carhaix, à cause de la cour royale qui existait dans cette ville. En 1652, cette seigneurie fut vendue ainsi que celles de Glomel et de Moëllou, par madame Yolande de Goulaine, femme de messire Claude, marquis du Chastel, et autorisée par lui, à messire Christophe Budes, seigneur du Tertrejouan, conseiller et garde des sceaux au Parlement de Bretagne, cousin du maréchal Budes, connu sous le nom de Guébriant.

Six ans plus tard, en 1658, ledit s$^{gr}$ du Tertrejouan transporta à messire Gilles Jégou, seigneur de Kervillio, Paule, Kerjean, etc., son beau-frère, les terres et seigneuries de Mezle, Glomel et Moëlou, et la juridiction de Mezle fut réunie à celle de Glomel par lettres patentes, à la date de 1681, obtenues par messire Henri de Rougé, marquis du Plessis-Bellière, qui avait épousé Françoise-Pétronille Jégou, dame de Glomel, Paule, Mezle et Kerjan, fille unique de messire Claude Jégou, fils du précédent, président aux enquêtes du Parlement de Bretagne.

Le marquis de Rougé fut grand-père de la duchesse d'Elbeuf qui réunit toutes les seigneuries indiquées ci-dessus à la baronnie de Rostrenen qu'elle vendit en 1785 à M. le comte

---

(1) Cette notice, faite par M. le comte Emmanuel-Joseph de Saisy lui-même, se trouvait dans ses papiers.
Maël-Carhaix, chef-lieu de canton, (Côtes-du-Nord).

du Nédo, duquel elles passèrent par succession à M. le comte de Guichen qui les a vendues en 1836 à M. le vicomte de Saisy.

Les seigneurs de Mezle sont fondateurs et patrons de l'église paroissiale de Mezle qui fut rebâtie en 1630, et de la chapelle de Sainte-Catherine, qui n'existe plus. Ils avaient seulement droit d'armoiries dans la chapelle de Notre-Dame de Kerlin, aussi dans la même paroisse.

La prise de possession, du 11 mars 1658, de la seigneurie et châtellenie de Mesle, « par escuier Allain Jégou, sieur de Bressillien, fils puisné de messire Gilles Jégou, s$^{gr}$ de Kervillio, » qui, chargé de le représenter, et accompagné de M$^e$ Yves Lohou, lieutenant de Carhaix, constate dans le procès-verbal, que s'étant rendus « sur les lieux où estoit autrefois
» le chasteau dudict Mezle dont les ruines sont visibles,
» paroissant avoir eu quatre tours alantour d'une ceinture
» de six piedz d'espoisseur de murailles; les douves grande-
» ment profondes, de sorte qu'il estoit eslevé sur une motte
» et au pied duquel entien chasteau ruiné, avons aussi vu
» un grand estang avecque sa chaussée au dessoubs d'iceux,
» un moulin, etc., de plus, nous ont les dits procureurs
» monstré l'applacement et vestiges d'un vieux colombier
» ruiné quy paroist encore à deux à trois cents pas dudict
» chasteau, etc. »

L'auteur de cette notice continue ainsi :

La seigneurie de Mezle avait droit de haute justice.

Les patibulaires à quatre pots étaient placés au nord de l'étang de l'ancien château.

La chapellenie ou prieuré de Sainte-Catherine fut fondée par Yves du Dresnay qui était chanoine de Cornouaille et recteur de Mezle.

M$^{re}$ Henry Floch en était chapelain en 1544.

M$^{re}$ Bertrand Boulaye, en 1638.

M$^r$ Julien Chapron, en 1668.

Mᵣₑ Halligon, clerc tonsuré de la ville de Rennes, en 1705, qui donna sa démission la même année.

Depuis, les recteurs de Mezle ont joui des terres qui en dépendaient, car déjà à cette époque la chapelle était en ruine, et n'a pas été rétablie depuis.

---

### DROITS DE LA SEIGNEURIE DE MEZLE.

#### EXTRAIT DE L'AVEU DU 23 FÉVRIER 1619.

*(Archives de la baronnie de Rostrenen.)*

« Pour et à cause desquelles terres et seigneuries cy-devant
» rapportées led. seigneur de Mezle est en possession d'avoir
» juridiction sur ses hommes et sujets à foi, domaniers
» convenanciers, et les contraindre aux jugements d'icelle et
» de faire procéder devant les officiers, comme sénéchaux,
» baillif, et lieutenant, et procureur, greffier, notaires ta-
» bellions et sergents, que peut et est en possession de créer
» et instituer aux dations tutelles et curatelles et confection
» d'inventaire, de recueillir les déshérances et successions
» de bâtards descendants en ses dites juridictions terres et
» seigneurie et contraindre ses hommes et sujets d'être
» sergents forestiers, et de recevoir de bailler leur rapport
» cueillette desd. deniers, et audtour et rang de lever les taux
» et amandes de lad. seigneurie court et juridiction de Mezle,
» même est en possession d'avoir sceaux des contrats et actes
» de tous autres droits de juridiction et de justice ; a justice
» patibulaire à quatre pots en ladite paroisse de Mezle et en
» la trève de Kergloff et aussi en l'ancienne trève de la
» paroisse de Plusquellec.

» Même a ledit seigneur de Mezle pareil droit de juridiction
» que dessus en sa terre et pièce de la Roche-Droniou située
» en ladite paroisse de Plusquellec au proche fief de la
» seigneurie de Callac.

» Sur tous lesquels hommes tant de fief qu'à domaine cy-
» dessus lesdits seigneur et dame déclarants ont, tout ainsi
» qu'ont eu leurs prédécesseurs, droit de justice haute et
» basse, et moyenne, et pouvoir d'établir sénéchaux, alloués,
» lieutenants, procureurs d'office, greffiers, notaires et
» tabellions et autres officiers.

» Laquelle juridiction s'exerçoit anciennement au bourg
» paroissial de Mezle en l'auditoire qui y étoit lors batti
» proche le cimetière, immédiatement après l'audiance de la
» cour de Duault qui lors s'y exerçoit et à présent, et depuis
» l'annexe de ladite juridiction de Duault à celle de Carhaix,
» lad. juridiction de Mezle s'exerce génerallement en l'au-
» ditoire au siège roial de Carhaix immédiatement après
» l'issue de l'audiance de lad. cour roïale, et ont les juges de
» lad. juridiction de Mezle droits d'assise dans les sièges de
» Messieurs les juges roïaux après qu'ils ont sorti.

» Davantage a ses patibulaires à quatre pots en la paroisse
» de Mezle situés au nord de l'étang de l'ancien château de
» Mezle. » (Aveu de 1681.)

---

### Les seigneurs de MEZLE.

Du Chastel : *Fascé d'or et de gueules de six pièces.*
(Devises : Vaillance du Chastel, et Mar car Doué.)

1. Tanguy du Chastel, fils puisné de Tanguy, s$^{gr}$ du Chastel, capitaine de Brest, qui embrassa le parti de Jean de Montfort, battit Charles de Blois à la Roche-Derrien, en 1347, et de Tiphaine de Plusquellec, devint seigneur de Mezle en épousant Gabrielle, dame de Mezle, héritière de sa maison. Il écartela dès lors ses armes de celles de Mezle qui étoient : *de gueules à trois mains dextres appaumées d'hermines*, d'où :

2. Henri du Chastel, I$^{er}$ du nom, seigneur de Mezle, vivant en 1374, marié à Marie de Coëtgoureden, d'où :

3. Henri du Chastel, II^e du nom, seigneur de Mezle, marié à Isabeau de Kermellec, fille et héritière de Jean de Kermellec, seigneur de Châteaugal (en Landeleau), chevalier, chambellan du duc (1), et de Catherine de Languenvez, d'où :

4. Louis du Chastel, chevalier, seigneur de Mezle, Châteaugal, La Roche-Droniou, Rosquigeau, etc., vivait en 1473. Il épousa Isabeau de Bouteville, d'où :

5. Henri du Chastel, III^e du nom, seigneur de Mezle et de Châteaugal, marié à Jeanne de Quélen, fille d'Yvon, s^gr de Quélen et du Vieux-Chastel, d'où :

6. Jean du Chastel, 1^er du nom, seigneur de Mezle et de Châteaugal, devint chef de sa branche par la mort de Louis, son aîné, tué à Ravenne en 1512, et de Henri décédé sans alliance; il fut marié à Catherine de Plœuc, fille de Vincent de Plœuc, s^gr du Tymeur, et de Jeanne de Rosmadec, d'où quatre enfants.

7. Antoine du Chastel devenu, par la mort de son frère Jean, l'aîné, lequel avait été marié à Marie du Bot de Pouleriguen (par. de Gourin) et par celle de Charles du Chastel, leur fils, mort jeune, seigneur de Mezle et de Châteaugal, épousa Marie Le Scaff (2), fille unique de Jean, seig^r de Kerriel, et de Jeanne de Kergoët.

8. François du Chastel, chevalier, seigneur de Mezle, Châteaugal, Kergoët, La Roche-Droniou, etc., gouverneur de Quimperlé pendant la Ligue, mourut en 1599. Il fut marié 1° à Marie de Keroulas; 2° à Catherine de Quélen, fille d'Yves de Quélen, s^gr de Saint-Bihi, et de Jeanne Jourdren. Elle avait épousé en 1^res noces, Yves de Guer, s^gr de la Porteneuve.

---

(1) Jean de Kermellec fut, en 1423, l'un des ambassadeurs envoyés par le duc de Bretagne aux ducs de Bedfort et de Bourgogne. (*D'or à la fasce de gueules*, qui est Penhoët, *accompagné de trois molettes de même*.) (Sceau 1363.)

(2) Ne pas confondre ces le Scaff avec les le Scanff, seigneurs du Dréortz (en Priziac), du Pélineuc, de Château d'Assis, de Brécillien et de Paule.
Les le Scaff, sg^rs de Kerriel, portaient : *de gueules à la croix d'or frettée d'azur*.

Marie, sa sœur, épousa Auffret de Kergoët, sgr de Tronjoly, en Gourin ; 3º à Anne de Kerouzéré.

De Marie de Keroulas, trois enfants :

A. Vincent du Chastel, seigneur de Mezle, Châteaugal, Keroulas, Kergoët, marié à Jeanne de Guer, fille d'Yves de Guer, seigr de La Porteneuve, et de Catherine de Quélen. Il mourut en 1615.

B. Tanguy du Chastel, fils puîné de Marie de Keroulas, tué au siège d'Ostende, en 1602.

C. Mauricette du Chastel, leur sœur, devenue dame de Keroulas, épousa Maurice du Rusquec, mort sans enfants, en 1620, puis, l'an 1626, Jacques de Visdelou, seigr du Hilguy, et mourut en 1627, et fut inhumée dans le chœur des Carmélites de Quimper.

De Catherine de Quélen, François du Chastel eut deux fils :

Auffray qui suit, et Jean, sgr de Kergoët, et trois filles dont l'aînée seule fut mariée à François de Penmarch, sgr de Coetenez.

9. Auffray du Chastel, seigneur de Mezle, Châteaugal, etc., succéda à son frère aîné dans ces seigneuries, et prit alliance avec Renée de la Marche, fille unique de René, sgr dud. lieu (en Braspartz), et de Bodriec (en Loqueffret), et de Françoise du Plessix, dame de Kerminihy et de Missirien.

Il fut père de :

10. Claude du Chastel, marquis du Chastel, de la Garnache, de Goulaine et de Mezle, comte de Beauvoir-sur-Mer et seigneur de Mezle, de Châteaugal, Kergoët, Glomel, Le Granec, La Marche, Kerminihy. Il épousa : 1º Sainte Budes, fille unique de Julien Budes, sgr de Blanchelande, et d'Anne Arrel, dame de Kermarquer, le 1er octobre 1639 ; mariage cassé six ans après, en 1646 (1) ; Claude du Chastel se

---

(1) Elle se remaria l'année suivante à Charles Auzeray, sgr de Courvaudon.

remaria, le 1er octobre 1647, à Yolande de Goulaine, fille aînée de Gabriel, marquis de Goulaine, et de Claude de Cornulier, morte, en 1696, âgée de 70 ans, sans postérité.

Claude du Chastel mourut à Port-Louis, et fut inhumé dans le chœur de l'église de Notre-Dame, le 22 octobre 1688. Il était âgé de 68 ans.

Depuis le 29e novembre 1652, les châtellenies et seigneuries de Mezle, Glomel et Moëllou avaient été vendues par Yolande de Goulaine au nom de Claude du Chastel, son mari, et avaient d'abord été acquises par Christophe Budes, sgr du Tertrejouan, puis cédées par celui-ci à son beau-frère, Gilles Jégou, sgr de Kervillio, de Kerjan et de Paule qui en fit le retrait féodal.

La continuation des seigneurs de Mezle se trouvant dans la notice sur Glomel, on peut la suivre là, et voir leur liste :

GILLES JÉGOU DE KERVILLIO, sgr de Kerjan, Paule, Glomel, Moëllou, Mezle, mort en 1676.

CLAUDE JÉGOU, vicomte de Kerjan, son fils, président aux enquêtes du Parlement de Bretagne, sgr de Glomel, Moëllou et Mezle, mort en 1678.

FRANÇOISE-PÉTRONILLE JÉGOU, sa fille unique, mariée à Henri-François de Rougé, marquis du Plessis-Bellière, morte en 1728, dame de Paule, Kerjan, Glomel, Moëllou, Mezle.

LOUIS DE ROUGÉ, marquis du Plessis-Bellière, son petit-fils, mort en 1634, sgr de Paule, Kerjan, Glomel, Moëllou et Mezle.

CATHERINE-INNOCENTE DE ROUGÉ, sa sœur, duchesse d'Elbeuf, baronne de Rostrenen, dame de Paule, Kerjan, Glomel, Moëllou et Mezle, vendit tous ses biens en 1785 au comte du Nédo.

# IX.

## NOTICE

### SUR LA SEIGNEURIE DE L'ÉTANG (EN TRÉBRIVAN), CANTON DE MAEL-CARHAIX (Côtes-du-Nord).

Le premier possesseur de la seigneurie de l'Étang qui soit connu est messire Hervé du Quélennec, premier président aux Comptes en 1536; dont nous ne saurions indiquer les père et mère, il eut pour femme Marguerite de Kerriec, dame de Coëtanfao (en Séglien). Cette Marguerite de Kerriec fut mariée trois fois. En 1540 elle était femme du seigneur du Bois-de-la-Roche et du Lou — un du Liscoët (?) — En 1549 on la trouve femme de noble homs Rolland de Kernavanoy, et sur les actes qui mentionnent ces alliances, elle est toujours qualifiée dame de Coëtanfao. La fille aînée de son mariage avec Hervé du Quélennec fut Anne du Quélennec, appelée dame du Stang ou de l'Étang, et de Coëtanfao, femme de François, sire de Quélen, baron du Vieux-Chastel. Elle mourut en 1558. Deux filles étaient nées de son mariage, dont la cadette, nommée Gillette, ne se maria pas et mourut avant sa sœur. L'aîné, Louise, fut après son père dame de Quélen, baronne du Vieux-Chastel, etc. Elle mourut en 1573, sans avoir eu d'enfants de Pierre de Boiséon, son mari, fils de Claude de Boiséon, et de Marie de Kerimel; celui-ci fit son testament, le 16 septembre 1568, ordonnant de l'inhumer dans l'église de Lanmeur.

Jeanne du Quélennec, sœur cadette d'Anne, épousa Pierre de Plœuc, s$^{gr}$ de Kerguégant, quatrième fils de Vincent, s$^{gr}$ du Tymeur, et de Jeanne de Rosmadec, d'où Marie de Plœuc, femme, en octobre 1559, d'Olivier de Kerhoënt, s$^{gr}$ de

Kergournadech, chevalier de l'ordre du Roi. « La dite dame mourut assez jeune, en 1573, et le dit seigneur son mari, en l'âge de plus de 60 ans, l'an 1594, et fut inhumé en l'église de Cléder, au chœur d'icelle, sous un tombeau haut et élevé, et dans la dite église, est sa peinture, de son long, armé de toutes pièces, sa coste d'armes de velours rouge cramoisi, son casque, ses éperons dorés et sa lance. Ce seigneur Olivier a immortalisé sa mémoire dans les bastiments superbes qu'il a entrepris, du faict du chasteau de Kergournadech qui mérite d'estre mis au rang des belles maisons de France. » (Extrait d'une anc. généalogie de la maison de Kerhoënt, biblioth. nationale). Olivier de Kerhoënt était fils d'Alain et de Jeanne de Kergournadech. Il fut père de François de Kerhoënt, sgr de Kergournadech, de Coëtanfao, de l'Estang, et de Kerjoly, etc., commandant la noblesse de l'évêché de Léon, pendant la Ligue, chevalier de l'ordre du Roi. Il mourut en mars 1629. Il avait épousé, en 1583, Jeanne de Botigneau, grande et riche héritière, fille unique d'Alain de Botigneau et de Marie de Kergorlay. Environ un an après la mort de son mari, Jeanne de Botigneau quitta le monde, et se rendit religieuse carmélite au couvent de Nazareth, près Vannes, où elle fit profession le 4 novembre 1631 (1).

Ils eurent deux filles :

1. Renée de Kerhoënt, née et baptisée en la paroisse de Clohars le 16 juin 1601, le plus considérable parti qui fût lors dans la Bretagne, épousa, le 1er mai 1616, Sébastien, marquis de Rosmadec, IIe du nom, comte des Chapelles, baron de Molac, etc., chevalier de l'ordre du Roi, gouverneur pour sa S. M. des villes et sénéchaussées de Quimper-Corentin et Dinan, fils de Sébastien de Rosmadec, Ier du nom, baron de Molac, et de Françoise de Montmorency.

---

(1) Extrait des *Chevaliers de Saint-Michel bretons*, du Vte G. de Carné.

2. Claude de Kerhoënt, sœur cadette, née et baptisée à Clohars le 27 septembre 1604, est appelée dame de l'Estang. Elle épousa François de Kergroadez, baron de Kerlech, chevalier de l'ordre du Roi, fils unique de François de Kergroadez et de Claude de Kerlech, en 1621. Elle mourut en 1633, et fut inhumée dans la chapelle de Brelès. Comme ce mariage fut sans postérité, l'Étang retourna aux enfants de sa sœur.

L'aîné, Sébastien III de Rosmadec, marquis de Molac, épousa Renée Budes, marquise de Sacé, fille d'Yves Budes, baron de Sacé, et de Françoise Bouhier, propre nièce du maréchal de Guébriant : ils se marièrent en septembre 1655. Il déclara dans le dénombrement fourni pour l'Etang et autres seigneuries, le 10 juin 1673, « que tous ces héritages lui » sont advenus de la succession de dame Claude de » Kerhoënt, vivante dame de Kergroadez, sa tante, » décédée plus de quarante ans. »

---

DÉNOMBREMENT rendu par haut et puissant seigneur messire Sébastien, chef de nom et armes, marquis de Rosmadec, Pontcroix et Tivarlen, baron de Molac, du Juch et de Serrent, s$^{gr}$ de Kergournadech, l'Estang, Brunault et Lostancoat, Quintin en tenues, Sacé, le Plessix-Budes, Échirel, le Guébriant, et d'autres terres et seigneuries, conseiller du Roy en tous ses conseils ; lieutenant général en Bretagne, et gouverneur de la ville et château de Nantes, des châteaux, terres, seigneuries, juridictions de haute, moyenne et basse justice à quatre pilliers, rentes, cheffrantes mouvance, tant en proche qu'en arrière fief, droits honorifiques, privilèges domaine congéable, et d'autres droits dépendants des dittes terres et seigneuries de l'Estang, Brunault et Lostencoat réunies par lettres de S. M. qu'il tient et relève, prochement et immédiatement, et noblement du Roy aux charges ci-après déclarées.

Savoir :

### PAROISSE DE TRÉBRIVANT.

Le château de l'Estang, maisons, chapelle, cours, douves, jardins, vergers, bois de haute futaye, de décoration, rabines, bois taillis et métairie noble en dépendant, parc, prés, issues et franchises avec le moulin près du dit château; estang et biez, et touffes de bois proche le dit moulin, ses issues, jardins et deux colombiers, l'un situé dans la cour du dit château, et l'autre collombier dans l'estang du dit moulin, le tout étant dans une cerne fermée de barrières, murailles et fossés, nommés le Parc et enclos du château, le tout contenant seize journaux de terre y compris moulin et dépendances. Sous bois de futaye et de décoration trente-deux journaux de terre.

Sous bois taillis, trois journaux, trois cordes et demie.

La métairie du château, comprise dans le dit enclos de soixante journaux de terre chaude, quinze journaux de terre froide, et sous prairie trente et un journaux ; la ditte métairie à présent tenue, et profitée à titre de simple ferme par Adrien Rivoal, pour en payer par chacun an la somme de.....

Comme aussi les rabines qui sont sur le chemin des deux côtés depuis le dit château de l'Étang de Cabornetz contenant une lieue. Plus appartient au dit seigneur de Mollac les rabines sur le chemin pareillement conduisant du dit château de l'Estang jusque au pont Roudaou contenant trois quarts lieue.

Plus autre rabine conduisant du dit château jusques aux rabines de Quélen.

Autre rabine conduisant du bourg de Trébrivant à la croix du Ferti.

Toutes les dites rabines appartenant au dit seigneur des deux côtés.

Les moulins du dit château compris dans le dit enclos avec son jardin, et issues, tenu à ferme sous la dite seigneurie par Alain Guimarch, pour en payer par chacun an la somme de.....

Suit le dénombrement des convenants dépendants de la seigneurie de l'Étang.

---

Sébastien III de Rosmadec, marquis de Molac, n'ayant pas laissé de postérité, il eut ses deux sœurs pour héritières. Marie-Anne de Rosmadec, l'aînée, épousa René le Sénéschal, comte de Kercado, troisième fils de François le Sénéschal, baron de Kercado, chevalier de l'ordre du Roi, qui était mort au mois de juin 1639, et de Catherine de Lys, qu'il avait épousée par contrat du 14 août 1620.

Marie-Renée de Rosmadec, seconde fille de Sébastien II de Rosmadec et de Renée de Kerc'hoent, épousa Isaac de la Paluelle, marquis de la Paluelle (Avranches, Normandie), et c'est à elle qu'échurent les seigneuries de l'Étang, du Brunot et de Lostancoët, ou du moins à sa fille, Charlotte de la Paluelle, qui épousa, par contrat du 28 octobre 1676, Gaspard-Claude de Carbonnel : leur fils aîné, René-Anne de Carbonnel, comte de Canisy, est intitulé dans la généalogie de sa famille (1), sgr de l'Étang, le Brunot et Lostancoët. Il mourut au château de la Paluelle, le 20 mai 1726, après avoir épousé, par contrat du 19 juillet 1718, Thérèse-Éléonore Guestre de Préval, d'où Renée-Françoise de Carbonnel de Canisy, marquise de Pardaillan d'Antin, remariée suivant contrat du 2 mars 1742, à Louis-Ruffile de Brancas, des comtes de Forcalquier, lieutenant général en survivance au gouvernement de Provence, grand d'Espagne. Elle fut dame d'honneur de M<sup>me</sup> la comtesse d'Artois, et chargée par le roi Louis XVI d'aller à la frontière recevoir cette princesse lors de son entrée en France.

Leurs héritiers ont vendu l'Étang, en 1826, à Joseph-

---

(1) D'Hozier. *Armorial de France.*

François-Bonabes Jégou, comte du Laz, et cette terre de l'Étang après avoir appartenu successivement de 1861 à 1892, à son second fils, Hippolyte du Laz, puis à sa fille, Eugénie, est advenue à son petit-fils, Adolphe-Marie-Joseph-Michel Jégou, comte du Laz, héritier de sa tante.

Si les marquis de Rosmadec de Molac revoyaient cette demeure, ils ne la reconnaîtraient sans doute plus : on sent que la dévastation a passé là, et ensuite l'abandon et la ruine. Déjà, lors des guerres de la Ligue, et quand François de Kerhoënt, s$^{gr}$ de Kergournadech, de Coëtanfao, de l'Estang et de Kerjoly, chevalier de l'ordre du Roi, la possédait, du Liscoët, digne pendant de la Fontenelle, y avait établi son quartier, et occupé l'Étang avec 500 hommes d'armes dont on peut imaginer le ravage de toute cette région. D'immenses écuries sont encore là, bordant la rivière qui passe au ras de leurs murs.

On sent bien en considérant ces lieux qu'ils ont tout un passé, et qu'il y plane comme quelque chose de mystérieux, mais elle a complètement changé d'aspect cette demeure où les marquis de Molac firent de fréquents séjours. Entre 1660 et 1680, des lettres écrites à son chargé d'affaires, M. de la Villemorel, habitant le Brunault, nous apprennent que Sébastien III de Rosmadec, marquis de Molac, quitta presque chaque année son gouvernement de Nantes et la cour, pour venir séjourner à l'Étang de préférence à d'autres de ses nombreuses seigneuries. Le temps m'a manqué pour en prendre des fragments. On voit que ce grand seigneur maniait la plume comme l'épée : on devine un homme sage, prudent, réfléchi, de forte tête et de haute capacité. Il commande à M. de la Villemorel comme le fait aussi Renée Budes de Guébriant, marquise de Molac, à M$^{me}$ de la Villemorel, tous les préparatifs pour leur arrivée et séjour à l'Étang. Leur suite est nombreuse ; ils n'amènent pas moins de six chevaux, mais parfois davantage, qui mangent plus de paille que de foin, et pour lesquels il faut acheter le plus d'avoine que l'on trouvera dans les marchés environnants : le marquis de Molac a un soin extrême de ses chevaux. De grosses provisions de bœuf, d'agneau et de veau, avec force lard à larder, sont prises à Carhaix, sans parler des innombrables volailles des redevances et du gibier abondant : on envoie prendre à Hennebont, surtout à Quimperlé, les pipes de vin blanc pour les domestiques, en outre du cidre qui les attend ; des vins rouges et autres des meilleurs crus. Le châtelain n'oublie aucun détail : dans la salle basse où mange sa nombreuse suite, son maître d'hôtel, son page, son cocher La Hutte, ses cuisiniers et palefreniers, et aussi la suite de la marquise, il ordonne de retirer des lits qui sont là, car c'est vilain de manger où l'on couche, dit-il. Les provisions de chandelle ne valent rien : il en faut de suif de mouton. Pour les lits, la marquise recommande de bons matelas tout neufs, lits de plume et traversins de plume bien bourrés ; mais le marquis écrit que la literie étant insuffisante pour sa suite, il faut quérir ce qui manque chez les voisins qui, ajoute-t-il, n'y perdront rien. Il fait bon voisinage avec eux, parle surtout des sgrs de Lochrist, M. de Saint-Maur (l'Ollivier de Saint-Maur). C'est un court résumé de ces lettres qui souvent commencent par ces mots : *mon ami Villemorel*, et sont signées Molac. (1)

L'Étang n'a pas passé en des mains complètement étrangères, car aujourd'hui c'est un arrière-neveu de la marquise de Molac, un descendant de Marie Budes du Tertrejouan par son père, et de Christophe Budes du Tertrejouan par sa mère, qui le possède. Il est bon d'en faire la remarque en terminant cette étude sur une de nos antiques seigneuries.

---

(1) Ces lettres nous ont été montrées aux archives de Quimper par M. J. Lemoine, archiviste, qui y a puisé tout ce qui fait l'objet de son joli et curieux article : *une Bretonne à la cour de Louis XIV* (Revue de Bretagne et de Vendée, juillet 1896) Mlle Renée de la Villemorel, qui fut emmenée à Paris et à la cour par sa marraine, la marquise de Molac, et dont la beauté fut admirée : cause probable de la belle alliance qu'elle fit, en 1679, en épousant messire Allain du Perrier, sgr du Boisgarin.

# X.

## NOTICE

### SUR LES POSSESSEURS SUCCESSIFS DU CHATEAU DE TRÉGARANTEC, EN MELLIONEC (ÉVÊCHÉ DE VANNES AUTREFOIS).

ALAIN DE TRÉGARANTEC, sgr de Trégarantec, figure dans une vente faite par Adelice de Hennebont à Geoffroi de Rohan, en août 1271. Les armes de cette famille étaient : *d'azur à trois pals d'argent* (sceau 1316).

ALAIN DE TRÉGARANTEC, son fils probablement, était sénéchal de Guémené-Guégant, en 1316.

Autre ALAIN DE TRÉGARANTEC figure le 1er mai 1379, dans une montre d'Olivier de Clisson.

PIERRE DE TRÉGARANTEC, leur descendant, époux de Madeleine de Lanvaux, avait pour filles, Jeanne de Trégarantec, femme d'Olivier de Châteauthro, sgr de la Villecado, et Marie, femme avant 1550, de Robert le Sénéchal de Kercado, vicomte de Châteauneuf, en Goëllo, et de Maugremieu, et, sauf erreur, il eut une fille mariée au seigneur de la Forest qui fut héritière de Trégarantec, Aliette de la Forest, dame du Boisgelin, qui, le 10 juin 1510, fait foi et hommage au seigneur de Glomel qui était Jean III, sire de Rosmadec, pour des rentes et seigneuries relevant de lui dans la seigneurie de Trégarantec. Un de ses procureurs pour cet hommage est Jehan, sire de Kerouartz. (1)

LOUISE DE LA FOREST, sœur et sans doute héritière de la précédente, et dernière de sa branche, apporta à Tanguy de Kermavan ou Carman, son mari, le château de la Forest, en Languidic, ainsi que la seigneurie de Trégarantec. Elle mourut en 1544.

---

(1) Archives de la seigneurie de Glomel.

FRANÇOISE DE KERMAVAN, fille des précédents, héritière de sa maison, épousa, vers 1530, JEAN DE PLUSQUELLEC. Leurs descendants prirent le nom de Kermavan.

MAURICE DE PLUSQUELLEC, leur fils, qui prit le nom et les armes de KERMAVAN : *d'or au lion d'azur*, épousa JEANNE DE GOULAINE, fille de Christophe, sire de Goulaine, de la Ruffelière, etc., et de Claude de Montejan, laquelle fille de Louis, sire de Montejan, de Sillé-le-Guillaume, de Cholet, de Bécon, et d'Anne du Chastel, vicomtesse de la Bellière.

Jeanne de Goulaine fit son testament à son château de la Forest (en Languidic, près Hennebont), le 30 juillet 1595 (1), et de trois fils, et trois filles, Claude de Carman resta principale héritière, et fut mariée à haut et puissant FRANÇOIS, marquis DE MAILLÉ, lui apportant entre autres biens, la seigneurie de Trégarantec.

Leur fils aîné, CHARLES DE MAILLÉ, Marquis DE CARMAN, Comte de Maillé, baron de la Forest, fit ériger la terre de Kerman en marquisat par lettres d'août 1612 ; et celle de Sexploé en comté, depuis nommé Maillé, par autres lettres du 12 janvier 1626. Il mourut à son château de l'Islette, le 14 juin 1628, s'y étant fait porter du siège de La Rochelle, où il tomba malade. Il fut inhumé aux Cordeliers de Tours.

---

(1) Le testament très curieux de Jeanne de Goulaine, dame douairière de Carman, du 30e juillet 1593, se trouve dans le fonds de l'abbaye de Bonne-Nouvelle, aux archives départementales de Rennes. Il a été publié au mois de juillet dans la Revue de Bretagne et de Vendée, grâce à M. Parfouru, archiviste si estimé de l'Ille-et-Vilaine.

Elle fait 25 l. tournois de fondation à Notre-Dame de Bonne-Nouvelle où sont inhumés ses enfants provisoirement. « Ordonne son corps estre inhumé à costé de son deffunt mary, sgr de Carman, en l'église et couvent des Carmes de Sainct-Pol-de-Léon, et que l'on ne fasse aucune pompe ni assemblée à son enterrement, ni grand service, sinon d'y appeler ses parents les plus près, et les gentilshommes d'auprès, et veut que le chœur et les autels ne soient tandus que de linges blancs avec deux cierges à chacun autel, et que l'on sonne les cloches afin d'assembler les prestres pour dire leurs messes. — Qu'il y ait cinquante pauvres accoutrés, chacun une torche allumée, et treize cierges alentour de sa tombe, et que le service soit honorablement fait. — Veut que ses deux fils inhumés à Bonne-Nouvelle soient portés à Saint-Pol près d'elle. »

Ces deux jeunes seigneurs, dont l'un récemment marié à Diane de Luxembourg, en même temps, furent tués en duel à la fleur de l'âge, ce qui causa un grand émoi en Bretagne.

C'est au château de la Forest, en Languidic, que Jeanne de Goulaine fit son testament, et que certainement elle mourut.

Il avait vendu la seigneurie de Trégarantec, d'abord au sieur de Parthevaux de la Tour, le 30 décembre 1620, qui ne la posséda pas longtemps ; car, par retrait lignager, elle passa en 1623 à messire Pierre de Perrien, ainsi que le prouve le titre suivant : — 22 mai 1623. — Bannies en la paroisse de Glomel par un sergent de la baronnie de Rostrenen (1), à requête d'écuyer Pierre de Perrien et damoiselle Hélène Urvoy, s$^{gr}$ et dame de la Ville-Chevalier, qui avaient exercé le retrait lignager sur honorable Yves Parthevaux, s$^r$ de la Tour, et Françoise le Floch, sa femme, lesquels par contrat du 30 décembre 1620, au rapport de le Diouguel et Jacques Quintin, notaires de la juridiction de Morlaix et de Lanmeur, avaient acquis la terre de Trégarantec de messire Charles de Maillé, fils de messire François de Maillé et de dame Claude de Carman, dame de Seizploé, Trégarantec, etc. »

Messire PIERRE DE PERRIEN était fils de Charles de Perrien et de Louise de Bellisle, sa première femme, et il avait épousé Hélène Urvoy, fille de messire Charles Urvoy et de Plésou de Bouteville, seigneur et dame de Crenan, de Coëtcouraval, etc., laquelle Plésou de Bouteville était la seconde femme de Charles de Perrien.

PIERRE DE PERRIEN, chevalier, s$^{gr}$ de Trégarantec, mourut en 1644. Il eut pour fils :

LOUIS DE PERRIEN, chevalier, seigneur de Trégarantec, qui épousa le 3 février 1660, dans la chapelle de Saint-Georges en Nostang, haute et puissante dame Nicole de Cosnoal, dame douairière de Kerservant et de Kersimon, laquelle était veuve de Nicolas II de Talhoët, s$^{gr}$ de Kerservant, et était fille de Georges de Cosnoal, s$^{gr}$ de Saint-Georges et de Marguerite des Portes.

JÉRÔME DE PERRIEN, leur fils, né en 1667, à Trégarantec, était en bas âge, et avait perdu son père, lorsque Nicole de

---

(1) Archives de la baronnie de Rostrenen dont Trégarantec relevait pour une partie, et relevait pour la plus grande de la principauté de Guémené.

Cosnoal, sa mère et tutrice, vendit la seigneurie de Trégarantec aux Saint-Noay (1).

GILLES DE SAINT-NOAY, fils de messire François de Saint-Noay, s^r de Kergorant (en Mellionec), et de damoiselle Fiacre Guéguen, prit possession de la seigneurie de Trégarantec, le 30 juin 1676.

Il mourut très peu de temps après, sans alliance, et son héritière fut sa sœur :

FRANÇOISE-AUGUSTINE DE SAINT-NOAY qui, depuis 1662, avait épousé messire RENÉ JÉGOU, s^gr de PAULE, qui fut conseiller au Parlement de Bretagne, second fils de Gilles Jégou de Kervillio et de Marie Budes du Tertrejouan.

Ils firent aveu pour Trégarantec, le 6 octobre 1687, à haut et puissant Louis de Rohan-Guémené.

René Jégou, s^gr de Paule et de Trégarantec, mourut à Vannes où siégeait le Parlement, le 21 octobre 1686, et après lui Trégarantec fut successivement possédé par ses descendants :

FRANÇOIS-RENÉ JÉGOU, s^gr de PAULE, de TRÉGARANTEC, du LAZ, 1686-1720.

FRANÇOIS-BARTHÉLEMY JÉGOU, comte du LAZ, 1720-1745.

MICHEL-MARIE JÉGOU, comte du LAZ, 1745-1799.

Avec ce dernier finit la liste des anciens possesseurs de Trégarantec, car cette terre fut vendue par ses enfants après sa mort.

Un dicton, cité par Ogée, faisait des jardins de Trégarantec, de la forêt de Lorges, et du château de Coëtanfao, une résidence royale si ces trois endroits eussent été réunis.

---

(1) Jérôme de Perrien mourut en 1704 après avoir acheté la terre de Lannouan. Il avait épousé en 1688 Jeanne Eudo.

# XI.

## LES ANCIENS POSSESSEURS DU CHATEAU DE PRATULO
### EN CLÉDEN-POHER (Finistère).

## LES du GLAS ET LES MUSUILLAC.

### NOTICE SUR LES du GLAS.

Glaz (le) ou Glas (du) (ramage de Châteaugal), s$^r$ de Kerhoënt par. de Laz, — de Pontpol, par. de Châteauneuf-du-Faou, — de Pratulo, par. de Cléden-Poher, — de Ployart et d'Arrancy, en Picardie, — de Montréal, en Bugey, réf. et montres de 1427 à 1562, par. de Laz, Châteauneuf et Cléden, évêché de Cornouaille.

*D'azur au château de trois tours d'argent, maçonné de sable.*

Yvon épouse avant 1427 Marie de Clévédé ; Jean, lieutenant de Châteaulin en 1570, *auteur de la branche de Pratulo* (là, erreur énorme) fondue en 1600 dans Muzillac.

Une autre branche, établie en Soissonnais depuis 1530, y a été maintenue en 1668. Elle a produit Valentin, évêque duc de Laon en 1581-1598. Cette branche chargeait ses armes de celles des Douglas : *d'argent au cœur de gueules couronné d'or ; au chef d'azur chargé de 3 étoiles d'argent ;* Louis, s$^r$ d'Arrancy, chevalier de Malte en 1615.

(*Armorial de Courcy*, dernière édition.)

Si les du Glas étaient des Douglas d'Ecosse, il est difficile d'accorder cette prétention avec l'article ci-dessus qui les fait ramage de Châteaugal, et les cite aux montres de 1427, leur trouvant des alliances bretonnes avant cette date. Le mémoire sur les descendants d'Ollivier du Glas en Picardie et dans le Laonnais établit leur filiation depuis les rois d'Ecosse, dans les volumes supplémentaires de l'*Armorial d'Hozier* (réimprimé en 1872). Nous nous bornerons à montrer que dans un mémoire curieux trouvé aux archives du château du Bot (1) en Quimerc'h, et provenant des Musuillac qui y eurent alliance, cette prétention d'origine écossaise et d'être de vrais Douglas existait dès lors, et voici deux cents ans que ce mémoire généalogique a été écrit par les du Glas eux-mêmes : nous le reproduisons, parce qu'il est authentique, et qu'il a un air de vérité qui frappe.

« Extrait des tiltres nobilières et généalogie de la maison et famille des du Glas, s<sup>grs</sup> originaires d'Ecosse, dont une branche s'est habituée en Bretagne par un cadet nommé Guillaume qui y épousa Margueritte de Pratulocq Chasteauneuff hérittière de la dite maison, à condition de porter et ses descendants les armes de la dite maison de Pratuloch lors en quenouille avec les armes du Glas et le nom icy marquées en 1440.

*Du Glas de Pratuloc porte d'azur à trois tours doublement donjonnées en un chasteau d'argent massonnées de sable* (qui est Pratuloc); *chargé d'argent au cœur de gueules couronné royalement d'or au cheff d'azur chargé de trois estoilles d'argent* (qui est du Glas). »

La maison et famille du Glas est d'Ecosse originaire et fort illustrée des alliances des rois et reines et des premières charges du dit royaume, et encore à présent, ce qui serait trop long à destailler, je parlerai de la branche habituée en Bretagne et de celle venant de Bretagne habituée en Picardie près Laon et Notre-Dame de Liesse.

Premièrement faut sçavoir que du temps de Charles VII<sup>e</sup>, roy de France, Archambaut Du Glas vint en France avec Jan Stuart, son beau-frère et proche parent du Roy d'Ecosse,

---

(1) Appartenant à M. le C<sup>te</sup> et à M<sup>me</sup> la C<sup>tesse</sup> de Saint-Luc.

avec 7000 Escossais commandés par le d$^t$ du Glás qui amena avec lui deux de ses enfants, l'aisné nommé Jacques du Glas et l'autre encore jeune nommé Guillaume du Glas donnèrent bataille près Paugé pour le secours dud$^t$ Charles VII$^e$ et la gagnèrent ; ledit Jacques, fils aisné dudit Archambaut, fut tué et pour récompense le d$^t$ Roy Charles VII donna le duché de Touraine au dit Archambaut et fist connétable led$^t$ Jan Stuart par lettre expédiée le 19$^e$ avril 1422, mais deux ans après le dit connestable et ledit duc de Touraine et son fils aisné Jacques du Glas furent tués à la bataille de Verneuil l'an 1424, et sont enterrés en l'église de Sainte-Croix d'Orléans.

Archambaut du Glas échappé de la bataille ayant toujours servi aux armées de France se retira en Bretagne avec le comte de Penthièvre, prince de Bretaigne, qui luy donna sa vie durant la seigneurie de Chasteauneuff où il demeura quelque temps, puis épousa en 1440 Margueritte, fille et hérittière de la maison de Pratulocq de Chasteauneuff, laquelle maison et seigneurie est située en la paroisse de Cléden, évesché de Cornouaille, entre Carhaix et Châteauneuff.

Dudit mariage est sorti Yvon du Glas qui épousa Plaisou de Coëtbihan, duquel mariage est sorti Allain du Glas, escuier, s$^r$ de Pratulo, qui épousa damoiselle Jeanne Provost de la Haye, fille de noble Guillaume Provost et de Jeanne du Bot, s$^r$ et dame de la Haye, dont est issu Gilles du Glas qui épousa Plaisou de Coëtquévéran, dont est sorti Guillaume du Glas, fils aisné de Gilles, s$^{gr}$ de Pratulo, et Ollivier du Glas, son frère cadet, s$^{gr}$ d'Arancy et Ployart, près Laon et Notre-Dame de Liesse, à deux lieues de l'un et de l'autre, et Nicolas du Glas qui fut prieur de l'Isle-Sian. Ledit Guillaume du Glas, fils aisné de Gilles cy dessus dict et seig$^r$ de Pratulocq, demeura au dit Pratulocq en Bretagne, prit femme en la maison du Vieux-Chastel (1) dont est sorti Jan du Glas qui prit femme en

---

(1) Comme la seigneurie du Cran, en Spézet, fut apportée par les Vieux-Chastel aux du Glas, et par ceux-ci aux Musuillac, nous pensons ne pas nous tromper en disant que ce sont les Vieux-Chastel ou les du Glas qui fondèrent la chapelle de N.-D. du Cran, en Spézet, où les deux fondatrices sont représentées dans un des vitraux très remarquables de cette grande chapelle : ils datent de 1548 et 1550.

la maison du Plessis de Nizon dont est sorti Jean du Glas, second du nom, qui prit femme en la maison du Chastel dont sont issues Catherine et Anne du Glas, hérittières de la maison du Glas-Pratulocq, dont l'une épousa le seig$^r$ de Musuillac, en Bretagne, et l'autre fut religieuse (1).

Il s'est trouvé des lettres des dictes deux filles addressantes au s$^{gr}$ du Glas d'Arancy cy-nommé Philippe par lesquelles elles le qualifient leur oncle, il estoit ayeul du s$^r$ du Glas d'Arancy à présent vivant. Tout ce que dessus dict de la maison et alliance des du Glas de Pratulocq a esté extrait des dépositions de plusieurs gentilshommes voisins de Pratulocq et parents dont il y a eu trois enquestes en parchemin signées des juges de monseigneur le Duc et du sceau de Bretagne qui est un semé d'hermines, la première du 24$^e$ février 1541, l'autre de 1553, toutes lesquelles marquent la filiation du d$^t$ Ollivier du Glas, fils de Gilles, et toute sa parenté en Bretagne, et comme il sortit de la maison de son père, jeune garçon, et suivit le Roy à l'armée que commandoit en Italie pour le Roy messire Jan Juvénal des Ursins, avec lequel il revint en France en 1520.

Et après avoir encore servy le Roy jusques en 1529 il se maria (le 23 septembre 1530) à damoiselle Isabeau de Vignacourt, fille de Maurice et niepce d'Alope de Vignacourt, lors grand maistre de Malte en 1530, après avoir achepté les terres et seigneuries d'Arancy et de Ployart et Ham de messieurs des Ursins, duquel mariage il y a eu quattre garçons et une fille.

L'aisné, nommé Louis du Glas, chevalier de l'ordre du Roy, s$^{gr}$ de Ployart, d'Arancy, Longueval, Hamet, Esleu, capitaine d'une compagnie de cent hommes de pied.

Le second fils fut Philippe du Glas, chevalier s$^{gr}$ d'Arancy, gentilhomme ordinaire de la chambre du Roy, et capitaine d'une galère.

---

(1) Elle se nommait plutôt Jacquette, et épousa un Kerguz, s$^{gr}$ de Kerstang, près Gourin. (Anciens registres de Gourin.)

Le troisième fils fut Valentin du Glas, évesque et duc de Laon, pair de France, comte d'Ainzy-le-Chasteau, et abbé de Saint-Rémi-lès-Sens, mort en 1598.

Le quatrième fils dud$^t$ Ollivier du Glas fut Jan du Glas, chevalier de l'ordre du Roy, s$^{gr}$ de Longueval et Ham, et gouverneur de Soissons, et ambassadeur du Roy à Venise (1).

La fille, Charlotte du Glas, mariée à Jan de Courcelles, chevalier de l'ordre du Roy, etc., et deux autres filles religieuses.

Louis du Glas, chevalier de l'ordre du Roi, fils aisné d'Ollivier du Glas, s$^{gr}$ d'Arancy et Ployart et gouverneur des places fortes de Reims par lettre signée du grand sceau de cire jaune du 22 février 1530, épousa Isabeau de Mandy, fille de Jan de Mandy, s$^{gr}$ d'Arthaire, gouverneur de Mouzon, chevalier de l'ordre du Roy, duquel est sorti Louis du Glas aussi chevalier de l'ordre du Roy, s$^{gr}$ de Ployart, capitaine et commandant de régiment... mort aux armées sans hoirs, et le droict des d'Arancy retourné à Philippe du Glas, second fils d'Ollivier, qui épousa en premières nopces Françoise de Fay d'Athies, de la maison de Soissons Moreüil, et n'a eu que quatre filles.

Le dit Philippe épousa en secondes nopces damoiselle Marie des Cognets, hérittière de la maison de Saint-Aubin, et dame de Clayes et Pontchartrain en Beausse, laquelle a eu grand nombre d'enfants dont trois capitaines et deux lieutenants sont morts ès armées sans hoirs, et trois garçons mariés, et deux filles, un chevalier de Malte.

L'aisné des quatre garçons fut Marc du Glas, chevalier s$^{gr}$ d'Arancy, Saint-Jacques, Longueval, la Suze, gentilhomme de la chambre du Roy, guidon des gens d'armes, qui épousa damoiselle Jeanne de Brouilly Pienne, fille de Charles de Brouilly, s$^{gr}$ de Balaguy, etc., et de dame Jeanne de la Fontaine.

Duquel Marc du Glas sont issus trois enfants dont l'aisné fut Charles du Glas, chevalier, s$^{gr}$ d'Arancy y demeurant, et à présent vivant et aagé de 73 ans. Il est s$^{gr}$ de Ployart en

---

(1) Il épousa Claude des Hayes, dame de Fontenailles.

partie, s^gr de la Suze, Saint-Jacques d'Aranso la ville, Longueval, de Bleucourt, s^gr et vicomte d'Amy Fontaine, capitaine cy-devant d'une compagnie de chevaux légers. Il épousa damoiselle Françoise de Brodart desquels sont sortis 23 enfants; et il en reste encore onze, dont l'aisné mort depuis peu ès armées, corneste de la compagnie des chevau-légers de son oncle, Louis de Brodart, au régiment de Brétillac.

Le second fils dud. Charles est présentement cornette au régiment du mareschal d'Humières.

Le troisième fils est chevalier de Malte receu il y a dix ans et est présantement à Malte.

Le quatrième est lieutenant premier au régiment du Roy.

Le cinquième premier lieutenant au régiment de Provence.

Le sixième dans les compagnies des nobles cadets etc.

Ledit Charles du Glas eut six filles dont il y a quattre religieuses et deux abbesses royales, une fille demeurant à Arancy avec son père Charles et qui est veufve et qu'il a retirée de la cour où elle estoit près de la feue reine dernière morte, et une autre mariée au comte de Monceau depuis sept ans laquelle a enfants.

Le second fils de Philippe du Glas, nommé Lionel du Glas, a été lieutenant d'infanterie et est mort, a laissé un garçon et deux filles de son mariage avec damoiselle Margueritte de Cailloy, lequel garçon a servi aux armées du Roy longtemps et s'appelle Jacques du Glas, lequel a épousé dame Marie de Maile, veuffve du s^gr de Ruoultz et est sans hoirs.

Le troisième fils de Philippe fut Gabriel du Glas s^gr de Bugny, Sainte-Sophie et Ployart en partie. Il a servi 30 ans capitaine d'infanterie, a épousé dame Marie de la Haye dame de Coulon et Bugny. Il a un fils nommé Jan Louis du Glas marié à damoiselle Suzanne de Mazancourt. Il demeure à Ployart et est aussi sans hoirs; il a été longtemps capitaine d'infanterie fort voiagé ès mers et en l'Amérique en cette qualité.

Le quatrième fils de Philippe fut Jan du Glas qui fut chevalier de Malte et après quinze ans de caravane il s'est fait capucin, et est mort au couvent à Paris.

Les deux filles dudit Philippe, l'une épouse Jacques de Bar de Béthancourt, capitaine, morte sans hoirs.

L'autre fille épousa Octavien d'Hesselin, s$^{gr}$ de Saubzy, auquel est resté un fils vivant et non marié appelé Antoine d'Hesselin ; s'est sauvé de France pour un combat et s'est retiré en Hollande où il est capitaine de chevau-légers.

Voilà le détail de la famille des du Glas de Pratulocq en France et Picardie demeurant maintenant les trois branches d'Arancy, Ployart et Rugn, dans le voisinage l'une de l'autre près Laon, dont deux branches sont sans hoirs.

Il n'y a que Charles du Glas, s$^{gr}$ d'Arancy, luy qui est vivant aagé de 73 ans, auquel reste encore onze enfants comme cy dessus dict, dont cincq sont dans le service du Roy ès armées actuellement servantes.

Cette branche de du Glas d'Arancy n'ayant pas une parfaicte connaissance de la branche de Bretaigne des du Glas de Pratulocq, ni des alliances et armes d'icelle que par les généalogies et quelques titres anciens et certificat des gentilshommes voisins et parents de la dite branche qui sont dans les titres et généalogie du chasteau d'Arancy dont il sera donné communication à tous les parents de ladite branche de du Glas de Pratulocq, s'ils le désirent, et les suppliant d'en faire de mesme de leur tiltre et généalogies aud$^t$ s$^r$ Charles du Glas d'Arancy, y demeurant, affin d'y mettre leurs descendants et qu'il puisse estre informé par article de l'entière vérité de leurs alliances, noms et armes, et les corriger dans ses généalogies d'Arancy, si tant est que quelques défauts y soit dans l'exposition que l'on en faict cy dessus et dans le mémoire instructif (1).

---

(1) Ils firent mieux encore : le s$^{gr}$ d'Arancy vint lui-même visiter ses parents à Pratulo, en août 1599, et se fit présenter tous les Musuillac, dont un mémoire semblable à celui des du Glas fut fait également, et nous a permis d'établir plus sûrement la filiation de Musuillac.

Trois lettres du s$^{gr}$ d'Arancy, fils d'Olivier du Glas, sont également aux archives du Bot, et sont adressées à Catherine du Glas, dame de Musuillac, datées de 1599 à 1606, il rappelle tout son passé, l'alliance de son père avec les Vignacourt, la récente mort de son frère, évêque de Laon, et témoigne son désir d'allier de nouveau les du Glas aux Musuillac par ses propres fils.

# NOTICE

## SUR LA MAISON DE MUSUILLAC.

*De gueules à un lion léopardé d'hermines.*

---

Les premières indications sur cette famille, l'une des plus considérables de l'évêché de Vannes, sont données par M. le chanoine-doyen Le Mené, dans son *Histoire des Paroisses du diocèse de Vannes*, t. II, p. 26 et 27. — Article Muzillac. — « On trouve Bernard de Muzillac dès 1070. — Son fils, Rioc, se trouvait à Redon en 1089, et à Angers en 1105; il confirma une donation faite à Redon vers 1115, et donna lui-même, en 1123, en prenant l'habit religieux, deux villas appelées alors Querglei et Branquasset. — Guéthenoc, son fils aîné, seigneur de Musuillac, fut témoin d'une donation, vers 1137, et d'une déclaration faite en 1145. (Cart. Redon, 239, 346, 297, 293, 331.)

» Un siècle après, on rencontre Alain et Pierre de Musuillac, le premier croisé en 1248, le second mêlé à la fondation de Prières en 1252. Puis la famille se disperse dans les châteaux de Séréac, de Kerdréan, de Trévaly, de Pratulo, etc. »

Plus loin, le même auteur dit :

« Séréac, vers l'est (de Muzillac), appartenait en 1370 à Pierre de Muzillac, qui le transmit à ses descendants. Il y avait haute, moyenne et basse justice, ainsi qu'un bois assez étendu, jadis entouré de murs. »

Jean de Musuillac était écuyer d'écurie du Duc, et son chambellan en 1421, et capitaine de Guérande en 1435. Il était sans doute père de Jean de Musuillac, premier échanson du duc en 1452.

Pierre de MUSUILLAC qui reçut, en 1445, le collier de l'Ordre de l'Hermine, fut, en 1458, écuyer du Duc, et capitaine de vingt hommes d'armes. (*Recherches sur la chevalerie du duché de Bretagne*, par M. de Couffon de Kerdellech.)

---

FILIATION DE MUSUILLAC, *d'après l'arrêt de la Réformation du 20 novembre 1669* (1).

I. GUILLAUME DE MÉZUILLAC, sgr de Kermainguy et de Trévaly, vivait en 1430 et 1439, et, sauf erreur, épousa JEANNE DE MALESTROIT. Il eut pour fils aîné :

JAN DE MUSUILLAC, sgr de Kermenguy, qui épousa MARGUERITE DU JUCH, plus tard remariée à messire Henry du Juch, chevalier, sgr de Pratanroux. Leur fille, Jeanne de Musuillac, épousa nobles homs JAN DU PONT, fils de haut et puissant Jan du Pont.

THOMASE DE MUSUILLAC, fille aînée, épousa par contrat du 4e février 1450, noble escuier JAN DE SESMAISONS, sgr de la Sausinière, fils de Gilles de Sesmaisons et de Patrice du Chatellier, cette dernière, fille de Pierre du Chatellier et de Béatrice Chesnel.

Guillaume de Musuillac vivait encore en 1450 puisqu'il assigna pour dot, à sa fille THOMASE, la somme de cent livres de rente, et s'obligea de la tenir, elle et son mari, dans sa maison, à ses frais et dépens, pendant dix ans, avec un gentilhomme ou valet, et une demoiselle ou servante, et deux chevaux pour leur service. (d'Hozier, *Armorial.*)

OLLIVIER DE MUSUILLAC, fils puisné qui suit.

JEANNE DE MUSUILLAC, sans doute sœur des précédents, car elle avait pour mère Jeanne de Malestroit, épousa TRISTAN DE LA LANDE.

---

(1) Cet arrêt vient de paraître dans le précieux premier volume des *Arrêts de la Réformation* de M. le comte de Rosmorduc, et nous y puisons tous les articles jusqu'à 1669.

II. Ollivier de Musuillac, sgr de Trévaly, fils puisné de Guillaume de Musuillac, épousa Marguerite du Couedic, d'où Léonel et Jan de Musuillac.

Léonel de Musuillac, fils aîné, héritier principal et noble, eut pour curateur Jan de Musuillac, son oncle.

Il testa le 26 janvier 1470, et il avait pour fils Jean de Musuillac, époux, sauf erreur, de Jeanne de la Chapelle, fille de Guyon de la Chapelle.

Cette branche aînée paraît s'arrêter là, et la filiation donnée dans l'arrêt de la réformation est continuée par Jan de Musuillac, second fils d'Ollivier et de Marguerite du Couëdic.

III. Jan de Musuillac, sgr de Pontsal, second fils d'Ollivier, « épousa noble damoiselle Marion de Pontsal, veuve de Guillaume de Launay, sgr de Guergelin, par contrat fait au manoir épiscopal de Kerango, en présence de Rd Père en Dieu, messire Yves de Pontsal, Évesque de Vannes, oncle de la dicte de Pontsal, le 8me aoust 1468. » Elle apporta la seigneurie de Kerdréan.

Leurs enfants furent :

Louis de Musuillac, sgr de Kerdréan, qui suit :

Sylvestre de Musuillac, son frère juveigneur, qui mourut sans hoirs.

IV. Louis de Musuillac, seigneur de Kerdréan, épousa noble damoiselle Alliette de Larlan, de la maison de Kercadio, d'où :

V. Jehan de Musuillac, sgr de Kerdréan, avocat général au Parlement de Bretagne, épousa damoiselle Julienne Eudo. Il institua, par testament du 7me mars 1567, Mes Jean de Langle, conseiller à la cour, et Jacques Budes, baron de Sacé, sgr du Hirel, procureur général (1), pour tuteurs honoraires de ses enfants qui furent :

---

(1) Jacques Budes, Procureur général au Parlement de Bretagne, fut le grand père du maréchal de Guébriant. Il était fils de Bertrand Budes, sgr du Hirel, et de Françoise le Voyer. Il fut marié, le 29 décembre 1561, à Béatrix de Romillé, héritière de la baronnie de Sacé. (Père le Laboureur.)

1. GILLES DE MUSUILLAC, sgr de Kerdréan, Kerglas (en Saint-Nolff), fils aîné, héritier principal et noble, mourut sans hoirs.

2. GUILLAUME DE MUSUILLAC qui suit.

3. LOUISE DE MUSUILLAC, mariée le 20 juillet 1572 à escuier CHARLES GOURO, fils aîné, héritier principal et noble de feu escuier Jean Gouro, sgr de Pommeri, et de damoiselle Françoise de Boisorcan.

4. JACQUES DE MUSUILLAC.

VI. GUILLAUME DE MUSUILLAC, sgr de Kerdréan, épousa JEANNE DE LANGLE, fille unique, issue du 1er mariage de Jean de Langle, sgr de la Biliais, conseiller au Parlement de Bretagne, et de Jeanne de Guéhenneuc, sa première femme. Elle fut nommée tutrice de ses enfants, en date du 12e septembre 1588, et mourut en 1591, d'où :

1. GEORGES DE MUSUILLAC qui suivra.

2. JEANNE DE MUSUILLAC, femme de JAN DE LORVELOUX, sr et dame de Trévien.

VII. GEORGES DE MUSUILLAC, sgr de Kerdréan, de Kerglas, et de Pratulo (en Cléden-Poher), reçut de Louis XIII le collier de chevalier de l'Ordre du Roy, pour ses vertus et mérites, le 16e décembre 1639, et ce fut Charles du CAMBOUT, sgr baron de Pontchâteau, qui fut chargé de lui remettre le collier de l'Ordre, et d'en prendre le serment requis et accoutumé, en date du 12e avril 1640.

Il épousa CATHERINE DU GLAS, héritière de la maison de Pratulo, en Cléden-Poher, en l'évesché de Cornouaille, entre Carhaix et Châteauneuf-du-Faou, fille d'escuier Jean du Glas, sgr de Pratulo, le Cran, etc., et de Jacquette du Plessis-Nizon (1), duquel mariage il y eut trois garçons et trois filles, l'une desquelles nommée Jeanne de Musuillac fut mariée à

---

(1) Nous nous en rapportons, à partir d'ici, au mémoire généalogique des archives du château du Bot que possède le comte de Saint-Luc, auquel nous devons cette précieuse communication d'un introuvable document.

noble escuyer Alain de Goulhezre, s<sup>gr</sup> de Bigonnou, en Spézet, d'où Jeanne de Goulhezre, fille aînée, qui épousa, le 17 août 1676, à Spézet, messire René-Louis de Cornouailles, chef de nom et d'armes, comte de Cornouailles. L'autre fille, nommée Marie de Musuillac, fut mariée à François Le Roux, s<sup>gr</sup> du Runiou (près Gourin).

Une fille, sans doute morte en bas âge, née le 1<sup>er</sup> septembre 1608, à Vannes, nommée Françoise, eut pour parrain messire Vincent du Chastel, s<sup>gr</sup> de Mezle, chevalier de l'Ordre du Roi.

Deux des fils de Georges de Musuillac moururent sans hoirs.

Jean de Musuillac, né à Vannes le 22 février 1609, dont le nom est mentionné avec la date de 1634 sur la cloche de la chapelle de Pratulo, et figure aussi sur les registres de Gourin, en 1632 ; il y est dit chef de nom et d'armes. — Sans postérité, et sans alliance connue.

Julien de Musuillac, né en 1617, vivait encore en 1640.

Le troisième, Jacques de Musuillac, continue la filiation.

VIII. Jacques de Musuillac, chevalier, seigneur de Kerdréan, Pratulo, le Cran (en Spézet), châtelain de Châteaugal, des Isles, Crapado, le Tymeur, etc., faisant sa plus continuelle résidence à son château de Pratuloch, paroisse de Cléden-Poher, épousa en premières noces, damoiselle Marguerite Capitaine, et en secondes noces, damoiselle Catherine Guégant, fille de messire Claude Guégant et de Françoise de Brésal, s<sup>gr</sup> et dame de Kerbiguet (en Gourin), née au château de Kerbiguet, baptisée à Gourin le 20 juin 1630, ayant pour parrain haut et puissant messire Louis de Névet, s<sup>gr</sup> de Beauboys ; de ce second mariage il n'est pas resté d'enfants ; mais du premier il y eut trois garçons et cinq filles.

1. Jacques-François de Musuillac, l'aîné, mourut à Paris, jeune et sans alliance, au moment de son retour en Bretagne.

2. René-Louis de Musuillac, s<sup>gr</sup> de Kerdréan, fut marié du vivant de son père avec dame Julienne-Guyonne du Louet,

héritière de la maison de Penanvern, fille de messire Jean du Louët, s^gr de Penanvern, chevalier de l'Ordre du Roi, et de Marie Quemper de Lanascol, fille d'Alain, chevalier de l'Ordre du Roi, et de Julienne du Coskaër.

Elle se remaria, en 1678, à messire PIERRE-FRANÇOIS LE JACOBIN, s^gr de Keramprat, conseiller et garde-scel au Parlement, le 16 mai 1681. Elle mourut à Vannes le 4 janvier 1688, et fut inhumée dans la cathédrale.

D'où une fille unique :

JEANNE-JACQUETTE DE MUSUILLAC, née à Châteaugal, seigneurie très importante, en Landeleau, le 27 août 1676, baptisée en la chapelle de Châteaugal, le 20 septembre 1676 (1), mariée le 27 mars 1689, dans la chapelle des dames Ursulines de Carhaix, à messire CHARLES-FRANÇOIS-CLAUDE DE MARBEUF, s^gr comte du Gué de Servon, conseiller, puis président aux enquêtes du Parlement de Bretagne, fils de messire Claude de Marbeuf, s^gr de Laillé, vicomte de Chemillier, président à mortier au Parlement de Bretagne, et de Louise-Gabrielle du Louët. Elle mourut en Saint-Jean de Rennes, le 18 mai 1724.

Son fils aîné, haut et puissant Claude-François-Marie de MARBEUF, comte du Gué, président à mortier au Parlement, vendit, le 18 avril 1728, la seigneurie de Châteaugal, en Landeleau, qui avait autrefois appartenu aux du Chastel, à haut et puissant messire François-Augustin Hay, chevalier, s^gr de Tizé. Sur le contrat d'acquêt, Marie-Anne de Kerouzy y est désignée comme femme du vendeur, le président de Marbeuf (2).

---

(1) Registres de Landeleau.

(2) Un de leurs fils, Louis-Charles-René, comte de Marbeuf, né en Saint-Georges de Rennes, le 4 novembre 1712, et baptisé le 6 novembre, fut élevé au grade de lieutenant général, le 23 octobre 1768, et resta chargé du commandement de la Corse. Dans cette nouvelle possession française, sa tâche fut difficile et laborieuse. Ses libéralités splendides, et le luxe qu'il déployait lui donnaient l'apparence d'un vice-roi. Il n'eut pourtant jamais le titre de gouverneur, bien qu'il en eût exercé les fonctions jusqu'au 4 août 1772, époque où le M^is de Monteynard fut investi, sous ce titre, de l'autorité supérieure. Alors, M. de Marbeuf prit celui de commandant en chef. Lié avec Charles Bonaparte, père de l'empereur Napoléon, il lui obtint des bourses

3. René-Jacques de Musuillac, troisième fils qui continue la filiation.

L'aînée et la première des cinq filles dont on a parlé ci-dessus, nommée Marie-Anne-Brigitte de Musuillac, épousa le 22 février 1667, Guy-Corentin de Kergadalen, sgr baron de Garlot, chevalier de l'Ordre du Roi, fils de François de Kergadalen, également chevalier de l'Ordre du Roi, et tous deux gentilshommes ordinaires de la Chambre du Roi, et de Jeanne de Jaureguy. — D'où un fils, François-Yves de Kergadalen, mort âgé de 9 à 10 ans, le 12 octobre 1678, au château de Pratulo, inhumé dans le tombeau de Châteaugal, en l'église de Landeleau, le 13 octobre. (Registres de Landeleau.) Elle se remaria, en secondes noces, à messire Corentin le Lagadec, sgr de Kerouzit, d'où trois fils, dont l'aîné fut Vincent-Joseph-Hyacinthe le Lagadec, sgr de Mézédern et de Kerroué, qui épousa Marie-Anne du Dresnay.

La seconde fille, Anne-Jacquette de Musuillac, épousa messire Hervé, chef de nom et d'armes du Bot, sgr dudit lieu et demeurant au manoir du Bot, paroisse de Quimerch, évêché de Quimper, et eurent sept fils et deux filles.

---

pour ses fils, fit entrer gratuitement au couvent sa fille Élisa, et fit admettre Napoléon à l'école de Brienne, et leur père lui témoigna sa reconnaissance en allant à Paris, à la tête de la députation de la noblesse corse, défendre le comte de Marbeuf contre les attaques du comte de Narbonne-Pelet qui lui disputait le gouvernement de la Corse.

Le comte de Marbeuf joua donc un grand rôle dans les préliminaires de la carrière de Napoléon, et la famille Bonaparte fut intimement liée avec lui. Il mourut le 20 septembre 1786. Il avait été marié deux fois : 1. Le 30 mai 1752, à Paris, à Éléonore-Julie de Guémadeuc, veuve de Guy-Anne-Jules, comte de Gouyon-Vaudurand, fille d'Amador-Jean-Baptiste de Guémadeuc, gouverneur de Ploërmel, Saint-Malo, Le Havre et dépendances, et de Guyonne Briand. Ce mariage fut sans postérité. 2. Il se remaria, en 1783, âgé de 70 ans, à Catherine-Antoinette de Gayardon de Fenoil, fille d'un maréchal de camp, née en 1765, dont il eut deux enfants, une fille, Alexandrine-Marie de Marbeuf, née à Bastia, le 29 décembre 1784, mariée à Louis-Alexandre de Vallon de Boucheron, comte d'Ambrugeac, lieutenant général, pair de France, et Laurent-François-Marie de Marbeuf, né à Bastia, le 26 mai 1786, qui fut officier d'ordonnance de l'Empereur, et qui mourut de ses blessures reçues dans de brillants faits d'armes.

Madame de Marbeuf survécut à son fils. Entrée dans la maison du Sacré-Cœur, rue de Varennes, où elle avait prononcé ses vœux dans un âge mûr, elle y fut vénérée et admirée, et elle y mourut le 18 mars 1839.

La troisième fille, nommée THÉRÈSE-OLLIVE DE MUSUILLAC, épousa en premières noces messire PIERRE DU LESLAY, s$^{gr}$ de Keranguével, en la paroisse de Paule, évêché de Cornouaille, fils de Louis du Leslay, s$^{gr}$ de Kéranguével, et de Marguerite de Poulmic. Veuve sans enfants, elle se remaria à messire CLAUDE-FRANÇOIS DE BOTLOY, s$^{gr}$ du Billo, près Tréguier, veuf d'Anne de Montfort, et n'eut pas d'enfants.

La quatrième fille, appelée RENÉE DE MUSUILLAC (1), épousa messire MAURICE LE ROUGE, s$^{gr}$ de Kermeur et du Kergoat, dont elle eut un fils.

La cinquième et dernière fille, nommée MARGUERITE-BRIGITTE DE MUSUILLAC, a épousé messire MATHURIN-CLAUDE DU CHASTEL, chef de nom et d'armes de l'ancienne maison du Chastel, s$^{gr}$ de la terre et seigneurie de Bruillac où ils demeuraient, paroisse de Plounérin, évêché de Tréguier, fils de Jean du Chastel, s$^{gr}$ de Coetengars, Bruillac, etc., et de Jeanne le Long de Keranroux, sa seconde femme. D'où :

Marie-Aude-Jacquette DU CHASTEL, qui épousa Hugues-Humbert HUCHET, comte de la Bédoyère, d'où Julie-Pauline-Charlotte Huchet de la Bédoyère, née en 1725, qui épousa François-Gabriel-César, comte de Musuillac, ci-après :

IX. RENÉ-JACQUES DE MUSUILLAC, chef de nom et d'armes, s$^{gr}$ de Pratulo, etc., 3$^{me}$ fils de Jacques de Musuillac et de Marguerite Capitaine, épousa JEANNE DE TRÉGOASEC qui lui survécut. Elle fut cette dame de Pratulo qui donna asile, en 1719, au célèbre marquis de Pontcallec ainsi qu'à du

---

(1) Voici l'acte de baptême de Renée de Musuillac :

— Registres de Landeleau. — « Ce jour, 20$^{me}$ de juillet 1662, a été baptisée par messire René du Louet, évesque et comte de Cornouaille, dans la chapelle de Pratuloch, paroisse de Cléden-Poher, Renée de Musuillac, fille légitime de messire Jacques de Musuillac et de dame Marguerite Capitaine, s$^{gr}$ et dame de Musuillac, Pratulo, Kerdréan, Châteaugal et Tymeur, etc. — Parrain et marraine ont esté messire Ollivier du Louet, abbé de la Rive, archidiacre de Poher, chanoine de l'église cathédrale de Cornouaille, s$^{gr}$, etc., et dame Marie Quemper, espouze de messire Jan du Louet, s$^{gr}$, etc. — Ont signé : Ollivier du Louet, archidiacre de Poher et chanoine de Cornouaille — Marie Quemper — Jan du Louët — René du Louët, évêque de Cornouaille.

Couédic, quelques mois avant leur arrestation, lorsqu'ils étaient traqués de tout côté par les dragons de Montesquiou.

Ils eurent pour fils, Jacques-Hervé-Joseph qui suit, et Charles-Claude, appelé le chevalier de Musuillac.

X. JACQUES-HERVÉ-JOSEPH DE MUSUILLAC, chevalier, s<sup>gr</sup> comte de Musuillac, baron de Tréanna, lieutenant-colonel du régiment Dauphin-Dragons, chevalier de l'ordre royal et militaire de Saint-Louis, épousa, en 1730, haute et puissante dame MARIE-SUZANNE HARQUIN, fille de messire Gilles-Claude Harquin, s<sup>gr</sup> de Kerourien et de Kerverniou, et de Marie-Rose de Tinténiac (1), d'où (entre autres), François-Gabriel-César qui suit, et Marie-Susanne-Augustine de Musuillac qui épousa messire Louis de Keroulas, enseigne des vaisseaux du Roi.

XI. FRANÇOIS-GABRIEL-CÉSAR, s<sup>gr</sup> comte DE MUSUILLAC, s<sup>gr</sup> de Pratulo, baron de Tréanna, capitaine des vaisseaux du Roi, chevalier de l'ordre royal et militaire de Saint-Louis, épousa, en premières noces, le 26 décembre 1759, en la cathédrale de Vannes, haute et puissante dame JULIE-PAULINE-CHARLOTTE HUCHET DE LA BÉDOYÈRE, née en 1725, fille de messire Hugues-Humbert Huchet de la Bédoyère, et de Marie-Aude-Jacquette du Chastel. Elle mourut sans enfants, à Vannes, le 22 septembre 1780. Il épousa, en secondes noces, le 22 octobre 1781, JEANNE-THÉRÈSE LE MINTIER, dame DE LÉHÉLEC, baptisée le 2 mars 1754, à la cathédrale de Vannes, fille de messire François-Marie le Mintier, s<sup>gr</sup> comte de Léhélec et autres lieux, et de feu haute et puissante dame Jeanne-Thérèse de Pluvié de Ménéhouarn ; ce mariage fut sans postérité comme le premier, et ici s'éteint le très ancien nom de Musuillac.

---

(1) Le contrat de mariage de Gilles-Claude Harquin, s<sup>gr</sup> de Kerourien et de Kerverniou, et de Marie-Rose de Tinténiac est du 19 décembre 1698. — Sur vélin.

(Archives de Pratulo.)

Les héritiers vendirent, en 1806, Pratulo au comte Joseph-François-Bonabes Jégou du Laz et à Marie-Angèle-Françoise-Émilie de Poulpiquet de Coetlez, sa femme ; c'étaient : dame Suzanne-Marie-Augustine de Musuillac ; demoiselle Marie-Suzanne-Renée-Perrine de Keroullas ; monsieur Auguste de France, et dame Marie-Joseph-Félicité Prévost de la Touraudaye, sa femme.

## XII.

### FONDATION POUR GLOMEL

FAITE PENDANT SA DERNIÈRE MALADIE

Par Messire GILLES JÉGOU de KERVILLIO. (22 mai 1676.)

---

Le vingt et deuxiesme jour du mois de may après-midi, mil six centz soixante et saize, devant nous soubz signantz, nottaires jurez et receux en la cour ducalle de Guingamp, au duché de Penthièvre, pairie de France o submission et prorogation de jurisdiction jurée, ont comparuz en leurs personnes messire GILLES JÉGOU, chevalier, seigneur de Quervilliou, et dame MARIE BUDES, sa compagne, espouze deuement autorizée dudict seigneur de Quervilliou, son mary, demeurantz le plus ordinairement en leur chasteau de Quervilliou, en la parroisse de Sainct Gilles Plegeou, evesché de Cornouaille, et autre messire CLAUDE JÉGOU, chevalier, seigneur de Querjan, président au parlement de ceste province de Bretagne, demeurant quant à présent le plus ordinairement en la ville de Vennes, à cause de l'exercice de président, où est à présent transféré ledict parlement par l'authorité de Sa Majesté, et à présent logez en ceste ville de Guinganp, en l'hostel du seigneur baron de Beaulieu, gendre desdictz seigneur et dame de Quervilliou, et beau-frère dudictz seigneur Président. Lesquelz seigneurs et dame de Quervilliou et seigneur de Querjan Président, leur fils aisné hérittier présumptif principal et noble, prévoyantz le périlleux événement de la malladie dont est allitté il y a desjà longtemps ledict seigneur de Quervilliou, et voullantz témoigner le zelle que ledict seigneur de Quervilliou a toujours eu pour son église de Glomel et aura toutte sa vye, lesdictz seigneur et dame de

Quervilliou, et de Querjan Président, ont unanimement et ensemblement léguez pour avoir lieu à l'advenir et à perpétuité l'acquest faict par ledict seigneur de Quervilliou d'un appellé Charles Cozic, dict Carric, scittué au village de Querbeterrien, en lad<sup>e</sup> parroisse de Glomel, tout ainsi et de la manière que ledict seigneur de Quervilliou avoit droit d'en jouir, et à cette condition néantmoins qu'il sera libre à la dicte dame de Quervilliou, en cas de decebz dudict seigneur son mary (et non autrement), de nommer à son choix le chapellain, lequel jouira desdictes choses sus léguez avecq obligation audict chapellain de dire une messe toutz les dimanches de l'année en la dicte église parochialle de Glomel ou au manoir de Glomel, à l'intention desdictz seigneur et dame de Quervilliou, de Querjan Président, et de leur famille, à l'heure que désignera ladicte dame audict chapellain, ou après elle ledict seigneur de Querjan s'il la survit ou leurs hérittiers possédantz ledict chasteau de Glomel, lesquelz susnommez auront le droit de patronnage comme a esté dict duquel acquest lesdictz seigneur et dame de Kervilliou et de Querjan se sont dès à présent démis au proffilt dudict chapellain pour en disposer comme bon luy semblera, satisfaisant de sa part auxdictes obligations cy dessus et à tout ce que devant faire tenir entheriner et accomplir lesdictz seigneur et dame de Quervilliou et de Querjan Président, ont obligez, affectez et hypotecquez toutz et chacuns leurs biens meubles et immeubles présentz et futurs quelconques à procéder sur yceux tant par voye d'arrestz, exécution, saisye, criée, vente et incantement suivant la coustume et ordonnances Royaux, à deffault de garantage renonçantz au bénéfice de divizion, ordre de droit, discution de biens et personnes, pouvoir alléguer l'un tenu et obligé pour l'autre et un seul du tout et pour le tout, et ladicte dame de Quervilliou a renoncé aux droits de *vellejan dixi adrien*, et à l'authentique Chapitre *si qua mulier*, luy expliquez et donnez à entendre suivant l'ordonnance qui est que femme ne se peult vallablement obliger à aucun garantage sans avoir au préalable renoncé auxdicts droitz et loix, ce qu'elle a dict bien comprendre, et partant persiste à son dict renoncy et pour ce que lesdictes parties l'ont ainsi et de la forme voulu, nous dictz nottaires les y avons condamnez d'autoritté de nostre dicte court, faict et gré en la demeurance dudit seigneur baron de Beaulieu, soubz les signes desdictes parties aveq ceux de nous dictz nottaires.

MARIE BUDES.                    GILLES JÉGOU.
CLAUDE JÉGOU.

NICOLAS GIQUEL,                 LE BUEN,
  *Notaire ducal.*                *Notaire royal.*

1676 (8 octobre).

Devant nous notaires soussignants de la juridiction de Glomel et par icelle avec submission y juré et prorogation de juridiction a comparu, en personne, dame MARIE BUDES, veuve de feu messire GILLES JÉGOU, chevalier, seigneur de Kervilliou, Glomel, Paul, Kerjan, Mezle et Mouellou, demeurante dans son chateau de Glomel, en la parroisse dudit Glomel, laquelle a par ceste aux fins et pouvoir et de la procure luy octroyé par sa fondation faite par son dit feu seig$^r$ et mary, dattée du vingt deuzième jour de may dernier, signé : GILLES JÉGOU, MARIE BUDES, CLAUDE JÉGOU, Nicolas Giquel, no$^{re}$ ducal, et Le Buen, no$^{re}$ royal, nommé pour chapelain missire Jan Poulisac p$^{tre}$ demeurant au village de Kerbetterien, audit Glomel, présent et acceptant pour iceluy dire une messe par semaine, sa vie durante, en l'église parroissiale de Glomel ou au manoir dudit Glomel, à l'intention dudit seigneur et dame de Kervilliou et de messire Claude Jégou, chevalier, seig$^r$ de Kerjan, Kervilliou, Glomel, Paul, Mezle et Mouellou, conseiller au parlement de ce païs, leur fils aîné, héritier pp$^{al}$ et noble, et de leur famille aux fins de laditte fondation, ce que le s$^r$ Poulisac a promis faire sur le gage, obligation et hypothèque de tous ses biens présants et futurs, au moyen de quoy jouira ledit Poulisac, aussy sa vie durante, des droits léguez par ledit acte susdatte avec garantage luy promis sur ladite jouissance par laditte dame, sûr mêmes obligations que devant, et à valloir aud. garant a été présentement ledit acte déllivré audit Poulisac, de laquelle dellivrance il quitte ladite dame, fait, promis, gré, juré, obligé, stipulé, renoncé, quitté et condamné par le jugement et authorité de ladite cour, et le gré pris au bourg de Glomel au rapport de Bail, l'un des notaires, l'autre présent sur le signe des dites dame de Kervilliou, et Poulisac, pour leurs respects et les nôtres, le huitième jour de décembre, d'environ midy, mil six cents soixante et seize, ainsy signés en l'original : Marie Budes, J. Poulisac, prêtre, J. Quiniou, n$^{re}$, et J. le Bail, autre notaire rapporteur.

# XIII.

## RÉVOLTE DU PAPIER TIMBRÉ. — 1675.

EXTRAIT DES REGISTRES DU PARLEMENT.

---

2 décembre 1678.

VEU PAR LA COUR la requeste de damoiselle Françoise-Péronnelle JÉGOU, dame de Querjan, authorizée de messire Jan BARRIN, conseiller du Roy et doyen du Parlement de Bretagne, son curateur, héritière sous bénéfice d'inventaire de messire Claude Jégou, vivant sieur de Querjan, président en la chambre des enquestes dudict Parlement, son père, exposant que le sieur de Quervillio ayant ressenti les efforts de la rébellion de ses vassaux, comme plusieurs gentilshommes de son canton, et pour éviter les menaces de ses subjects, il avoit esté contraint de leur en consentir un acte par lequel ils l'obligeoient de renoncer à tous les privilèges de l'usement de Cornouaille, que ledict sieur de Quervillio estant décédé, et lesdits subjets comme les autres rebelles de la province ayant esté remis dans leur debvoir par la force, et continuant leur reffus de paier leurs rentes suivant leurs baillées, il présenta sa requête à la cour, dans la chambre de la Tournelle, à laquelle il attacha la déclaration du Roy, et ledict acte par eux extorqué pendant la sédition sur laquelle et conclusions du procureur général ledict acte fut cassé, et sans y avoir esgard lesdits vassaux condemnés de luy paier les rentes par eux deües, suivant leurs baillées et tenuës par eux volontairement consanties, lequel arrest fut répété par autre arrest de la grand chambre, du dixhuitiesme décembre mil six cents soixante saize, par lequel ladite cour auroict faict commandement aux vassaux dudict sieur de Querjan de luy paier les rentes et redevances par eux deuës suivant les actes qu'ils en auroient consanty, sans qu'ils se puissent prévaloir des actes contraires extorqués par viollance pendant la sédition, et luy auroict permis de faire publier ledict arrest où requis seroict, nonobstant lesquels arrests et la publication d'iceux, la supliante voulant se faire paier des rentes que lesdits tenanciers luy doivent suivant leurs baillées, et dont le terme est écheu dès la Saint Michel dernière, lesdits vassaux auroient faict reffus de paier et mesme faict des amas pour authorizer par la force leur rébellion, ce qui auroict obligé laditte supliante d'envoyer des sergents pour les contraindre, ils les auroient maltraitez et mis tous nuds et laissés dans le milieu d'une lande après les avoir excédez, laquelle viollance l'auroict obligée de réclamer la protection de laditte cour, à ces causes requeroict ladite supliante qu'il pleust à laditte cour faire deffences auxdits vassaux de faire aucuns amats tandance à sédition, et commandement de luy paier les rentes par eux deuës suivant leurs tenuës, sans se prévaloir de l'acte par eux extorqué par viollance pendant la sédition, et pour informer de leurs amats et des excez par eux commis en la personne des sergents, commettre les juges royaux de Carhaix et leur enjoindre de faire et parfuiro lo procès aux coupables suivant l'ordonnance, et permettre à la supliante de faire régistrer l'arrest au greffe dudict Carhaix, et publier dans les paroisses dépandantes des terres de laditte supliante et la mettre en la protection et sauvegarde du Roy et de ladite cour, avec deffences aux vassaux de la troubler en la perception de ses rentes. Conclusions du Procureur général du Roy, au pied de laditte requeste, et tout considéré avec les pièces y refférées et à icelle attachée, la Cour, conformément à l'arrest d'icelle, du dixhuitième de décembre mil six cents soixante saize, enjoint et faict commandement aux hommes et vassaux de ladite Jégou, de lui payer les rentes et redevances par eux deuës suivant les actes qui les y obligent sans qu'ils se puissent servir ni prévalloir des actes par eux extorqués par force et viollance pendant la sédition, et pour informer de l'amas atroupement et viollances mentionnés dans ladite requeste, a commis les juges royaux de Carhaix pour ce faict et le font reporté en la cour et communiqué au procureur général du Roy estre ordonné ce qu'il appartiendra. Fait en Parlement, à Vennes, le deuxiesme décembre mil six cents soixante dixhuict.

*Controllé,*

Le Clerc.

Je certifie avoir leu et expliqué en langage françoise et breton l'arrest cy endroit au prosne de la grande, ce jour de dimanche, onziesme décembre 1678.

François Prévost,
*Recteur de Saint-Gilles.*

# XIV.

## PIÈCES GÉNÉALOGIQUES.

FILIATION de MARIE BUDES, *femme de messire* GILLES JÉGOU, s$^{gr}$ *de Kervillio, Kerjan, Paule, Glomel, Mezle-Carhaix et autres lieux.*

1. GUILLAUME BUDES, chevalier, s$^{gr}$ d'Uzel, du Plessis-Budes et du Hirel, épousa JEANNE DU GUESCLIN, sœur du père de du Guesclin, d'où, entre autres :

2. JEAN BUDES, frère du fameux Sylvestre, fut s$^{gr}$ du Hirel, et de sa femme, dont on ignore le nom, naquit :

3. TRISTAN BUDES, s$^{gr}$ du Tertrejouan, second fils du précédent, d'où :

4. YVES BUDES, s$^{gr}$ du Tertrejouan, épousa ANNE DU RUFFLAY, d'où :

5. NORMAND BUDES, s$^{gr}$ du Tertrejouan, épousa, par contrat du 22 décembre 1442, OLIVE DOLLO, d'où :

6. YVES BUDES, s$^{gr}$ du Tertrejouan, épousa JEANNE DE POANCÈS, d'où :

7. JACQUES BUDES, s$^{gr}$ du Tertrejouan, mort en 1555, épousa ANNE DE CALLAC, d'où :

8. FRANÇOIS BUDES, s$^{gr}$ du Tertrejouan, eut d'ANNE DE SAINT-AUBIN, sa seconde femme :

9. JEAN BUDES, s$^{gr}$ du Tertrejouan, qui épousa LOUISE DU GOURVINEC, d'où, entre autres :

10. MARIE BUDES, née vers 1604, mariée le 14 mars 1629 à messire GILLES JÉGOU, s$^{gr}$ de Kervillio, Sullé, Kerjan, Paule, Glomel, Moëllou, Mezle-Carhaix, etc.

## Ascendances de Marie-Angèle-Françoise-Émilie de POULPIQUET de COETLEZ, Comtesse du LAZ. (1)

1. Charles de Blois, fils puîné de Guy de Châtillon, comte de Blois, et de Marguerite de Valois, épousa par contrat du 4 juin 1337, Jeanne de Penthièvre, fille unique de Guy, comte de Penthièvre, et de Jeanne d'Avaugour, d'où :

2. Jean de Blois, dit de Bretagne, comte de Penthièvre, vicomte de Limoges, épousa Marguerite de Clisson, seconde fille du connétable de Clisson, et mourut l'an 1403, d'où, entre autres :

3. Charles de Blois, sire d'Avaugour, qui épousa Isabeau de Vivonne, dame de Regnac, d'où :

4. Nicole de Blois, dite de Bretagne, recueillit la succession de ses deux oncles, morts sans lignée. Elle avait épousé Jean de Brosse, sgr de Saint-Sévère et de Bossac, d'où :

5. Jean de Brosse, dit de Bretagne, comte de Penthièvre, épousa, l'an 1468, Louise de Laval, fille de Guy XIV, comte de Laval, et d'Isabeau de Bretagne, lesquels comte et comtesse de Laval, mariés à Redon, le 1er octobre 1730; ladite princesse Isabeau, fille de Jean V de Montfort, duc de Bretagne, et de Jeanne de France, fille de Charles VI, roi de France, avait pour grand-père Jean IV de Montfort, surnommé le Vaillant, duc de Bretagne (1364-1399), et pour grand'mère, Jeanne de Navarre, qui fut remariée à Henri IV, roi d'Angleterre; et pour bisaïeuls, Jean de Montfort, comte de Richemont, et Jeanne de Flandre.

---

(1) La rigoureuse exactitude de ces fragments généalogiques, confrontés par les érudits, ne pourra être contestée : ils sont présentés à titre surtout de *curiosité généalogique*.

Un certain nombre de noms de notre si ancienne noblesse bretonne peut revendiquer ces ascendances que procurent inévitablement certaines grandes alliances dans les filiations : l'essentiel est de les prouver.

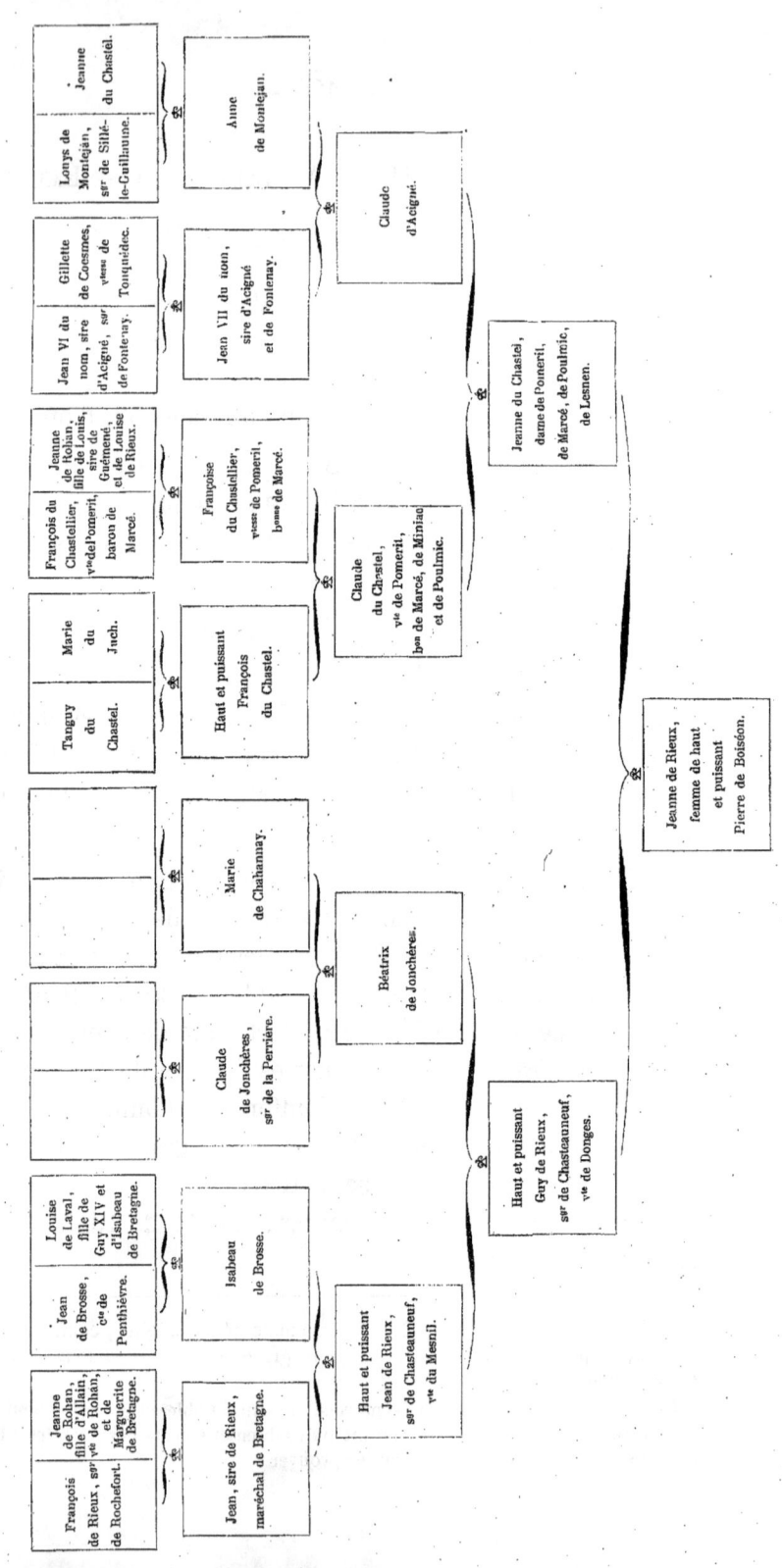

Entre autres enfants de Jean de Brosse et de Louise de Laval, naquit :

6. ISABEAU DE BROSSE, troisième femme de JEAN, sire DE RIEUX, maréchal de Bretagne, d'où, entre autres :

7. JEAN DE RIEUX, troisième fils de Jean, sire de Rieux, maréchal de Bretagne, et d'Isabeau de Brosse, acquit la terre de Sourdéac, et mourut le 24 décembre 1563 ; il avait épousé BÉATRIX DE JONCHÈRES, dame de la Perrière en Anjou, veuve de Jean de Montécler, s$^{gr}$ de Bougon, et fille unique de Claude de Jonchères, s$^{gr}$ de la Perrière, et de Marie de Chabannay, d'où, entre autres :

8. GUY DE RIEUX, s$^{gr}$ de Châteauneuf et vicomte de Donges, gouverneur de Brest, lieutenant général en Bretagne, chevalier de l'ordre du Roi, capitaine de 50 hommes d'armes de ses ordonnances, était un homme de valeur et de grand talent ; il épousa, à Rennes, le 11 juin 1560, ANNE DU CHASTEL, vicomtesse de Dinan et de la Bellière, fille unique de Claude du Chastel, s$^{gr}$ de Marcé, de Miniac, du Juch, de Coëtivy, vicomte de Dinan et de la Bellière, lieutenant du roi en Bretagne, et de Claude d'Acigné. Il mourut en mer le 12 février 1591, et eut pour filles, Marie et Jeanne de Rieux.

Marie de Rieux, fut mariée le même jour que sa sœur, à Châteauneuf, par l'Évêque de Dol, à Guy de Scépeaux, s$^{gr}$ de Beaupreau, 29 août 1587.

9. JEANNE DE RIEUX, vicomtesse DE DINAN et DE LA BELLIÈRE (1), fille seconde et puisnée des précédents, épousa

---

(1) Voici pourquoi Jeanne de Rieux s'intitulait vicomtesse de Dinan et de la Bellière ; il faut pour cela remonter à quelques degrés de ses ascendances :

1. TANGUY DU CHASTEL, s$^{gr}$ de Renac, le second des deux fameux Tanguy du Chastel, et tous les deux si célèbres dans l'histoire, épousa JEANNE RAGUENEL, vicomtesse de la Bellière, fille de Jean Raguenel, sire de Malestroit, maréchal de Bretagne, et de Gillette de Derval, d'où :

2. JEANNE DU CHASTEL, dame de Régnac, de la Bellière et de Combourg, femme de LOUIS DE MONTEJAN, fils de Jean de Montejan et de Marie de Maillé, laquelle de Maillé, fille d'Hardouin de Maillé et de Peronnelle d'Amboise, — d'où naquit :

3. ANNE DE MONTEJAN, vicomtesse de la Bellière, qui épousa JEAN D'ACIGNÉ, dont :

4. CLAUDE D'ACIGNÉ qui eut pour partage ladite vicomté de la Bellière et autres

par contrat du 29 août 1587, Pierre de Boiséon, baron de Coëtnisan, sgr de Kerouzéré, gouverneur de la ville et du château de Morlaix, etc, chevalier de l'Ordre du Roi, gentilhomme ordinaire de sa Chambre, capitaine du ban et arrière-ban et garde-coste de l'Évêché de Léon. Elle fut inhumée au chœur de l'église des Frères prescheurs de Morlaix, laissant plusieurs enfants, d'où, entre autres :

10. Rolland de Boiséon, baron de Kerouzéré, second fils de haut et puissant Pierre de Boiséon, sire comte de Boiséon, de Coëtnisan, de Kerouzéré, chevalier de l'Ordre du Roi, gentilhomme ordinaire de sa Chambre, etc., et de haute et puissante damoiselle Jeanne de Rieux, dame de la Bellière, fut marié par contrat du 7 août 1628, à Suzanne de Penmarch, fille aînée de haut et puissant messire René, sgr baron de Penmarch, chevalier de l'Ordre du Roi, gentilhomme ordinaire de la Chambre du Roi, sire de Goulven, sgr du Colombier, Bourouguel, etc., et de dame Jeanne de Sanzay, d'où :

11. René de Boiséon, seigneur baron de Coetlez, marié par contrat du 27 février 1650, à Claude de Tuomelin, dame de Kerliviry, fille unique de haut et puissant messire Gabriel de Tuomelin, sgr de Kerliviry, et de haute et puissante dame Claude de Kergroadez (1), d'où, entre autres :

12. Françoise-Renée de Boiséon, fille de René de Boiséon, sgr de Coëtlez et de Kerliviry, et de Claude de Tuomelin,

seigneuries, et fut mariée avec noble et puissant Claude du Chastel, sire dudit lieu, descendant du frère aîné de Tanguy du Chastel, ci-dessus, d'où :

5. Anne du Chastel, vicomtesse de la Bellière, mariée le 11 juin 1560, avec haut et puissant Guy de Rieux, chevalier, sgr de Chasteauneuf, vicomte de Donges, d'où :

6. Marie et Jeanne de Rieux.

(1) Le contrat de mariage de Gabriel de Tuomelin avec Claude de Kergroadez est du 1er février 1622. Elle y est dite seconde fille de haut et puissant messire François de Kergroadez, chevalier de l'Ordre du Roi, et de haute et puissante dame Gillette de Quélen.

Tous ces degrés, du 8e au 12e, ont leurs preuves dans le très important livre de la *Noblesse de Bretagne* devant la Chambre de la réformation, 1668-1671. — *Arrêt de Boiséon*, page 52. — Comte de Rosmorduc, 1696. — Tous ceux qui précèdent ont leurs preuves dans tous les auteurs héraldiques, et du 12e au 15e ils sont de notoriété publique.

épousa messire Jean-Claude de Poulpiquet, sgr de Kermen, qui mourut le 25 août 1688, et elle-même mourut le 8 janvier 1696, au château de la Villeneuve.

Elle eut pour fils aîné :

13. Joseph-François de Poulpiquet, sgr de Kermen, de Coetlez, lieutenant des maréchaux de France en Bretagne, né le 19 mars 1676, mort au château de la Villeneuve, le 10 septembre 1742, marié par contrat du 21 septembre 1706, à Françoise-Émilie de Visdelou de Bienassis, fille de haut et puissant messire François-Hyacinthe de Visdelou, chevalier, sgr de Bienassis, et de Marie-Anne Sallou de Toulgoët. Elle mourut au château de la Villeneuve, le 30 octobre 1756, d'où, entre autres :

14. Joseph-Guillaume de Poulpiquet, sgr de Kermen, comte de Coetlez, reçu page du Roi dans sa petite écurie, le 5 février 1727. Né au château de la Villeneuve, le 3 août 1711, il y mourut le 15 mai 1757.

Il avait épousé Marguerite-Françoise de Kerouartz, fille de François-René, comte de Kerouartz, sgr de Lézérasien, mort à Morlaix le 7 février 1754, et de Jacquemine de Bonnemetz, — d'où onze enfants, desquels nous mentionnons seulement :

15. Mathurin-Césaire de Poulpiquet, vicomte de Coetlez, né à la Villeneuve, le 27 juin 1746, major du régiment de Navarre, puis major des grenadiers royaux de l'Orléanais, chevalier de l'ordre de Saint-Louis, mourut dans un naufrage pendant l'émigration, ainsi que l'un de ses frères. Il avait épousé, le 15 mai 1783, Marie-Jeanne-Aimée de Mertens, fille de Jean-Joseph-Jérôme de Mertens, et de Jeanne Gaultier de la Palissade.

De ce mariage une fille unique :

16. Marie-Angèle-Françoise-Émilie de Poulpiquet de Coetlez, née au manoir de Penlan, en Ploujean, le 22 août 1784, morte à Brest, le 26 mai 1864 ; elle fut mariée à Saint-

Pol-de-Léon, le 22 septembre 1802, à Joseph-François-Bonabes Jégou, comte du Laz, âgé de 19 ans, fils de Michel-Marie Jégou, comte du Laz, et de Marie-Jeanne-Josèphe de Kersauson, d'où, entre autres :

17. Adolphe-René Jégou, comte du Laz, fils aîné, né au château de la Villeneuve, le 12 mai 1804, mort au château de Pratulo, le 22 octobre 1861. Il fut marié le 6 mai 1856, à Kersaint-Éloy, en Glomel, à Marie-Thérèse-Armande-Frédérique de Saisy, fille d'Emmanuel-Joseph, comte de Saisy de Kerampuil, et d'Agathe d'Andigné, d'où un fils unique :

18. Adolphe-Marie-Joseph-Michel Jégou, comte du Laz, né le 27 avril 1857, marié le 23 avril 1884, au château de Courvalain (Sarthe), à Berthe-Marie de Saint-Rémy, fille d'Alexandre-Eugène Gaudin de Saint-Rémy, et de Gabrielle-Louise de Révilliasc.

---

## Généalogie de POULPIQUET de COETLEZ.

*D'azur à trois poules d'argent becquées et membrées de sable.*

Devise : De peu, assez.

### I.

Guyomarch de POULPIQUET, sgr dudit lieu, vivant encore le 24 novembre 1395, avait épousé, en 1383, Marie du Halgoet, fille de Salomon, héritière de la branche aînée de cette maison. Il en eut deux fils :

1. Guillaume de Poulpiquet, sgr dudit lieu et du Halgoët, marié le 4 février 1431 à Alix le Vayer, dont issut Guyomarch de Poulpiquet, sgr du Halgoët, lequel n'ayant pas d'enfant de son mariage avec Jeanne de Kerguiziau, testa le 21 décembre 1479, en faveur de son neveu Guillaume ;

2. Jean qui suit.

## II.

JEAN DE POULPIQUET, escuyer, s$^{gr}$ dudit lieu, épousa ODERNE DE LA MARZELIÈRE, fille de Nicolas et de Catherine da Saint-Néri, dont il eut :

## III.

BERNARD DE POULPIQUET, escuyer, etc., épousa en premières noces, en 1449, JEANNE TOURONCE, dont Hervé, et en deuxièmes noces, MARIE DERRIEN (DE KERMENGUY), dont Guillaume de Poulpiquet qui hérita de la terre du Halgoët, par le testament du 24 décembre 1479 cité plus haut. Il céda cette terre à son frère Hervé, par transaction. Il est l'auteur de la branche de Coëtlez. Laissant la branche du Halgoët qui est l'aînée, toujours représentée si noblement, laissant également la branche de Brescanvel, nous ne donnons que la filiation de celle de Coëtlez jusqu'à son extinction.

## IV.

GUILLAUME DE POULPIQUET, fils aîné du second mariage de Bernard avec Marie Derrien, mourut en 1536. Il avait épousé, le 25 septembre 1514, ALIÉNOR TOURONCE, dont issut :

## V.

MAHÉ DE POULPIQUET, mineur en 1536, dont les biens furent partagés entre ses enfants le 8 décembre 1591. Il avait épousé, le 4 novembre 1536, MARGILIE DE PILGUEN, fille de nobles gens Guillaume de Pilguen et de Françoise Poncelin. Il en eut quatre enfants dont l'aîné fut :

## VI.

CLAUDE DE POULPIQUET, s$^{gr}$ de Keryven, vivant en 1577, épousa JEANNE DE KERSCAU, morte le 11 janvier 1600, fille de Bernard de Kerscau et de Françoise le Veyer de Kermen, dont Jean qui suit, et ROLLAND DE POULPIQUET, s$^{gr}$ de Feunteunsper, chanoine, grand chantre et premier dignitaire de la cathédrale de Léon, y remplaça Monseigneur du Louët, quand il fut nommé évêque de Cornouaille, en 1642. Il est auteur d'une *Vie de saint Hilaire*.

## VII.

JEAN DE POULPIQUET, s<sup>gr</sup> de Kermen et de Keryven, testa le 30 octobre 1615. Il avait épousé FRANÇOISE DE GOUZILLON, tutrice de ses enfants en 1617, et vivant encore en 1626 ; elle était fille de Guillaume et de Louise du Poulpry.

De ce mariage vinrent trois enfants : un fils qui suit, et deux filles.

## VIII.

ROLLAND DE POULPIQUET, s<sup>gr</sup> de Kermen, âgé de 17 ans en 1617, épousa, le 7 février 1637, RENÉE PINART, fille de Philippe Pinart, s<sup>gr</sup> de Cadoalan, et de Olive Berthou, dont il eut plusieurs enfants ; l'aîné fut :

## IX.

JEAN-CLAUDE DE POULPIQUET, s<sup>gr</sup> de Kermen et de la Villeneuve, né le 27 mai 1642, mort le 25 août 1688, maintenu comme noble d'ancienne extraction, et écuyer, par arrêt du 7 novembre 1668, au rapport de M. Denyau. Il avait épousé, suivant contrat du 18 décembre 1672, FRANÇOISE-RENÉE DE BOISÉON, dame de Coëtlez, fille de René de Boiséon, s<sup>gr</sup> baron de Coëtlez et de Kerliviry, et de Claude de Tuomelin, dame de Kerliviry, lesquels mariés par contrat du 27 février 1650 ; lequel René de Boiséon était fils de Rolland de Boiséon, baron de Kérouzéré, marié par contrat du 7 août 1628 à Suzanne de Penmarch, fille aînée de haut et puissant messire René, s<sup>gr</sup> baron de Penmarch, chevalier de l'ordre du Roi, gentilhomme ordinaire de sa chambre, sire de Goulven, s<sup>gr</sup> du Colombier, Bourouguel, etc., et de dame Jeanne de Sansay ; et laquelle damoiselle Claude de Tuomelin, fille de haut et puissant messire Gabriel de Tuomelin, s<sup>gr</sup> de Kerliviry, et de haute et puissante dame Claude de Kergroadez.

Rolland de Boiséon, lui-même, second fils de haut et puissant Pierre de Boiséon, sire de Boiséon, de Coëtnisan, de Kerouzéré, etc., chevalier de l'ordre du Roi, gentilhomme ordinaire de sa chambre, etc., gouverneur des ville et château de Morlaix, et de haute et puissante damoiselle Jeanne de Rieux, vicomtesse de Dinan et de la Bellière, fille seconde de haut et puissant messire Guy de Rieux, sire de Châteauneuf, V<sup>te</sup> de Donges, chevalier de l'ordre du Roi, etc., et de défunte haute et puissante Anne du Chastel, baronne de Marcé et de Hommet, vicomtesse de Dinan et de la Bellière.

Françoise-Renée de Boiséon épousa en secondes noces messire Gilles de l'Escu, s<sup>gr</sup> de Beauvais, et elle mourut le 8 janvier 1696, à la Villeneuve.

Le fils aîné de son premier mariage fut :

## X.

JOSEPH-FRANÇOIS DE POULPIQUET, chevalier, s<sup>gr</sup> de Kermen, la Villeneuve, Kerliviry, etc., né à la Villeneuve, près Saint-Pol de Léon, le 19 mars 1676, eut pour parrain François Pinart, chevalier de l'ordre du Roi, s<sup>gr</sup> de Cadouallan, etc., et pour marraine Marguerite de Bréhant, dame de Lanvengar, etc. — était lieutenant des maréchaux de France, en 1703 — mourut au château de la Villeneuve, le 10 septembre 1742, âgé de 68 ans, et fut inhumé en la cathédrale de Saint-Pol. Il avait épousé, suivant contrat du 21 septembre 1706, FRANÇOISE-ÉMILIE DE VISDELOU DE BIENASSIS, née au château de Bienassis, en Erquy, le 25 mai 1683, morte le 30 octobre 1756 à Saint-Pol, et inhumée dans la cathédrale, fille de haut et puissant messire François-Hyacinthe de Visdelou, chevalier, s<sup>gr</sup> de Bienassis, et de Marie-Anne Sallou de Toulgoët. Françoise-Émilie de Visdelou avait pour frère aîné, RENÉ-FRANÇOIS DE VISDELOU, COMTE DE BIENASSIS, marié à Marguerite-Iris de Poix, d'où,

MARIE-ANNE-HYACINTHE DE VISDELOU, leur fille unique,

mariée le 30 juin 1727, à Louis Engelbert, comte DE LA MARCK, lieutenant général des armées, grand d'Espagne. (1)

Leur fille unique, Louise-Marguerite-Iris, princesse DE LA MARCK, née le 10 juillet 1730, fut mariée, le 18 juin 1748, à Charles-Marie-Raymond, prince et duc d'AREMBERG et du Saint-Empire, grand d'Espagne, grand bailli du Hainaut, gouverneur de Mons, Romani, duc d'Arescho et de Croix, général major au service de S. M. Impériale la Reine de Hongrie et de Bohême : dont Louis-Pierre de Ligne-Aremberg, et quelques princesses.

MARIE-ANNE DE VISDELOU, sœur aînée de Françoise-Émilie de Visdelou, fut mariée à messire Jean-Baptiste de Sauvaget, marquis des Clos, et ils eurent pour fille : Marie-Anne-Jeanne-Françoise de Sauvaget des Clos, mariée en 1712 à Charles-François de Froullay, comte de Montflaux, père et mère de Renée-Caroline de Froullay, femme, en 1737, de Louis-Marie, marquis de Créquy.

Du mariage de Joseph-François de Poulpiquet de Kermen avec Françoise-Émilie de Visdelou, naquirent :

1. FRANÇOIS-HYACINTHE, né le 27 avril 1709, à la Villeneuve, eut pour parrain et marraine, dans la chapelle de la Villeneuve, messire François-Hyacinthe de Visdelou, s$^{gr}$ de Bienassis, son ayeul, et Marie-Anne de Visdelou, dame des Clos, sœur de sa mère. Il mourut sans postérité.

2. BÉATRICE-FRANÇOISE-ÉMILIE, née le 19 février 1710.

3. JOSEPH-GUILLAUME qui suit.

4. SUSANNE-CHARLOTTE, née le 20 août 1716.

5. FRANÇOIS-GABRIEL, s$^{gr}$ de Kermen, né le 5 avril 1722, reçu conseiller au Parlement de Bretagne, le 18 août 1742, et admis à l'honorariat le 17 avril 1776, après avoir cédé son office dès 1770 (2).

---

(1) Marie-Anne-Hyacinthe de Visdelou mourut le 17 octobre 1731. Louis Engelbert, comte de la Marck, se remaria en avril 1744, à Marie-Anne-Françoise de Noailles, dernière fille du maréchal duc de Noailles.

(2) Note de M. Saulnier.

## XI.

JOSEPH-GUILLAUME de POULPIQUET, comte de Coetlez, s$^{gr}$ de Kermen, la Villeneuve, etc., reçu page du Roi dans sa petite écurie, le 5 février 1727, était né au château de la Villeneuve, le 3 août 1711. Il y mourut le 15 mai 1757, et fut inhumé dans la cathédrale de Saint-Pol. Il est dit dans l'acte de décès : lieutenant-colonel de la garde-côte du haut Léon.

Il avait épousé, le 8 janvier 1741, Marguerite-Françoise de Kerouartz, fille de messire François-René de Kerouartz, chevalier, s$^{gr}$ de Lézérazien, et de Jacquemine de Bonnemez (1).

Onze enfants naquirent de leur mariage :

1. François-Hyacinthe de Poulpiquet, s$^{gr}$ comte de Coetlez, né à la Villeneuve, le 30 mars 1743, épousa le 5 juillet 1785, Julie-Perrine-Charlotte de la Bourdonnaye, fille de Charles-Sévère-Louis de la Bourdonnaye, marquis de Montluc, et de Renée-Julie de Berthou, et mourut sans postérité, à Paris, le 4 décembre suivant. Sa veuve se remaria avec le comte de la Haye de Plouër.

2. Joseph-Gabriel de Poulpiquet de Coetlez, né le 20 mars 1744, à la Villeneuve, capitaine des vaisseaux du Roi, mort en Saint-Germain de Rennes, le 5 janvier 1789, marié à Saint-Pierre en Saint-Georges de Rennes, le 26 avril 1787, à Hélène-Auguste-Olympe du Bourblanc, fille de Saturnin-Marie-Hercule, chevalier, s$^{gr}$ de Kermanach, et de Anne le Roux de Coëtando. Elle était née le 31 mai 1769, et mourut à Rennes, le 3 brumaire an XIV, d'où une fille unique :

---

(1) François-René de Kerouartz était fils de Joseph de Kerouartz, s$^{gr}$ de Lisle (lequel fils puiné de François de Kerouartz, s$^{gr}$ de la Motte, et d'Urbane de Kermenou), et de Perrine Le Sénéchal, fille aînée de N. le Sénéchal, s$^{gr}$ de Lézérazien, et de Renée de Mesnoalet.

Jacques-Joseph-René de Kerouartz, fils aîné de François-René, épousa, le 10 avril 1733, Mathurine-Josèphe-Reine de Kergoët, fille de François-Jean-Baptiste de Kergoët et de Marie-Josèphe du Chastel-Kerlech. D'eux descendent tous les membres actuels de la noble maison de Kerouartz.

Olympe-Émilie-Marie-Félicité DE POULPIQUET DE COETLEZ, née à Rennes, le 20 mai 1788, épousa Sylvestre-Louis-Ange-Spiridion DE BUDES, comte DE GUÉBRIANT, Pair de France, né en Saint-Eustache de Paris, le 19 janvier 1779, décédé le 18 novembre 1845, fils de Louis-Jean-Baptiste-Spiridion de Budes, comte de Guébriant, s$^{gr}$ de Couëdic, de Launay-Couvran, de Kerdaniel, capitaine de cavalerie dans le Royal-Étranger, puis colonel du régiment de Penthièvre, député en cour de la part des États de Bretagne, chevalier de Saint-Louis, maréchal de camp, et d'Anne-Marguerite de Chabenat de Bonneuil, d'où :

Ernest-Louis-Marie-Sylvestre DE BUDES, comte DE GUÉBRIANT, marié à Cécile-Victurnienne DE ROCHECHOUART-MORTEMART.

3. JACQUES-JOSEPH DE POULPIQUET, s$^{gr}$ de Lomenven, né le 14 juin 1745, capitaine des gardes, mort sans postérité de son mariage avec M$^{elle}$ DE MELVEN, qu'il épousa le 13 août 1793.

4. MATHURIN-CÉSAIRE DE POULPIQUET, né le 27 juin 1746, dont l'article suivra.

5. FRANÇOISE-ÉMILIE DE POULPIQUET, née le 13 mars 1748, à la Villeneuve, épousa, à Saint-Pol, le 20 décembre 1768, LOUIS-MARC-ANTOINE-RENÉ-MARIE LE MERCEREL DE CHASTELOGER, capitaine des vaisseaux du Roi, chevalier de Saint-Louis, fils de Jean-Marie le Mercerel, s$^{gr}$ de Chasteloger, et de Marie du Rocher.

6. CÉLESTE-PÉLAGIE DE POULPIQUET, née le 15 décembre 1749, morte le 24 janvier 1753.

7. BERNARD-ARMAND DE POULPIQUET, né le 15 janvier 1751.

8. CHARLES-RENÉ DE POULPIQUET, baron de Locmélar et de Kerliviry, né le 15 mars 1752, capitaine au régiment de la Martinique, aide-major du gouvernement général de la Grenade, épousa CÉLESTE-CATHERINE-CALIXTE LE PELLETIER DE SAINT-MAURICE.

9. JEAN-GUILLAUME DE POULPIQUET, chevalier de Kerisnel, né le 17 septembre 1753, lieutenant au régiment de Royale-

Marine, épousa, le 23 avril 1786, ANNE-FLORIANNE-MARIE THÉPAULT DE TREFFALÉGANT, fille de Jean-Louis-Anne Thépault, chevalier, comte de Treffalégant, et de Thérèse-Françoise Jégou du Laz.

10. MARGUERITE-ADÉLAÏDE DE POULPIQUET, née à la Villeneuve, le 9 janvier 1755, épousa, à Saint-Pol, le 26 janvier 1775, TOUSSAINT-MARIE-JACQUES-JOSEPH LE BIHAN, comte DE PENNELÉ, enseigne des vaisseaux du Roi, fils de Jacques-Claude Toussaint le Bihan, comte de Pennelé, chevalier de Saint-Louis, et de Marie-Marguerite-Thérèse du Coëtlosquet.

11. LOUIS-MARIE DE POULPIQUET, chevalier de Kermen, né à la Villeneuve, le 2 juillet 1756, page du Roi de 1771 à 1774, lieutenant au régiment de Royale-Marine, puis capitaine au 60e régiment d'infanterie, démissionnaire en 1792, épousa MARIE-JULIE LA CROIX. Il mourut à Guipavas, en 1825, et ils eurent, entre autres filles, Véronique-Louise de Poulpiquet de Kermen, née vers 1810, en religion « Marie-Aimée de Jésus », supérieure des dames de Saint-Joseph de Cluny. Elle a fait un long séjour à l'Ile-Bourbon où elle a rendu de grands services à la France et laissé de mémorables souvenirs.

## XII.

MATHURIN-CÉSAIRE DE POULPIQUET, vicomte DE COETLEZ, major du régiment de Navarre, puis major des grenadiers royaux de l'Orléanais, chevalier de Saint-Louis, quatrième fils de Joseph-Guillaume de Poulpiquet de Kermen et de Françoise-Marguerite de Kerouartz, né à la Villeneuve, le 27 juin 1746, eut pour parrain Césaire de Bonnemez, sr du Nécoat, en Ploujean, et pour marraine Mathurine-Josèphe de Kergoët, femme de messire Jacques-Joseph-René de Kerouartz, sa tante. — Il épousa, le 15 mai 1783, MARIE-JEANNE-AIMÉE DE MERTENS, veuve de défunt messire François-Camille Rogon, chevalier, sgr vicomte de Carcaradec, vivant capitaine des vaisseaux du Roi, chevalier de Saint-Louis, etc.

Mathurin-Césaire mourut dans un naufrage, à la hauteur d'Ostende, en passant de Hollande en Angleterre, pendant l'émigration, ainsi que l'un de ses frères, sans que nous puissions préciser lequel. — Marie-Jeanne-Aimée de Mertens, née à Saint-Malo, le 21 décembre 1754, était fille de Jean-Joseph-Jérôme de Mertens, et de Jeanne Gaultier de la Palissade.

De son second mariage, elle n'eut qu'une fille qui suit :

### XIII.

MARIE-ANGÈLE-FRANÇOISE-ÉMILIE DE POULPIQUET DE COETLEZ, née au manoir de Penlan, en Ploujean, le 22 août 1784, mariée à Saint-Pol, le 22 septembre 1802, à JOSEPH-FRANÇOIS-BONABES JÉGOU, comte DU LAZ, fils de messire Michel-Marie Jégou, comte du Laz, et de Marie-Jeanne-Josèphe de Kersauson, morte à Brest, le 26 mai 1864.

Le château de Pratulo, en Cléden-Poher, fut acquis par eux, en 1806, avec la part qu'elle eut dans la succession de la marquise de Créquy dont nous avons dit plus haut la descendance des Sauvaget des Clos et Visdelou de Bienassis.

# LES TRENTE-DEUX QUARTIERS D'ALAIN-MARIE-ADOLPHE JEGOU DU LAZ
## ET DE SES FRÈRES ET SŒURS

Adolphe-Marie-Joseph-Michel Jégou, cte du Laz.

- Adolphe-René-Marie-Jégou, comte du Laz.
  - Joseph-François-Barnabé Jégou, comte du Laz.
    - Michel-Marie Jégou, comte du Laz.
      - François-Barthélemy Jégou, comte du Laz.
      - Thérèse de Kerloaguen.
    - Marie-Jeanne-Josèphe de Kersauson.
      - Jean-François-Marie de Kersauson.
      - Suzanne-Françoise Mol, de Kerjan-Mol.
  - Marie-Angèle-Françoise-Émilie de Poulpiquet de Coëtlez.
    - Mathurin-Césaire de Poulpiquet de Coëtlez.
      - Joseph-Guillaume de Poulpiquet, comte de Coëtlez.
      - Marguerite de Kerouartz.
    - Marie-Jeanne-Aimée de Mertens.
      - Jean-Joseph-Jérôme de Mertens.
      - Jeanne-Françe-Barbe Gaultier de la Palissade.

Marie-Thérèse-Armande-Frédérique de Saisy.

- Emmanuel-Joseph, comte de Saisy.
  - Emmanuel-Joseph-Marie, comte de Saisy.
    - Jean-Baptiste, comte de Saisy.
    - Pauline de Penguern de Canvéan.
  - Marie-Anne-Marthe de Rospice.
    - Michel-Corentin de Rospice.
    - Anne-Marie le Lièvre de Kerlan.
- Agathe-Louise-Rosalie d'Andigné de Mayneuf.
  - Louis-Gabriel-Auguste, comte d'Andigné de Mayneuf.
    - Charles-Gabriel-Auguste, comte d'Andigné de Mayneuf.
    - Élisabeth-Jeanne Poulin de Bouju.
  - Armande de Robien.
    - René-Cyr, vicomte de Robien.
    - Victoire le Gonidec de Traissan.

Berthe de Saint-Rémy.

- Eugène-Alexandre-Marie-Emmanuel Gaudin de Saint-Rémy.
  - Auguste-Alexandre Gaudin de Saint-Rémy.
    - Alexandre-Louis-François Gaudin de Saint-Rémy.
      - Ronauld-Jacques Gaudin de Saint-Rémy.
      - Marie-Marguerite-Agathe de Malherbe.
    - Marie-Renée-Françoise de Vanssay.
      - Charles-Joseph-René de Vanssay, sgr de Chêne-de-Cœur.
      - Denise-Françoise de Rénusson.
  - Marie-Madeleine-Adèle de Vanssay.
    - Charles, marquis de Vanssay.
      - Charles de Vanssay, seigneur de La Barre-Capifans.
      - Marie-Anne du Ridau de Parpacé.
    - Pascale-Edme des Rouaudières.
      - Philippe-Alexandre-Edme des Rouaudières.
      - Catherine-Renée Girard, (de Saint-Domingue).

Gabrielle-Louise de Révilliasc.

- Charles-Henri-Joseph, comte de Révilliasc.
  - Casimir-Balthazar-Hercule, vte de Révilliasc.
    - Charles, comte de Révilliasc.
    - Marie de Roux de Bellafaire.
  - Julie-Louise-Marie d'Erneville.
    - Jean-Baptiste, marquis d'Erneville.
    - Henriette-Julie de Grieu.
- Amanda-Théodire de Margeot.
  - Louis-Maurice de Margeot.
    - Charles-Louis de Margeot.
    - Jeanne-Françoise de Margeot.
  - Victorine-Amédée-Charlotte de Margeot.
    - François de Margeot, de Saint-Ouen.
    - Marie-Charlotte des Hayes de Colandon.

ALAIN-MARIE-ADOLPHE JÉGOU, comte DU LAZ, né au château de Pratulo, le 31 août 1885.

# ERRATA.

| Page | 23, | ligne | 14 — Moreil,        | lisez : Moreuil.            |
|------|-----|-------|---------------------|------------------------------|
| —    | 25  | —     | 21 — 1676           | — 1674.                      |
| —    | 25  | —     | 22 — 1671           | — 1676.                      |
| —    | 68  | —     | 13 — mêmes registres | — registres de Carnac.      |
| —    | 68  | —     | 29 — mêmes registres | — registres de Mellionnec.  |
| —    | 84  | —     | 7 et 8 — Réduire ces deux lignes en une seule. | |
| —    | 98  | —     | 32 — Courcy,        | lisez : Coucy.              |

Nous n'avons pas mentionné dans la généalogie un *Thomas Jégou, chevalier,* figurant en 1185, dans un exemplaire de l'Assise du comte Geoffroy de Bretagne, parmi les grands noms de l'époque, parce que le titre copié par Delvincourt, au cabinet du Saint-Esprit, a été regardé généralement comme apocryphe.

# TABLE DES MATIÈRES.

| | |
|---|---|
| Introduction .................................................. | I |
| Généalogie des Jégou du Laz ........................... | 1 |
| Pièces Complémentaires ................................... | 47 |
|     I. Acte de la Réformation (19 novembre 1668)....... | 49 |
|     II. Extraits des registres de l'état civil ............... | 57 |
|     III. Preuves de Malte....................................... | 93 |
|     IV. Seigneurie de Paule................................... | 97 |
|     V. Compte présenté au s$^{gr}$ de Paule (1603) ........ | 129 |
|     VI. Généalogie des Gourvinec, s$^{grs}$ de Paule....... | 134 |
|     VII. Seigneurie de Glomel ................................ | 137 |
|     VIII. Seigneurie de Mezle-Carhaix ..................... | 153 |
|     IX. Seigneurie de l'Étang, en Trébrivan............... | 160 |
|     X. Anciens possesseurs du château de Trégarantec. | 167 |
|     XI. Anciens possesseurs du château de Pratulo..... | 171 |
|     XII. Fondation pour Glomel en 1676.................. | 188 |
|     XIII. Révolte du papier timbré en 1675............... | 192 |
|     XIV. Généalogies diverses ............................... | 195 |
|     XV. Les 32 quartiers d'Alain Jégou du Laz. | |

www.ingramcontent.com/pod-product-compliance
Lightning Source LLC
Chambersburg PA
CBHW071934160426
43198CB00011B/1396